Imaginer le féminisme haïtien

Imaginer le féminisme haïtien

Enjeux théoriques et épistémologiques

Sabine Lamour

ÉDITIONS
CHARESSO

Titre : Imaginer le féminisme haïtien : Enjeux théoriques et épistémologiques

Autrice : Sabine Lamour

Publié par : **Éditions Charesso**

Première édition : 2025

Éditions Charesso / CHARESSO
7 rue Jean Baptiste 12, Delmas 33, Delmas, Haïti

Éditions Charesso / Recto Books
255 S Orange Avenue Suite 104 #1927, Orlando, FL 32801 États-Unis

Email : info@editionscharesso.com
Site web : www.editionscharesso.com

ISBN:

Édition brochée (softcover) : 978-1-964862-05-7
Édition reliée (hardcover) : 978-1-964862-08-8
Édition numérique (ebook pdf) : 978-1-964862-09-5

Je rends grâce à celle qui m'aide à ramasser les morceaux de mon monde quand tout s'écroule. Quand tu es là, le (mon) monde tient debout.
À Andrelina Auguste Lamour.

Pour Aïdaline Eudora Chéry, dont la présence, faite de tendresse et de lumière, nourrit chaque jour mon engagement pour un monde affranchi des logiques de pouvoir.

Remerciements

J'ai pris conscience de l'existence d'une pensée féministe haïtienne lorsque j'ai été élue coordonnatrice générale de SOFA (Solidarite Fanm Ayisyèn) en 2017. Pendant cinq ans, j'ai travaillé aux côtés d'aînées qui ont partagé avec moi l'histoire du mouvement féministe haïtien. Je tiens à exprimer ma reconnaissance envers ces sœurs militantes de la SOFA pour leur engagement indéfectible envers les femmes, ainsi qu'envers d'autres féministes haïtiennes, dont Danièle Magloire et Lise Marie Dejean. Chacune d'elles a contribué à façonner ma perspective, affiner mon écoute, interroger mes incertitudes et consolider mes convictions. Entre théories et pratiques, ce livre témoigne de la manière dont l'expérience militante a affûté mon approche théorique, enrichi mes lectures critiques et nourri une relecture située des archives féministes haïtiennes.

Je remercie mes sœurs du collectif Sanite Bélair, qui depuis 2021, ont joué un rôle de soutien et de réconfort moral : Dre Célia Romulus, Alexandra Cénatus, Dre Mamyrah Prosper et Veïka Donatien, qui ont participé à la création de cet espace de solidarité et de stimulation intellectuelle. Les moments de légèreté et de joie ont été aussi essentiels que les échanges et réalisations intellectuelles du collectif.

Je remercie également ma sœur, Dre Ermion Pierre, pour ses remarques et nos discussions stimulantes et critiques. Dans les moments de doute, ton soutien éclairé m'a permis de progresser avec lucidité.

J'exprime ma gratitude envers Dre Gina Athena Ulysse pour son soutien indéfectible et envers Dre Keisha Blain de l'Université Brown pour ses conseils avisés. Mes remerciements s'adressent également à

Dre Patsy Lewis et Dre Virginia Krause pour leur accompagnement attentif et généreux tout au long de mon séjour en tant que chercheure invitée à l'Université Brown.

Je remercie l'Université Brown du Rhode Island pour m'avoir offert un espace propice à la réflexion et à l'écriture.

Je remercie mes collègues de la Haitian Studies Association, en particulier Dre Claudine Michel et Dre Cécile Accilien, qui m'ont encouragée à diffuser mes travaux.

Je remercie mon éditeur, Dr Lefranc Joseph, pour sa disponibilité et ses conseils éclairés, qui ont facilité l'aboutissement de ce travail.

Je remercie les membres de ma famille : ma mère Andrelina Auguste (†), mon père Marc D. Lamour (†), ainsi que mes frères, sœurs et neveux : Marline, Scherline, Jean-Marc, Alvin, Jonathan et Grégoire. Merci à mon compagnon, Dr Frédéric Gérald Chéry, pour ses critiques avisées, ses relectures de mes textes et ses suggestions précieuses, qui ont soutenu ma production intellectuelle pendant plus de dix ans.

Enfin, je remercie les femmes que j'ai croisées sur le terrain de mes recherches, connues ou anonymes, qui m'ont confié leurs histoires, leurs silences et leurs combats. En elles réside la force collective qui continue de faire vivre les luttes féministes haïtiennes.

Table des matières

Partie I
Féminisme haïtien

Partie II
Rapports sociaux de sexe en Haiti

Partie III
Biographie(s) et figures sociales

Partie IV

Impérialisme

Note éditoriale

Le présent volume rassemble douze contributions majeures de la sociologue et féministe haïtienne Sabine Lamour, organisées autour de l'enjeu central de la mémoire, du genre (des rapports sociaux de sexe) et du politique dans l'histoire contemporaine d'Haïti. Il réunit des textes inédits et des articles ou chapitres déjà publiés. Cette compilation vise à offrir une traversée structurée de l'œuvre d'une intellectuelle dont l'ancrage empirique, l'engagement critique et la rigueur théorique ont profondément renouvelé les études haïtiennes, caribéennes et féministes.

Voici les références originales des textes republiés :

- *Chapitre 1. Théoriser depuis la lutte : La Ligue Féminine d'Action Sociale (LFAS 1934–1990) en Haïti* est une version française inédite d'un article publié en anglais sous le titre « Theorizing from Struggle: Haiti's Ligue Féminine d'Action Sociale (1934–1990) » dans *Caribbean Studies*, vol. 52, n° 2 (2024), p. 71–104. DOI : 10.1353/crb.2024.a953893. Traduction par Lefranc Joseph. Une première version de cette réflexion a été présentée à Brown University le 23 octobre 2024.

- *Chapitre 2. Le 3 avril 1986 : expression d'une mésentente politique en Haïti* a été publié dans *Recherches féministes*, vol. 35, n°s 1–2 (2023), p. 57–76. DOI : 10.7202/1099911ar.
- *Chapitre 5. Partir pour mieux s'enraciner ou retour sur la fabrique du poto mitan en Haïti* a été publié en 2018 dans *Déjouer le silence : Contre-discours sur les femmes haïtiennes*, sous la direction de Denyse Côté, Sabine Lamour et Darline Alexis, coédité par les Éditions du Remue-ménage, Mémoire d'encrier, p. 96–105.
- *Chapitre 7. Les Fiyèt-Lalo (Fillettes-Lalo) : un impensé de la mémoire de la dictature duvaliériste* a été initialement publié en 2015 dans l'ouvrage collectif *Haïti. De la dictature à la démocratie ?*, sous la direction de Bérard Cénatus, Stéphane Douailler, Michèle Duvivier Pierre-Louis et Étienne Tassin, aux éditions Mémoire d'encrier, p. 169–188.
- *Chapitre 8. L'héritage politique de Marie Sainte Dédée Bazile, dite Défilée* a été publié dans la revue *Recherches féministes*, vol. 34, n° 2 (2022), p. 107–122. DOI : 10.7202/1092233ar.
- *Chapitre 9. L'engagement féministe de Suzanne Comhaire-Sylvain (1898–1975)* a été publié dans *Ethnologies*, vol. 45, n° 2 (2024), p. 21–42. DOI : 10.7202/1113539ar.
- *Chapitre 11. Entre intersectionnalité et colonialité : une relecture de la figure des femmes poto-mitan en Haïti* a été initialement publié dans *Chemins critiques*, vol. 6, n° 2 (2019), p. 115–132.
- *Chapitre 12. L'irresponsabilité, une compétence de dominant* a été publié dans la *Revue internationale des études du développement*, n° 239 (2019), p. 7–29. DOI : 10.3917/ried.239.0007. Il est reproduit ici avec l'autorisation des Éditions de la Sorbonne.

L'introduction, la conclusion, ainsi que les chapitres 3, 4, 6 et 10 sont inédits et publiés ici pour la première fois.

Nous remercions chaleureusement les revues et maisons d'édition ayant accordé les droits de reproduction. Chaque texte est présenté dans une version revue et harmonisée pour cet ouvrage, assurant cohérence stylistique et lisibilité transversale, tout en respectant la version originale de l'analyse.

CHARESSO (Centre haïtien de recherche en sciences sociales)
24 juin 2025

Introduction

Le peuple haïtien fait face, en 2025, à l'une des périodes les plus éprouvantes de son histoire. La situation qui se déroule actuellement en Haïti montre la projection d'un avenir dystopique ; le futur politique de l'espace semble hypothéqué. Face à cette situation, ce livre ambitionne de déjouer ces pronostics en rappelant aux Haïtien·ne·s les ressorts réflexifs sur lesquels ils·elles peuvent s'appuyer pour rebondir et envisager l'avenir sous un angle utopique. Face à la question du que faire, je reste convaincue que la pensée constitue un levier de premier ordre qui autorise à envisager cet avenir. Pour me convaincre de la possibilité d'un futur plus réjouissant, je me suis tournée vers les écrits des femmes et des féministes en souhaitant restituer la créativité, l'ingéniosité et la puissance réflexive que l'on y trouve. En effet, la pensée des femmes et de leurs réalités constitue un seuil pour déjouer le futuricide (Latte Abdallah, 2024) annoncé.

Imaginer le féminisme haïtien : Enjeux théoriques et épistémologiques constitue un retour sur notre itinéraire intellectuel qui replace nos réflexions dans la tradition intellectuelle du féminisme haïtien. Cette rétrospection cumulative de réflexions sur les femmes et le féminisme en Haïti soulève une question centrale : l'apport du féminisme haïtien dans la tradition intellectuelle et aussi dans les luttes politiques et sociales en Haïti. Les femmes, dans les moments de rupture, apparaissent comme des figures du seuil : des *lento*. Elles campent à la porte rendant ainsi possible une pensée du franchissement. Elles ne se situent pas en marge, mais dans l'entre-deux où s'invente le nouveau.

Par féminisme haïtien, j'entends la synthèse des productions d'activistes et de penseuses haïtiennes se nourrissant des multiples savoirs circulant dans leur société, soudés aux pratiques populaires multiples, dont celles de la paysannerie haïtienne. Ces réflexions s'articulent à la tradition intellectuelle haïtienne qui, entre oralité, gestes et textes, s'attache à fournir des outils pour penser le réel haïtien dans sa spécificité et en rapport avec le système-monde.

L'ouvrage se propose de montrer ce qui est spécifique aux femmes, de rappeler les idées qu'elles promeuvent dans l'espace haïtien tout en révélant que les luttes des femmes ont toujours su embrasser les luttes nationales. En partant d'une telle ambition, cette réunion de textes entend mettre en évidence la puissance féministe (Gago, 2021) haïtienne. C'est-à-dire : « [une] théorie du pouvoir alternative ; [en vue de] revendiquer l'indétermination [parce que nous] ne savons pas de quoi nous sommes capables avant d'en avoir fait l'expérience, avant d'avoir repoussé des limites qui ne sont destinées qu'à nous rendre crédules et obéissantes. »

Entre registre académique et militant, *Imaginer le féminisme haïtien* propose plusieurs strates réflexives ayant permis la cristallisation de cette pensée. Il en découle une cartographie qui retrace les acquis imperceptibles des penseuses haïtiennes et les linéaments de leurs premières publications. Ce retour aux sources de la pensée féministe haïtienne exige une mise en lumière des méthodologies critiques que les penseuses féministes ont su déployer, débouchant enfin sur la mise au point d'un outillage théorique et épistémologique qui facilite le renouvellement de la lecture des réalités des femmes et de la société haïtienne. Cet ouvrage revendique cette affiliation à une tradition intellectuelle pour sortir de la condition de victime construite autour d'Haïti et des Haïtien·ne·s.

Outre la tradition intellectuelle à laquelle il s'adosse, ce texte est aussi le fruit de mes discussions et échanges de longue date au sein des réseaux militants, féministes, avec des ami·e·s évoluant dans le monde académique ou hors de cet espace. Il porte aussi la trace des controverses et des querelles qui ont certaines fois conduit à une révision ou un raffermissement d'une position théorique et politique. Aussi ce livre est-il la restitution de rencontres, de réunions politiques, de doutes, de distances, de pratiques féministes et solidaires enracinées dans la conviction que parler du féminisme haïtien, c'est aussi parler du devenir d'Haïti. Donc, dès le départ, j'assume que ma vision du féminisme est une vision située dans la mesure où cette approche s'inscrit dans la trame d'une histoire complexe, héritière d'un long combat qui requiert de penser dans un double mouvement : spécificité et totalité.

Imaginer le féminisme haïtien regroupe douze textes produits entre 2015 et 2025, dont quatre inédits. Il combine les approches relevant des études féministes et de genre et celles issues des études décoloniales suivant une perspective pluridisciplinaire qui entrecroise les sciences politiques, l'anthropologie, l'histoire et la sociologie. Mes matériaux de recherche recoupent à la fois des entretiens, des conversations informelles, des observations, des textes féministes, des journaux et les manières de parler de la société haïtienne, incluant les chants, les romans et les photos. Souvent, ces matériaux sont des sites de production d'informations essentielles pour comprendre les comportements des individus dans un groupe.

Le premier chapitre intitulé « Les *Fiyèt Lalo* ou femmes macoutes : impensé de la mémoire de la dictature » présente ces femmes comme des figures ambivalentes et complexes. Il rejette l'idée selon laquelle les femmes doivent être ridiculisées quand elles deviennent des cheffes et, pire, des cheffes autoritaires. Cette lecture disqualifiante empêche la société de les sanctionner en fonction de l'ampleur de leurs responsabilités. Il fallait souligner que si les femmes ne répondent pas de leurs actes en se référant aux valeurs collectives, elles seront toujours considérées comme des citoyennes de seconde zone, non dignes de droits, mettant ainsi en péril le long combat des femmes pour avoir droit aux droits dans la société haïtienne. Le nœud fondamental de ce texte concerne le questionnement des catégories victimes/soumises, oppresseuses/oppressées, charriant ainsi un regard inédit sur le pouvoir féminin en Haïti. Une telle investigation permet de questionner les limites de lecture de la féminité généralement proposée en démontrant que les femmes sont aussi capables de violence.

Le deuxième chapitre, intitulé « L'héritage politique de Marie-Sainte Dédée Bazile dite Défilée », pose le diagnostic de l'absence des femmes dans l'historiographie nationale où leurs noms apparaissent comme des personnages diminués. Pour rompre avec cette perspective, je propose de relire le geste de Marie-Sainte Dédée Bazile dite Défilée en vue de montrer le projet politique que sous-tend son geste, celui de ramasser les restes de Dessalines au Pont-Rouge le 17 octobre 1806. Ce texte prend ses distances avec les analyses mal-centrées (Ndengue, 2024) généralement proposées de l'histoire d'Haïti. Il fallait éviter ces lectures qui peinent à rendre compte des modèles de luttes audacieuses qui s'éloignent pourtant des logiques martiales, montrer ces gestes valeureux qui échappent aux canons consacrés des manières de signaler le refus. Ce texte permet d'étendre le potentiel politique du geste du personnage à travers la traduction de son symbolisme. Cette approche permet non seulement d'apporter des éléments pour une possible construction du personnage en héroïne, mais aussi d'étendre le potentiel universel tant dans le langage que dans la géographie du geste.

Le troisième chapitre, intitulé « L'engagement féministe de Suzanne Comhaire-Sylvain », discute de Suzanne Comhaire-Sylvain qui est souvent présentée comme une anthropologue linguiste. J'ai fait un portrait de la chercheuse en tant que féministe en soulignant la façon dont le souci des femmes en tant que principe traverse toute son œuvre. En mettant en avant l'engagement de la chercheuse, ce texte dévoile les contours d'une communauté épistémique de femmes qui ont influé sur la production d'une pensée par elles-mêmes et pour elles-mêmes en mutualisant leurs recherches au sein d'un journal féministe : *La Voix des femmes*.

Le quatrième chapitre, « Violences sexuelles et impérialisme : le courage politique des Haïtiennes contre l'occupation de 1915 », propose une réflexion sur l'utilisation et la place du viol en tant que dispositif clé des processus géopolitiques internationaux. Il montre aussi la manière dont les femmes haïtiennes issues de toutes les classes sociales ont lutté contre ce dispositif avilissant en mettant en avant leur capacité d'action. Leurs réactions face à cette ignominie ont facilité l'avènement d'une conscience féministe dans l'espace public haïtien. En facilitant la jonction des points de l'histoire, ce texte a certainement contribué à combler un vide dans le narratif construit autour de l'occupation américaine d'Haïti (1915-1934) qui a servi à renforcer les structures de pouvoir inégalitaires entre les sexes dans cet espace.

Le cinquième chapitre, intitulé « Théoriser depuis la lutte : la Ligue Féminine d'Action Sociale (1934-1990) », questionne les dynamiques de luttes des femmes haïtiennes. Il valide l'hypothèse qui postule que le féminisme haïtien a su produire une lutte articulant réflexions et actions, synthétisant une praxis féministe et soutenant l'existence de la Ligue Féminine d'Action Sociale pendant une période de plus de cinquante ans. Dans la lignée de cette réflexion, le sixième chapitre, intitulé « Le 3 avril 1986 : expression d'une mésentente politique en Haïti. Retour sur un élément de la mémoire indocile du mouvement féministe haïtien », propose de construire la date du 3 avril 1986 en tant que date-événement du féminisme post-dictature en Haïti. En effet, cette date est construite en tant que lieu et moment d'une mésentente entre les femmes et le reste de la société. Les femmes se sont saisies de cette date pour se positionner en tant que sujets pensants capables d'argumenter un repartage du sensible qui tient compte de leur place et part dans la société haïtienne.

Le septième chapitre questionne l'absence des femmes dans l'espace universitaire haïtien. Intitulé « Comprendre les obstacles à l'intégration et au maintien des femmes dans l'enseignement supérieur public en Haïti », il démontre la façon dont le poto-mitan en tant qu'organisateur des rapports de sexes influe sur la place des femmes au sein de l'université en tant qu'espace de production de savoirs hautement valorisés sur les plans matériel et symbolique. Dans la lignée de cette réflexion discutant de la place des femmes et sur un ton beaucoup plus historique, le huitième chapitre, « Entre intersectionnalité et colonialité : une relecture de la figure du poto-mitan en Haïti », propose une conceptualisation du mot poto-mitan dans une perspective décoloniale et intersectionnelle en soutenant que le discours entretenant la glorification des femmes dans la société haïtienne se situe à l'intersection de plusieurs rapports de pouvoir se co-constituant tant sur le plan national qu'international.

La réflexion présentée précédemment nous conduit au chapitre neuf, « Partir pour mieux s'enraciner ou retour sur la fabrique du poto-mitan en Haïti », qui présente les processus internes de socialisation qui rendent possible la production et reproduction des femmes poto-mitan en Haïti. Le poto-mitan est présenté comme une figure de femmes avec qui la société refuse de construire le commun alors que sa force de travail est exploitée au profit du maintien de la stabilité collective. Selon cette perspective, ce chapitre analyse l'irresponsabilité qui est lue comme une compétence de dominant. Selon une approche plus globale en rapport avec le poto-mitan, ce texte montre que l'État haïtien n'est pas un État faible comme on tend souvent à le montrer. Au contraire, le modèle étatique fait état d'un ordre de gouvernementalité où l'État refuse de s'étatiser et de protéger ses citoyens.

Dans la perspective de penser le mode de structuration de l'État en Haïti, le dixième chapitre, « Socialisation des hommes et ordre politique en Haïti », se propose de lire le mode de construction de la masculinité en lien avec l'organisation du politique dans cet espace. Il montre l'existence d'un ordre inédit du politique où les hommes, ne possédant pas les compétences sociales requises pour s'occuper du commun, mettent en péril l'existence du lien collectif. L'ordre du politique qui construit ce processus est dénommé fratriarcat, justifiant les alliances de frères qui se font au détriment de la construction du collectif.

Le onzième chapitre, « Réclamer l'héritage pour faire matrimoine : la pensée féministe du sensible en Haïti », est une invitation à la discussion et au débat autour du féminisme haïtien. Il présente ce que j'appréhende en tant qu'enjeux théoriques, méthodologiques et épistémologiques du féminisme haïtien. Il se concentre à la fois sur ce que je réclame comme une partie de mon héritage intellectuel, tout en donnant l'opportunité d'aller plus loin que cet héritage. Il soutient que cette pensée existe à travers ses déclinaisons théoriques, méthodologiques et épistémiques.

Quant au dernier chapitre, il essaie de réfléchir sur le lien entre dynamique des rapports de sexes et processus politiques en Haïti. Ce chapitre, tout comme le chapitre « Entre colonialité et intersectionnalité : une relecture de la figure du poto-mitan en Haïti » et le chapitre « Partir pour mieux s'enraciner », montre que le poto-mitan est une figure qui prend sa source dans les processus de colonisation et qui continue jusqu'à présent de jouer, à des nuances près, les mêmes rôles dans la période contemporaine. Ces textes montrent que cette figure, qui est souvent rejetée à la marge comme une figure familiale dysfonctionnelle, est au centre des processus socio-économiques qui définissent l'économie du monde. C'est une invitation à lire cette figure comme n'étant ni dysfonctionnelle, ni exceptionnelle, mais plutôt comme une technologie mobilisant la race, la classe et les géographies pour l'économie mondiale.

Partie I

Féminisme haïtien

Alice Garoute (à droite) devant le local de la Ligue Féminine d'Action Sociale à Port-au-Prince. (CIDIHCA)

.

Chapitre 1

Théoriser depuis la lutte

La Ligue Féminine d'Action Sociale (LFAS 1934-1990) en Haïti

Nous lutterons avec courage et persévérance
jusqu'au triomphe de la Justice; nous lutterons
pour renverser les barrières qui limitent notre
champ d'action jusqu'à les rendre inexistantes.

— Alice Garoute, 1946

Créée en 1934 à Port-au-Prince, la Ligue Féminine d'Action Aociale (LFAS) est la première organisation enregistrée sous le label d'« organisation féministe »[1] auprès des autorités haïtiennes. Pendant près d'un demi-siècle, la LFAS a tissé un matrimoine intellectuel et combatif dans cette société, tout en léguant aux féministes une praxis ancrée dans la lutte et le débat. Les luttes politiques menées par ces femmes ont généré des idées concrètes, significatives

---

1. En Haïti, on distingue deux types d'organisations : les organisations féministes et les organisations de femmes. Les organisations féministes regroupent des militantes qui se définissent explicitement comme féministes et abordent la question des femmes en relation avec les autres enjeux sociaux de la société. Les organisations de femmes, quant à elles, se réunissent autour de problématiques féminines dans une approche plus individuelle, et leurs membres ne se revendiquent généralement pas féministes.

et localisables. Cette dynamique réflexive permet de saisir d'un seul tenant subjectivités, affects, corps, lieux, positionnalités et rapports de pouvoir (Ali, 2023) dans le féminisme haïtien.

La LFAS s'inscrit dans la construction des trois décennies d'exception (1920-1940) (Lahens, 2018-2019) qui ont consacré Haïti comme point focal dans la géographie intellectuelle du monde noir francophone. Les outils de lutte mis en place par l'organisation ouvrent un champ discursif, argumentatif et narratif légitimant l'hypothèse d'une pensée féministe haïtienne. En témoignent les débats dans les colonnes de *La Voix des Femmes* (LVDF), l'organe de la LFAS, les mobilisations, pamphlets, romans, poèmes, interviews et rencontres nationales et internationales entre féministes, ainsi que la création du *Foyer ouvrier* et du *Foyer Alice Garoute* initiés et organisés par la LFAS.

En dépit de ce riche matrimoine, les apports de ces militantes-intellectuelles demeurent méconnus dans notre société. Excaver ce matrimoine participe d'une démarche de distanciation avec l'effacement des féministes[2] de la tradition intellectuelle et militante haïtienne, notamment celle qui a émergé après l'Occupation étasunienne (1915-1934).

Théoriquement, j'appréhende l'effacement de leur contribution comme une injustice épistémique dans la mesure où leur statut de sujets connaissants est dénié. L'injustice épistémique est une forme de « diminution » qui affecte un sujet-agent en tant que sujet connais-

---

2. Les femmes dont il est question ici sont issues de la bourgeoisie haïtienne. Elles disposaient d'un capital social, politique, relationnel et culturel, et étaient tributaires d'un héritage féministe. Ces femmes mobilisaient déjà, à l'époque, des ressources inaccessibles à la majorité de leurs compatriotes, tous sexes confondus. Elles exhibaient les signes d'une « distinction sociale » (Bourdieu, 1979), leur appartenance aux cercles politiques et intellectuels les distinguant des autres femmes de l'époque. Certaines étaient gestionnaires d'organisations philanthropiques et de bienfaisance. Ces femmes avaient introduit en Haïti des réflexions centrées sur les Haïtiennes et leurs problèmes en relation avec les spécificités de cette société — c'est-à-dire une société marquée par un passé esclavagiste dont la souveraineté fut menacée après plus d'un siècle d'indépendance (1804-1915). Les processus liés à ces dominations furent mis en évidence dans la plupart des écrits des féministes militant au sein de cette structure. En témoigne le roman *Blanche Négresse de* Virgile Valcin (1934), dénonçant les imbrications entre le sexe et la race dans la définition du destin social du protagoniste principal de cette œuvre.

sant (Fricker, 2007). Elle autorise la disqualification du sujet en raison de certains attributs qui, en principe, ne devraient pas affecter son autorité cognitive : la nationalité, le sexe, la race, l'orientation sexuelle et/ou l'identité. Poujol-Oriol (1997) avait montré la manière dont les œuvres des romancières étaient ignorées avant la publication du roman triptyque *Amour, colère et folie* de Marie Vieux-Chauvet (1968/2021). Fricker (2007) identifie deux variantes de cette injustice : testimoniale et herméneutique. L'injustice testimoniale renvoie à une situation dans laquelle la crédibilité d'un sujet épistémique est dépréciée du fait d'un préjugé social. La LFAS fait face à une injustice testimoniale : ses productions et celles de ses membres, exclusivement des femmes, ne sont pas retenues quand on fait référence à la tradition intellectuelle haïtienne.

La Voix des Femmes, revue mensuelle de la Ligue Féminine d'Action Sociale, vol. II, nos 17-18, février-mars 1937. (LFAS)

À la suite de Collins (2016), Lambert (2020), Jean-Charles (2022), Vété-Congolo & Berthelot-Raffard (2021) et Sanders Johnson (2023), je soutiens l'idée que les femmes noires, notamment les Haïtiennes, sont des « productrices de connaissances » (Barrera Téllez & Mestanza, 2022). Agentes épistémiques, elles se sont autodéfinies en proposant une compréhension d'un féminisme local, tout en assumant leur ouverture sur le monde. L'expérience transnationale et la culture transdisciplinaire qu'elles ont acquises au gré de leurs voyages, alliées à leur connaissance du pays, leur ont permis de thématiser, problématiser et critiquer le statut des Haïtiennes entre 1930 et 1990.

Cet article discute de la façon dont la LFAS a mobilisé ses luttes pour construire une pensée féministe haïtienne. Par pensée, j'entends le processus à partir duquel un individu prend conscience de sa réalité, élabore des concepts et des pratiques pour construire une connaissance mettant en évidence les enjeux spécifiques d'une réalité. La pensée renvoie à une récurrence dans la manière de construire un cadre empirique, son mode d'interprétation et les méthodes utilisées pour connecter les faits entre eux et en tirer des conclusions. Par pensée féministe haïtienne, je conçois un processus de conscientisation mettant en évidence une praxis visant la déconstruction de multiples rapports inégalitaires, dont ceux de sexe. La pensée féministe haïtienne est élaborée par des femmes citoyennes d'un pays noir indépendant depuis le début du XIXe siècle, dont la souveraineté est toujours contestée par les puissances coloniales et impérialistes.

Sur le plan méthodologique, cet article mobilise plusieurs sources : les textes produits sur le féminisme haïtien, les écrits des membres de la Ligue, le journal *La Voix des Femmes*, l'organe officiel de la LFAS, ainsi que les observations issues de mes fréquentations et responsabilités assumées dans des espaces féministes haïtiens[3].

L'argumentaire développé dans cet essai examine d'abord les actions initiées par la structure pour construire la question des femmes en tant que question sociale dans les années 1930 en Haïti ;

---

3. J'ai occupé le poste de coordonnatrice générale de SOFA (Solidarité Fanm Ayisyèn) de 2017 à 2021, organisation féministe haïtienne créée le 22 février 1986 par l'économiste et linguiste féministe Anne-Marie Coriolan.

ensuite, les mécanismes qui ont déclenché l'avènement d'une conscience féministe dans le pays seront présentés. Puis, la création du journal en tant qu'espace textuel de diffusion des actions et de la pensée de la Ligue sera analysée, témoignant de l'existence d'une praxis féministe. En dernier lieu, les axes thématiques de lutte constitutifs de cette pensée seront analysés, tout en dégageant une compréhension du féminisme haïtien.

1. Les prémices du féminisme organisé en Haïti

Dans le déploiement du processus occupationnel mis en place par les Marines (1915-1934), les corps des femmes et des enfants furent utilisés comme lieux d'expression de la toute-puissance des États-Unis. Cet événement a largement influencé les rapports entre les hommes et les femmes dans le pays. Selon Ménard (2011), analysant les romans de l'époque, cet événement a eu de profondes influences sur les rapports de couple. La séduction des Haïtiennes par les Marines est souvent représentée, dans ces œuvres, comme un empiètement sur le territoire de l'homme haïtien. Le corps des femmes était considéré comme un territoire appartenant aux Haïtiens, sur lequel les Marines étendaient leur conquête. Selon cette perception, les hommes se devaient d'être braves et les femmes vertueuses : « Dans les rencontres sociales, les hommes américains dansaient librement avec les femmes haïtiennes, mais les femmes blanches refusaient même de parler aux hommes haïtiens » (Saint-Fort, 2015, p. 295).

Durant cette période, le viol[4] fut utilisé comme stratégie de terreur pour humilier, assujettir et affaiblir psychologiquement la population haïtienne (Renda, 2001 ; Sanders Johnson, 2013, 2017 ;

---

4. À cette époque, le viol était une politique clé dans le dispositif de l'occupation et concernait aussi les Dominicaines. Les femmes haïtiennes et dominicaines craignaient les Marines, et pourtant le viol était l'un des délits les moins punis. Le futur dictateur dominicain Rafael Trujillo a commencé son ascension vers la notoriété au sein de la force constabulaire dominicaine lorsqu'une commission de Marines l'a acquitté des accusations de viol (Nordman, 2021).

Lamour, 2015). Castor (1988) et Lucien (2015) ont montré que l'expro-priation de la paysannerie haïtienne par les compagnies étasu-niennes avait laissé les paysannes démunies, les poussant ainsi vers la prostitution. Ce fait est également relaté par Percival Thoby qui, s'adressant aux militantes de la Ligue internationale pour la paix et la liberté, explique qu'avec l'occupation, la prostitution institutionna-lisée s'est imposée dans le paysage social (Young, 2020). Selon cette source citant les militantes de la Ligue internationale pour la paix et la liberté, l'occupation a augmenté le taux d'« enfants illégitimes », notamment les enfants des Marines avec les femmes haïtiennes. Gaillard (1983) souligne que dans leur lutte contre les Cacos[5], les Marines avaient l'habitude de mener des fouilles dans les marchés en molestant et en dévalisant au passage les marchandes qu'ils accu-saient d'entretenir des liens avec ces résistants.

Selon Renda (2001), les Marines utilisaient le harcèlement sexuel et le viol[6] comme armes de guerre contre les femmes et les filles. Acte conquérant par excellence, le viol matérialisait le fait que les Haïtiens étaient les vaincus et les Marines les vainqueurs de l'événement. Le viol dans ce contexte était un langage de l'occupant à l'occupé : une affaire d'hommes partageant la logique d'une « domination horizon-tale » (Segato, 2022). Les viols perpétrés pendant cette période sont des violences politiques sexuées. À propos de ces viols, Byrd (2015, pp. 156-164) rapporte :

> In an April 1920 edition of the *New York Age*, the leading Black paper,
> "[...] account of some of the outrages that are being committed in Haiti by the American army of occupation especially against the chil-dren." These outrages, chronicled by an AME missionary working in

---

5. Les Cacos étaient des paysans et paysannes rebelles qui ont pris les armes pour lutter contre les abus des Étatsuniens. Pour aller plus loin, visitez : https://www.haitiin ter.com/les-cacos-ces-paysans-resistants/ et https://www.cases-rebelles.org/les_cacos/
6. Pour un exemple documenté, voir la lettre de Percival Thoby à W.E.B. Du Bois du 22 septembre 1926 concernant le viol d'une fille de onze ans par le lieutenant O'Don-nell (Thoby, 1926).

Port-au-Prince, included an instance wherein "nine little [Haitian] girls, 8 to 12 years old, died as a result of being raped by American sailors" [...] US marines killed as many as eleven thousand Haitians while stationed in Haiti. Several testified that it was common for their drunken comrades to rape Haitian women[7].

Les recherches sur l'Occupation témoignent que pendant dix-neuf ans, les Marines ont impunément pillé[8], volé, violé, massacré, exploité, terrorisé et humilié les Haïtien·ne·s (Corvington, 2007 ; Altidor, 2019). Parlant du viol en contexte de guerre, Rousselot (2018), ne tenant pas compte du cas d'Haïti, explique :

C'est à Nankin qu'est inauguré le viol de guerre comme acte d'anéantissement d'une société. Il se caractérise en effet par un surcroît systématique de cruauté, voire de sadisme : viols sur enfants, perpétration du crime en public ou sous les yeux des familles, viols répétés dans des lieux de détention, prostitution forcée, viol suivi d'assassinat, viol forcé d'un père sur sa fille ou d'un fils sur sa mère, et tous autres sévices. [...] À Nankin, le viol de guerre ne fut pas que le viol : il allait de pair avec la torture et l'esprit de souillure destinés à frapper toute une société.

Selon les auteurs et autrices travaillant sur la question, les femmes pouvaient être battues, arrêtées, assassinées, brûlées, torturées et molestées au même titre que les hommes (Desroy, 1934). Les

---

7. « Dans une édition d'avril 1920 du *New York Age*, le principal journal noir, "[...] compte rendu de certaines atrocités commises en Haïti par l'armée d'occupation américaine, particulièrement contre les enfants." Ces atrocités, relatées par un missionnaire de l'AME travaillant à Port-au-Prince, incluaient un cas où 'neuf petites filles [haïtiennes], âgées de 8 à 12 ans, sont mortes après avoir été violées par des marins américains' [...] Les Marines américains ont tué jusqu'à onze mille Haïtiens pendant leur stationnement en Haïti. Plusieurs ont témoigné qu'il était courant que leurs camarades, en état d'ébriété, violent des femmes haïtiennes. » (Ma traduction)
8. Le 17 décembre 1914, huit Marines américains ont franchi le seuil de la Banque nationale d'Haïti en début d'après-midi et en sont ressortis les bras chargés de caisses en bois remplies d'or, pour une valeur de 500 000 dollars (Gebrekidan et al., 2022).

Haïtiennes étaient considérées comme des ennemies pendant l'Occupation. Elles étaient prises pour cible et, à travers elles, les Marines
humiliaient leurs familles et tous les cercles auxquels elles apparte-
naient. Ces agressions furent dénoncées par les militantes du mouvement politico-intellectuel, l'Union patriotique[9].

Ces femmes furent parmi celles qui soulevaient les consciences
contre l'Occupation dans les lieux publics, dont les marchés et les
églises (Sanders Johnson, 2013). Elles décidèrent de transformer le
problème du viol des femmes en question politique. Elles collec-
tèrent des informations en enregistrant les témoignages des femmes
victimes de viols et de violences physiques. Elles développèrent des
alliances internationales pour lutter contre cette violence. Plusieurs
figures se distinguèrent dans cette lutte : Thérèse Hudicourt, madame
Percival Thoby et Eugénie Malebranche Sylvain. Elles invitèrent les
militantes de la Ligue internationale pour la paix et la liberté à venir
en Haïti pour enquêter sur les violences des Marines à l'encontre des
femmes en 1927. Ce groupe avait à sa tête la militante pour la paix
Emily Balch, qui documenta les violences des Marines. Ce rapport fit
l'objet d'une publication intitulée *Haïti occupée*. Le rapport avait pour
objectif d'informer l'opinion publique étasunienne sur ce qui se
passait en Haïti. Les viols furent analysés comme des crimes de
haine. Les actions de ces femmes et leurs écrits mirent en évidence
que les violences sexuelles sont constitutives du devenir impérial des
États-Unis contre la reproduction des communautés des pays
envahis.

Eugénie Malebranche Sylvain et Alice Garoute ont organisé une
levée de fonds nationale pour appuyer une délégation qui devait aller
à Washington dénoncer les atrocités des Marines[10]. Le scandale de

---

9. L'Union patriotique était une organisation urbaine regroupant des intellectuel·le·s
et des militant·e·s de la bourgeoisie et des classes moyennes haïtiennes luttant contre
l'occupation de 1915.
10. Au printemps 1921, Pauléus Sannon, Sténio Vincent et Perceval Thoby se rendirent
aux États-Unis et présentèrent le rapport de l'Union patriotique à la commission séna-
toriale des affaires étrangères. En août, Vincent retourna à Washington pour faire une
déclaration lors des auditions du Sénat (Nordman, 2021, p. 32).

ces atrocités a interpellé le gouvernement des États-Unis, qui a commandité à son tour une enquête sur les crimes des Marines en Haïti (Sanders Johnson, 2013). James Weldon Johnson (1920), de la National Association for the Advancement of Colored People (NAACP) aux États-Unis, se rendit en Haïti et enquêta pendant deux mois sur les brutalités des Marines. De cette enquête sortit un rapport montrant que les viols des femmes étaient tellement fréquents qu'ils n'étaient plus criminalisés par la hiérarchie militaire étasunienne. Toutefois, l'évidence de ces brutalités[11] conduisit l'occupant à évoquer le retrait des troupes étasuniennes du pays (Nordman, 2021). Face à ces évidences, le gouvernement américain envoya la commission Forbes (Nordman, 2021) en Haïti. Les femmes de l'Union patriotique profitèrent de la présence de la commission pour organiser une marche pacifique réunissant près de quinze mille femmes en 1930, sous l'instigation, entre autres, de madame Percival Thoby (McPherson, 2010). Cette action fut appuyée par des prêtres catholiques de l'église du Sacré-Cœur de Turgeau.

Le point de chute de cette marche fut l'hôtel où était logée la commission. Tout au long de cette marche, présentée comme une procession, les femmes scandèrent des chants appelant à la libération du pays. Parallèlement, les marchandes protestaient contre les règlements abusifs des Marines dans les marchés (McPherson, 2010) et refusaient les taxes imposées par ceux-ci. Au cours de cette période, les femmes, toutes classes confondues, investirent les rues en tant que mères, épouses, sœurs, paysannes, marchandes et servantes pour protester contre les violences faites aux femmes durant cette époque.

Elles initièrent des dénonciations institutionnelles internationales, des poursuites judiciaires, des plaidoyers, des processions, des marches, des messes, des luttes contre les maltraitances de leurs proches masculins et contre le retus de sépulture de leurs proches, des levées de fonds, des publications dans les journaux et des mouve-

---

11. Selon Michel Soukar citant Roger Gaillard, alors que le pays comptait environ 2 millions d'habitants à l'époque, entre 5 000 et 15 000 paysans perdirent la vie dans le camp de concentration de Chabert, installé par les Américains (Henri, 2015).

ments de désobéissance civile. Ces dynamiques facilitèrent le dessin d'une identité politique du féminisme haïtien, articulée autour de la lutte contre les violences sexuelles et contre l'impérialisme pour la préservation des communautés et de la souveraineté nationale.

Ces luttes permirent l'émergence d'un sujet politique capable de définir un agenda politique. Sur le plan théorique, sans jamais l'énoncer explicitement, ces femmes firent du droit à l'autodétermination le principe cardinal de leurs écrits, actions et prises de position publiques, part essentielle du matrimoine féministe haïtien.

2. Conditions et situations des femmes après l'événement occupationnel

L'effervescence féministe des années post-occupation trouve sa source dans les profondes transformations sociales induites par cet événement. Malgré les changements sociaux, les femmes restent au bas de l'échelle, particulièrement en raison de l'utilisation du Code civil napoléonien, qui continuait de les maintenir dans une position subalterne. Au cours de cette période, les femmes mariées étaient considérées comme des mineures, dénuées de droits civils et politiques. Concernant cette situation, Poujol-Oriol (1997) explique :

> A woman could not own a house of her own. She could not dispose of her salary. She could not borrow money [...]. She was considered like a minor. [...] She was a total minor [...] But... the street women [the merchants] already had rights because they were already very active traders, and most were not married. They were living with a companion, but they were not married so they were free to [move about] the way they liked. But the "society" woman, the "cultured" woman, the educated woman was a complete minor [...] The Haitian woman became a [foreigner] by marrying a foreigner[12].

12. « Une femme ne pouvait pas posséder sa propre maison. Elle ne pouvait pas disposer de son salaire. Elle ne pouvait pas emprunter d'argent [...]. Elle était considérée comme une mineure. [...] Elle était totalement mineure [...] Mais... les femmes de la rue [les marchandes] avaient déjà des droits car elles étaient déjà des commerçantes

Malgré ces limitations juridiques, Sylvain-Bouchereau (1957) admet que les Haïtiennes sont sorties transformées de l'Occupation. Analysant les conditions de vie de l'époque, Sylvain-Bouchereau souligne que les femmes étaient contraintes de chercher leur subsistance en dehors du cercle familial afin de répondre aux besoins de leurs familles. Le développement d'une classe moyenne féminine hautement cultivée[13] et l'exode des paysannes vers les villes, décrits par Lucien (2015), avaient profondément changé Haïti. Parlant de ces années, Lucien montre que le prolétariat urbain était dominé par les ouvrières du fait de l'afflux de jeunes femmes célibataires provenant des zones rurales vers la capitale.

Ces réalités expliquent, entre autres, la nécessité d'une meilleure formation des femmes afin qu'elles puissent intégrer le marché du travail, notamment celles issues des classes aisées urbaines. C'est ainsi que l'École Élie Dubois et l'École normale de filles ouvrirent leurs portes, offrant de nouveaux horizons à la jeunesse féminine. L'une préparait les jeunes filles à l'exercice du métier d'institutrices ; l'autre dispensait une formation professionnelle. Les jeunes femmes intégrèrent aussi les écoles de commerce, de pharmacie, d'infirmières et de sages-femmes. L'École de droit, la Faculté de médecine et d'odontologie acceptèrent leurs premières étudiantes.

Argumentant sur la question, Sylvain-Bouchereau (1957, p. 86) note :

> Avec l'indépendance économique, les femmes gagnèrent une plus grande liberté d'allure et de pensée ; elles s'intéressèrent davantage aux œuvres sociales et aux sports. Les jeunes filles commencèrent à fonder des groupements mondains, sportifs

---

très actives, et la plupart n'étaient pas mariées. Elles vivaient avec un compagnon, mais n'étant pas mariées, elles étaient libres de [circuler] comme elles le souhaitaient. Mais la femme de 'société', la femme 'cultivée', la femme éduquée était complètement mineure [...] L'Haïtienne devenait [étrangère] en épousant un étranger. » (Ma traduction)

13. Madeleine Sylvain-Bouchereau (1905-1970) fut la première femme avocate d'Haïti et la première Haïtienne détentrice d'un doctorat en sociologie.

et littéraires, tels que Primavera en 1921 et Fémina en 1923 à
Port-au-Prince ; Printania, en 1926, au Cap-Haïtien ; l'Excelsior
à Jérémie, etc.

Les jeunes filles s'émancipèrent progressivement de la tutelle de
l'Église et initièrent, dès le début du XXe siècle, un cadre associatif
féminin dynamique dans la société haïtienne. Port-au-Prince abritait
un grand nombre d'organisations de femmes, dont Du Noël, l'Œuvre
des femmes haïtiennes, la Zélatrice, Fémina, l'Association des
anciennes de Sainte-Rose-de-Lima et La Crèche. Cette période était
porteuse d'une « visibilité spécifique des femmes » (Hayes & Yon,
2018).

C'est dans ce terreau que la conscience féministe, qui s'était développée au moment de l'Occupation, prit progressivement forme.
Elles envisagèrent un rassemblement dans une association non mixte
pour revendiquer leurs droits en tant que féministes. Les actions
précédemment initiées, alliées aux bouleversements induits par l'Occupation, portèrent certaines femmes à envisager un avenir en dehors
des rôles traditionnellement assignés. Les pratiques féministes antérieurement distillées dans la société avaient infléchi les imaginaires et
favorisé l'avènement des femmes en tant que sujets politiques. Ces
dynamiques avaient facilité l'apparition d'une génération de femmes
revendiquant le droit de s'organiser entre elles pour la défense de
leurs droits. Un autre pilier fondamental du féminisme haïtien surgit
alors : le questionnement des frontières de la citoyenneté et du droit
de cité.

3. Se dire, s'assumer et transmission de pratiques féministes : l'avènement de la LFAS

Initiée par Madeleine Sylvain-Bouchereau et Alice Garoute, la
Ligue féminine d'Action sociale fut officiellement autorisée à fonctionner le 3 juin 1934. À l'origine de la Ligue, nous retrouvons l'influence d'Eugénie Malebranche, la mère de Madeleine Sylvain-
Bouchereau. Pendant son enfance et son adolescence, cette dernière

a grandi dans une ambiance revendicative et militante. Cette femme ainsi que les autres militantes de la LFAS ont bénéficié d'un capital militant ambiant : « [...] qui leur a permis de transformer un potentiel social, la militance, en action sociale » (Worms, 2017). Selon Paulette Poujol-Oriol, dans un entretien accordé à Chantal Verna (2011, p. 247) :

> The Ligue was founded in 1934 by a lady who was the first lawyer in Haiti, Madeleine Sylvain. [...] The first year the committee was [made up of] the founders, maybe 10 or 12 ladies. [Madeleine Sylvain, Alice Garoute, Fernande Bellegarde, Olga Gordon, Thérèse Hudicourt, Marie Corvington, Alice Téligny Mathon, Esther Dartigue, Maud Turian, and Georgette Justin]. The first year they tried to study... to [assess] what were the real fundamental problems. [At the time,] the real problem of the Haitian women is that we were under the Code Napoléon. Women were assimilated to children or to an insane person[14].

La mission de cette organisation était d'éduquer et d'émanciper les Haïtiennes. Sylvain-Bouchereau (1957, p. 87) note :

> La nouvelle association tint à déterminer son objectif en assignant comme but dans ses statuts : 1) de contribuer à l'amélioration physique, intellectuelle et morale de la femme haïtienne pour la rendre consciente de ses devoirs sociaux ; 2) de résoudre les problèmes concernant la protection de l'enfant, de la femme, des

---

14. « La Ligue fut fondée en 1934 par une dame qui était la première avocate en Haïti, Madeleine Sylvain. [...] La première année, le comité était composé des fondatrices, peut-être 10 ou 12 dames. [Madeleine Sylvain, Alice Garoute, Fernande Bellegarde, Olga Gordon, Thérèse Hudicourt, Marie Corvington, Alice Téligny Mathon, Esther Dartigue, Maud Turian, et Georgette Justin]. La première année, elles ont tenté d'étudier... d'évaluer quels étaient les problèmes fondamentaux réels. [À l'époque,] le véritable problème des femmes haïtiennes était que nous étions sous le Code Napoléon. Les femmes étaient assimilées à des enfants ou à des personnes aliénées. » (Ma traduction)

vieillards et l'amélioration du foyer familial ; 3) de faire reconnaître l'égalité civile et politique de l'Haïtienne.

Thérèse Hudicourt fut sa première présidente. La Ligue soutenait l'idée que l'avenir du pays dépendait de l'égalité entre les sexes. Sa première assemblée générale se tint le 3 mars 1934 et fut composée d'un bureau de huit membres et des directrices de six commissions : éducation, publicité, législation, œuvres sociales, coopération inter- nationale et comités régionaux. Son premier combat fut celui du maintien de l'organisation, qui fut dissoute en mai par le gouverne- ment qui jugeait son programme trop « ambitieux ». La structure fut dissoute puis relancée le 10 mai 1934.

Madeleine Sylvain-Bouchereau. Ayiti fanm, vol. 20 no 74 , janvier- Mars 2010, p. 16.

La Ligue fut un espace de liberté politique, un lieu autonome facilitant un ralliement au féminin. Elle fut conçue comme un espace non mixte où les femmes pouvaient se rencontrer et définir leurs stra- tégies. La non-mixité constitue :

[...] un lieu d'échange des expériences individuelles permettant à chacune de s'apercevoir que ce qu'elles vivent au quotidien est partagé par d'autres, incarnant ainsi le slogan "le privé est politique." [...] la non-mixité permet de rendre visible les inégalités de genre et leur dénonciation. (Gallot & Jacquemart, 2023, p. 62)

Dans sa présentation, la Ligue insistait sur le fait que la structure était créée au profit des femmes de toutes les classes sociales. La création de l'organisation suscita un enthousiasme dans les milieux intellectuels et parmi les leaders sociaux. La LFAS dénombrait plus d'une centaine d'adhérentes quelques semaines après sa création[15]. La LFAS fonctionnait à Port-au-Prince comme une organisation centrale dont les filiales étaient actives dans les autres départements du pays. Ces structures organisaient régulièrement des kermesses et des activités de divertissement (*La Voix des Femmes*, 1937). Initiée par madame Colbert Saint-Cyr, la filiale de Port-de-Paix[16] était considérée comme la première fille de la Ligue mère.

Les informations fournies par Poujol-Oriol (2011), dont la mère fut membre de la structure, montrent que l'organisation mettait en place des pratiques pour garantir sa survie. En effet, des pratiques intimes de socialisation et de transmission de convictions féministes entre mères et filles se laissent entrevoir au sein de la Ligue. Poujol-Oriol (2011, p. 248), parlant de son expérience propre, explique :

I remember as a child going with my mother with big straw baskets with bread, with food, for Christmas, for New Year, for Easter. We would bring them food... toiletries. They love to have good smelling soaps and toothpaste and some socks or cute dresses and so on. [The Ligue members][17]

---

15. La cotisation de membre était fixée à 2,50 HTG (Sanders Johnson, 2023).
16. Les filiales de la Ligue furent créées successivement : à Port-de-Paix en février 1935 sous la présidence de Mme Colbert Saint-Cyr, à Saint-Marc en septembre 1935 sous la présidence de Mme Jérôme Adé, aux Cayes en octobre 1936 sous la présidence de Mme Albert Stacco, et à Jacmel en 1937 sous la présidence d'Emmeline Carries-Lemaire.
17. « Je me souviens, enfant, d'aller avec ma mère porter de grands paniers en paille remplis de pain, de nourriture, pour Noël, pour le Nouvel An, pour Pâques. Nous leur apportions de la nourriture... des articles de toilette. Elles aimaient avoir des savons

La mise en place de cette structure enseigne que ces femmes étaient conscientes que la lutte des femmes est le principal moteur du changement de leur condition[18]. L'autonomie consistait pour elles à disposer d'un espace de repli pour créer un discours sur leurs réalités. Cet espace offrait aussi la possibilité de partager des expériences communes de la domination masculine dans un entre-soi féminin tout en développant l'autonomie organisationnelle. Cette dernière compétence leur donna la possibilité de faire l'apprentissage de la gestion des choses communes et de définir leur axe programmatique sans ingérence extérieure. Cette dynamique pose, après l'autodétermination, l'autonomie politique des femmes comme deuxième pilier stratégique de la Ligue.

C'est dans la suite de cette posture politique que la LFAS créa son propre journal qui servait à connecter les femmes du pays. Les dirigeantes de la Ligue étaient majoritairement issues de la haute bourgeoisie et des classes moyennes qui entretenaient des liens avec l'élite politique et culturelle du pays. En tant que militantes, elles avaient bénéficié de certains privilèges liés à leur rang social, dont celui de disposer d'un capital culturel qu'elles pouvaient mobiliser pour diffuser leurs idées.

4. La Voix des femmes : une voie pour l'autodéfinition de soi

Créée en 1935, fondée et dirigée par les membres de la Ligue, *La Voix des femmes* servait à diffuser la philosophie de l'organisation. La revue facilitait le tissage de liens entre les femmes aux niveaux national et international ; elle constituait aussi un espace d'interventions sociales à travers lequel les femmes pouvaient échanger pendant les luttes politiques nationales. Jeanne Perez en était la

---

parfumés, du dentifrice, des chaussettes ou de jolies robes. » [Les membres de la Ligue] (Ma traduction)

18. Ce slogan est celui de l'organisation féministe Fanm Deside : « Se batay fanm kap chanje kondisyon fanm » [C'est la lutte des femmes qui changera la condition des femmes]. (Ma traduction)

rédactrice en chef, Cléante Desgraves la gérante, Amélie Laroche la secrétaire et Yvonne Hakim-Rimpel, rédactrice. Dans son volume 5, n° 52 (octobre-novembre 1944, p. 1) et lors du troisième congrès de la Ligue, la présidente déclara :

> *La Voix* des femmes revendique pour l'Haïtienne le droit de savoir, le droit au travail et de posséder le fruit de son travail, la protection de la maternité et de l'enfance ; elle réclame aussi de tous la connaissance et l'amour des choses du pays pour l'éclosion d'une conscience nationale.

Le journal, qui ne disposait d'aucune subvention, comptait un espace publicitaire payant. Premier du genre en Haïti, ce mensuel était devenu le porte-voix des opprimées (Maurel, 2022) ; il constituait le lieu de définition d'une praxis politique offrant des perspectives sur la manière de faire et de penser le féminisme haïtien (Sanders Johnson, 2023). Lors du troisième congrès national de la Ligue, la présidente déclara :

> Il fallait aussi propager les idées endossées par la Ligue, défendre les idéaux pour lesquels elle existait et conquérir par la publicité de nouveaux adhérents enthousiasmés. Il fallait donner à quelques Haïtiennes l'audace d'affirmer leur personnalité et d'élever leurs voix : *La Voix des femmes*[19]. (*La Voix des femmes*, 1940, p. 1)

Le journal était un outil de liaison entre les filiales et la Ligue mère (Sylvain-Bouchereau, 1957). Dans les premières années, guidée par de nombreux intérêts, l'organisation utilisa son savoir sensible comme boussole en cherchant à « résoudre les problèmes les plus proches [de] leur cœur » (Sylvain-Bouchereau, 1957). *La Voix des femmes* offrait aux militantes une plateforme pour se frayer un chemin parmi les intellectuels et se faire reconnaître en tant qu'intel-

---

19. Le journal féministe s'inscrit dans une longue tradition féministe en Haïti (*L'Escale, La Semeuse, Kòmè, Ayiti Fanm, Alaso*).

lectuelles. Deux ans après sa création, en 1937, le journal obtint la médaille d'argent à l'Exposition de Paris pour la haute portée sociale de son action.

Les publications du journal concernaient des essais historiques et sociologiques inédits sur les femmes. En publiant les recherches ethnographiques de Suzanne Comhaire-Sylvain, le journal avait contribué à construire une documentation novatrice sur les femmes de la classe ouvrière et les paysannes (Sanders Johnson, 2023). Dans son volume IV, n° 7 de mars 1939, Comhaire-Sylvain (1939a) analyse des proverbes haïtiens qui concernaient les femmes. Le journal pouvait ainsi divulguer les dimensions et les réalités imbriquées qui faisaient la complexité de la vie des femmes haïtiennes. En 1939, pendant un an, Suzanne Comhaire-Sylvain a interviewé plus de 1 000 écolières âgées de 9 à 16 ans, issues des classes défavorisées de Port-au-Prince, afin de mener une recherche sur leurs loisirs, principalement sur la danse et les veillées.

Cette recherche sera à la base d'une prise de conscience politique et sociale (Maurel, 2022) qui se traduira en actions au sein du foyer ouvrier, l'autre bras organisé de la LFAS. Ces actions s'inscrivent dans la démarche que Spivak (1988) dénomme « l'essentialisme stratégique ». En effet, les membres de la Ligue étaient conscientes de la nécessité d'une alliance entre les femmes de classes différentes pour changer leur condition partagée, même si leurs situations étaient plurielles.

Au sein du journal, Madeleine Sylvain-Bouchereau systématise un espace d'échange démontrant la connexion entre les expériences des femmes, la culture et la classe. L'article « Notre paysanne : Adelsia » de Comhaire-Sylvain (1939) occupe une place de choix dans une rubrique du journal. Danseuse, mère, compagne et marchande, Adelsia a pendant longtemps servi de guide pour Suzanne dans ses recherches sur les rites mortuaires en Haïti. Dans ce portrait ethnographique, Suzanne Comhaire-Sylvain avait mobilisé la biographie d'une femme en montrant la façon dont certains mécanismes sociaux liés aux rapports inégalitaires entre les sexes les poussent dans la dialectique sur l'engagement des femmes vis-à-vis des autres et le désengagement des hommes (Lamour, 2009). En outre, Suzanne a publié en 1938 dans les colonnes du journal un essai sur la place des femmes dans les proverbes haïtiens. Dans *La Voix des Femmes*, les écrits de Suzanne Comhaire-Sylvain concernant la famille, la mémoire et l'histoire sont devenus représentatifs et instructifs de ce à quoi ressemblait la recherche féministe au cours de la première moitié de la décennie du mouvement (Sanders Johnson, 2023). *La Voix des femmes* a rendu matériellement possible l'existence d'une « communauté épistémique » (Meyer & Molyneux-Hodgson, 2011) féministe haïtienne dans l'entre-deux-guerres. C'est-à-dire une communauté de femmes engagées dans la production et la diffusion de connaissances sur les femmes, dans le but de transformer leurs conditions de vie.

Grâce à ce médium et au dynamisme des dirigeantes, les actions de la Ligue couvrent le territoire national. Le nombre de ses adhérentes tendait à augmenter. Parmi ces dernières, on peut nommer Yvonne Hakim-Rimpel, Jeanne Sylvain, Olga Gordon, Thérèse Hudicourt, Marie Covington, Alice Téligny-Mathon, Esther Dartigue, Maud Turian, Georgette Justin, des femmes déterminées à atteindre leurs buts même au prix de sacrifices. En témoignent les lettres reçues par Sylvain-Bouchereau, en provenance des Cayes et de Saint-Marc sur la distribution de *La Voix des femmes* dans ces zones, dans le vol. 9 publié le 8 mars 1947. La Ligue avait des filiales à travers tout le pays : Port-de-Paix (février 1935), Saint-Marc (1935), Les Cayes (octobre 1936), Jacmel (1937), Pétionville, Léogâne, Gonaïves, Cap-Haïtien, etc. Jeanne Perez, l'autrice de *La Mansarde* et de la pièce de théâtre *Sanite Belair* (Perez, 1949), s'attachait à faire la place des femmes dans l'histoire d'Haïti dans les colonnes de la revue. Outre ces deux contributrices régulières, *La Voix des Femmes* pouvait aussi compter sur les écrits de Marie-Thérèse Poitevin, Cléante Valcin-Desgraves, Gilberte Vieux, Fernande Bellegarde, Leïla Lhérisson, Alice Garoute, Madeleine Sylvain-Bouchereau, Yvonne Sylvain et Yvonne Hakim-Rimpel. À travers cet organe se discuteront les thématiques soutenant les combats de la Ligue. Sanders Johnson (2023) explique que, mois après mois, le journal présentait une image de la femme haïtienne intellectuellement et politiquement engagée, créant ainsi une représentation inédite de celle-ci.

Les publications du journal ont servi de catalyseur pour lutter contre les tendances sociales rétrogrades tout en favorisant la structuration idéologique du féminisme haïtien, la consolidation des réseaux féminins et la circulation des idées des femmes à l'échelle nationale et internationale. Avec cet outil, la Ligue était devenue un espace où certaines femmes pouvaient dire et analyser leurs expériences communes.

En plus du journal, des militantes de la Ligue écrivaient et éditaient à titre personnel des romans, des pièces de théâtre et de la poésie. Ce fut le cas de Cléante Desgraves (pseudonyme : Virgile Valcin) qui avait publié deux romans : *La Blanche Négresse* (1934) et *Cruelle destinée* (1929). Jeanne Perez avait créé son propre journal et sa maison d'édition *La Semeuse*, Yvonne Hakim-Rimpel avait initié *L'Escale*, son propre organe en tant que journaliste, Marie-Thérèse Colimon-Hall publia *Fils de misère* (1974), Ghislaine Charlier édita *Mémoire d'une affranchie* (1989), pour ne citer que ces femmes. Le savoir circulant au sein du journal et dans les cercles féministes avait permis la mise en évidence de recherches transdisciplinaires effectuées au confluent de plusieurs traditions scientifiques : littérature, théâtre, poésie, histoire, sociologie, travail social, sciences médicales, sciences juridiques, anthropologie et ethnologie.

Le journal a rendu dignes un ensemble de savoirs considérés pendant longtemps comme vils et tenus hors du politique : les rôles de sexe, la naissance, les modes d'organisation des relations intimes entre les sexes, l'organisation familiale, les tâches domestiques, la sexualité, le corps, la garde des enfants. Ces femmes ont fait, via ce journal, un travail d'historicisation, de consignation et de politisation des réalités des femmes. Elles ont donc patiemment élaboré une conception du féminisme intimement liée aux luttes qu'elles portaient. Elles ont construit un espace entre l'académique et le militant facilitant l'avènement d'un imaginaire théorique où lutter, lire le monde, l'expliquer et le changer s'imbriquent pour proposer un mode de partage du sensible où les femmes avaient leur place.

5. Grands combats de la Ligue et conception du féminisme de la Ligue

Comprendre le féminisme de la Ligue revient à comprendre les grands combats menés par ces femmes. De 1934 à 1990, la Ligue a mené des combats notoires dans la société : éducation civique pour les femmes, cours du soir pour les travailleuses, foyers de travailleurs, caisses de crédit coopératif, congés de maternité, conférences dans tout le pays, bibliothèques, pétitions auprès des autorités compétentes pour ouvrir des écoles pour les filles et revendication d'un salaire égal pour un travail égal. Les actions de la Ligue concernaient l'éducation à la citoyenneté politique des femmes, les tournées de conférences et cours du soir pour les ouvrières, l'assistance sociale, ainsi que les caisses et les coopératives populaires (Lamour, 2021).

La Ligue avait lutté pour que la réforme de l'enseignement de 1938 favorise davantage l'accès à l'éducation des filles, particulièrement celles vivant en milieu rural. En 1939, les féministes créèrent des œuvres sociales visant notamment la protection de l'enfance et exhortèrent le gouvernement à organiser l'assistance publique. La Ligue élabora des lois pour améliorer tant la situation des femmes que celle des enfants, notamment des filles en domesticité. En 1959, la Ligue proposa une loi sur l'adoption et la protection des enfants en Haïti. Le décret-loi du 23 octobre 1942 reconnaissait le droit des Haïtiennes mariées à un étranger de conserver leur nationalité.

En 1943, la Ligue s'est dotée d'un lieu pour ancrer son travail sur et avec les femmes : le Foyer ouvrier. Situé au sud de Port-au-Prince, dans le voisinage du stade national, ce foyer était considéré comme une réponse féministe aux besoins des femmes. Ce centre proposait aux femmes un service de bibliothèque, des cours d'éducation des enfants, des cours de langue, de cuisine, de chant, de danses folkloriques et de sport (Maurel, 2022 ; Sanders Johnson, 2023). Pour Suzanne Comhaire-Sylvain, le foyer était une nécessité :

> Scholars had to attend to space in order to understand the social
> lives of women in Haiti [...] understanding the urban landscape were

necessary because [...] the figures show clearly that in urban Haiti the stratification is far less simple than that indicated by previous authors[20]. (Comhaire-Sylvain, 1952, p. 149, cité dans Sanders Johnson, 2023)

Le foyer a servi à Suzanne de point d'ancrage pour établir une cartographie des zones de la ville et étudier les modes de connexion et de circulation entre ces zones. Ce travail lui a permis d'émettre l'hypothèse que les femmes constituaient la majorité de la population de la capitale à l'époque (Sanders Johnson, 2023), tout en montrant la distribution des classes en rapport avec leurs occupations. Il n'est pas étonnant que le sort des femmes travaillant comme gens de maison ait interpellé fortement Madeleine Sylvain-Bouchereau.

Sur la recommandation de Suzanne, la Ligue créa deux bibliothèques à Port-au-Prince et Port-de-Paix, et aménagea des cours du soir en histoire, économie domestique et culture haïtienne au bénéfice des femmes et des filles. Selon Sanders Johnson (2023) : « In their celebration of education and Haitian Women's diversity, the LFAS adopted the philosophy that knowledge and intellect had an aesthetic currency[21] » (p. 125).

Le foyer fut donc un élément clé dans la définition des expériences politiques et sociales de la Ligue et des femmes le fréquentant. La manière dont il fut utilisé correspond à la définition du féminisme de la Ligue énoncée par Marie-Thérèse Poitevin :

Feminism is not an empty phrase, but a reality. To be a feminist, one must have an ideal and be tormented by the need to help others.

---

20. « Les chercheurs devaient prêter attention à l'espace pour comprendre la vie sociale des femmes en Haïti [...] la compréhension du paysage urbain était nécessaire car [...] les chiffres montrent clairement que dans le Haïti urbain, la stratification est beaucoup plus complexe que celle indiquée par les auteurs précédents. » (Ma traduction)

21. « Dans leur célébration de l'éducation et de la diversité des femmes haïtiennes, la LFAS adopta la philosophie selon laquelle le savoir et l'intellect avaient une valeur esthétique. » (Ma traduction)

Feminism is in short, the collective efforts of women for the betterment of women[22]. (Sanders Johnson, 2023, p. 216).

En octobre 1943, sous l'instigation de la Ligue, s'ouvre à Port-au-Prince le premier lycée de filles. Un an plus tard, les filles étaient admises dans les lycées de province. Le décret-loi du 11 janvier 1944 autorisait une femme mariée à disposer librement de son salaire et des gains de son travail (Sylvain-Bouchereau, 1957). Concernant ce sujet, le discours prononcé par Sylvain-Bouchereau au moment de l'intégration de la Ligue au 16e congrès de l'Alliance internationale des femmes en 1953 est révélateur :

> Au point de vue civil, le législateur établit une distinction entre l'Haïtienne mariée et célibataire. La femme non mariée est apte à accomplir tous les actes de la vie civile, elle ne peut toutefois être tutrice d'un enfant qui n'est pas le sien, ou son descendant, ni être témoin à un testament. Si elle se marie, elle redevient mineure et ne peut accomplir aucun acte de la vie civile ou judiciaire sans l'autorisation de son mari, ou à son défaut de la justice. Dans le régime de la communauté des biens qui est le régime légal, à défaut de contrat régissant 90 % des mariages, le mari administre seul les biens communs et la fortune personnelle de sa femme.

Dans les années 1940, pour lutter contre la campagne anti-superstitieuse visant le vaudou lancée par le gouvernement de Vincent et l'Église catholique interdisant les veillées, les danses sacrées, les chants spirituels et les cérémonies, ou tous actes ressemblant au vaudou, la LFAS initie des espaces où les femmes et les filles peuvent apprendre à danser. En 1940, dans *La Voix des femmes*, Jeanne Sylvain narre une cérémonie vaudou où une fillette de huit ans danse et entre en transe (Maurel, 2022). Durant ces mêmes années, l'organisation

---

22. « Le féminisme n'est pas une expression vide, mais une réalité. Pour être féministe, il faut avoir un idéal et être tourmentée par le besoin d'aider les autres. Le féminisme est, en bref, l'effort collectif des femmes pour l'amélioration de la condition féminine. » (Ma traduction)

mena sans relâche un combat pour les droits politiques des femmes, que les amendements de la Constitution de 1935 et du 19 avril 1944 ont pris en compte. Les femmes ont acquis le droit d'être nommées ou élues à certaines fonctions, mais, paradoxalement, elles n'étaient pas encore des électrices. La Constitution de 1946 a abrogé ce droit d'éligibilité des femmes. En effet, le 9 août 1946, l'Assemblée constituante rejeta la proposition de Rossini Pierre-Louis demandant d'accorder les droits politiques aux femmes (Sylvain-Bouchereau, 1946).

En 1946[23], en réponse aux attaques misogynes et grossières des sénateurs Émile Saint-Lot et Castel Desmesmin formulées à l'Assemblée constituante contre la Ligue, ses militantes ont publié un livret intitulé : « La femme haïtienne répond aux attaques formulées contre elle à l'Assemblée constituante ». Le 10 avril 1950, la LFAS a organisé son premier congrès national comme une extension des commémorations du bicentenaire de Port-au-Prince aux femmes de la région, offrant une plateforme de discussion pour débattre des questions de l'égalité entre les sexes, des droits des femmes et notamment du suffrage des femmes haïtiennes. Des militantes influentes de la région caribéenne et sud-américaine, des continents africain, européen et des États-Unis furent invitées à l'événement qui s'est tenu au Palais national. Plus de 500 déléguées y participèrent, dont quarante-trois organisations de femmes haïtiennes et dix-sept organisations internationales. Cet événement préfigurait le succès ultime du mouvement pour le suffrage initié par l'organisation. Cette démarche rappelle la dynamique dont parlent Alvarez *et al.* (2014), soulignant le fait que les mouvements se développent généralement à partir de conversations « translocales » denses dans le cadre de rencontres régionales, internationales et dans des espaces de discussions avec les organisations internationales.

Dans le discours inaugural de cette rencontre, Lucienne Heurtelou Estimé, Première dame de la République et présidente d'hon-

---

23. Il s'avère important de lire ces attaques dans le cadre des conflits qui traversaient la société haïtienne au cours de la révolte de 1946 et les antagonismes basés sur la couleur de la peau qui marquaient cette période historique.

neur de la structure, a présenté l'égalité entre les sexes et le changement du statut social des femmes comme une question de vie ou de
mort (Sanders Johnson, 2013). Au cours du congrès, le président
Dumarsais Estimé fit à sa femme la promesse de travailler sur la
question de l'accès des femmes au droit de vote. Ce combat fut
soutenu par des allié·e·s dont l'Association des femmes haïtiennes
pour l'Organisation du Travail, Les Amis de la Maison, le Foyer
ouvrier, le Comité d'Action Féminine, le Parti populaire chrétien et le
Parti socialiste populaire. Les femmes haïtiennes ont également rallié
le soutien de groupes internationaux tels que la Commission interaméricaine des femmes de l'Union panaméricaine, la Ligue internationale des femmes pour la paix et pour la liberté, le Conseil national
des femmes noires et les Nations unies. Au cours de la même année,
la loi sur le divorce fut modifiée et une École de service social fondée
sous l'instigation de ces femmes (Poujol-Oriol, 2011).

Poursuivant leurs luttes, les femmes de toutes les conditions ont
manifesté le 4 novembre 1950 aux Gonaïves, lors de l'ouverture de
l'Assemblée constituante, afin de réclamer l'égalité civile et politique.
Des avancées ont été faites, car l'article 4 de la Constitution de 1950
leur accordait le droit de vote au niveau des communes. Sur cette
même lancée, Léonie Coicou-Madiou, militante féministe, actrice et
éducatrice, devient la première femme à briguer le poste de maire de
Port-au-Prince, aux côtés de ses assesseures, Maud Hudicourt-Désva-
rieux et Lydia Jeanty, présidente de la Ligue (Dougé-Prosper, 2016).
Les femmes votèrent pour la première fois le 10 janvier 1955 (Poujol-
Oriol, 2011).

Femmes Haitiennes Votez pour
LÉONIE MADIOU   Magistrat
MAUD DESVARIEUX Assesseur
LYDIA JEANTY   Assesseur

Vous assurez par ainsi:
L'Entretien des rues et des marchés,
La protection de l'enfance
Et l'organisation du travail.

| Candidatés aux élections de 1955. (CIDIHCA).

En 1956, leur droit de vote avait été supprimé par le gouvernement que la Ligue a poursuivi en justice pour refus d'application des préceptes de la Constitution de 1950. Le 26 janvier 1957, il fut reconnu coupable de violation de la Constitution et les femmes ont confirmé la jouissance de certains droits civils et politiques.

La Semeuse, le journal de Jeanne Perez, traduit l'événement en ces termes : « We are voters, and we are eligible[24] » (Sanders Johnson, 2023, p. 223).

Tout en initiant ce combat clé, en 1953, le Bureau des gens de maison fut créé et des campagnes radiophoniques massives furent mises en place pour inciter les femmes à utiliser leur bulletin de vote. En 1957, Lydia Jeanty est devenue la première femme à occuper un poste ministériel dans un gouvernement en Haïti, celui de ministre des Affaires sociales. La même année, la Ligue a été reconnue comme une organisation d'utilité publique.

Au cours des élections de 1957, Madeleine Sylvain-Bouchereau fut la première femme à poser sa candidature pour le poste de sénateur du département de l'Ouest (Claude-Narcisse & Narcisse, 1997). En

---

24. « Nous sommes électrices, et nous sommes éligibles. » (Ma traduction)

1962, dans la continuité de l'esprit du Foyer ouvrier, la Ligue ouvrira le Foyer Alice-Garoute, un centre de formation pour les femmes de la province, dont le bâtiment sera construit en 1967. À cette époque, selon Poujol-Oriol (2011), l'organisation fait face à des difficultés financières. Durant ces périodes, l'organisation fut dirigée par Marie-Thérèse Colimon-Hall puis Solange Dominique. La Ligue continuera de fonctionner durant toute la période duvaliériste, même avec de faibles moyens financiers[25]. Selon elle, la Ligue avait un bureau dont le local lui avait été donné par Madame Yolette Leconte, l'épouse du président Magloire[26]. En 1970, elles furent chassées par les militaires qui avaient envahi l'espace et dispersèrent dans la rue les archives de la LFAS. Des membres ont pu récupérer certains documents, mais l'essentiel de la mémoire de l'organisation a disparu au cours de cette expulsion. Toutefois, selon Poujol-Oriol (2011), qui fut la dernière présidente de la structure, les activités de l'organisation cessèrent au moment du coup d'État de 1991[27].

Ces luttes ont facilité l'élaboration de stratégies de dépassement des oppressions isolées. Par exemple, en construisant des alliances avec d'autres femmes, dont les Américaines, elles ont initié une pratique politique pour étendre leur cri au niveau international. Elles ont ainsi amplifié leur cri en l'alignant sur celui des femmes noires contre les agressions sexuelles durant la période Jim Crow aux États-Unis. Elles ont créé une communauté de solidarité féminine transnationale autour des violences issues des rapports de sexe et de race. C'est de cette alliance que sortiront les rapports de James Weldon Johnson et celui des militantes de la Ligue internationale pour la paix et la liberté. Ces démarches ont mis en avant une conception aiguë du droit à l'autodétermination des femmes et des peuples, condensés dans l'hypothèse de la double souveraineté : la souveraineté des femmes sur elles-memes et la souverainete politique de leur pays.

---

25. Au cours de l'entretien, Paulette Poujol-Oriol avait fait ressortir le fait que l'organisation n'était pas une ONG et avait toujours refusé de le devenir. Pour elle, recevoir de l'argent de ces structures était trop contraignant et limitait leur autonomie d'action.
26. Ce local fut récupéré par l'un des ministres de Duvalier, Luckner Cambronne.
27. Danielle Bazin avait représenté la Ligue à Beijing en 1995.

Partant de ces legs hérités de la première génération, les militantes de 1934 ont construit un espace collectif de résistance propre aux femmes : la LFAS. Cet outil a permis à ces femmes d'élaborer des stratégies pour dénoncer « la république sans citoyennes » (Dieng, 2023, p. 162) qu'était Haïti à cette époque et exiger une nouvelle répartition des parts. Les militantes universitaires de la Ligue ont su construire une épistémologie qui se démarque de la tradition de pensée désincarnée. Pour reprendre Ali (2023, p. 144) : « Théoriser, c'est faire sens émotionnellement et politiquement et non pas produire des idées abstraites et délocalisables ».

Les expériences de vie des Haïtiennes sont mises au centre des réflexions élaborées dans *La Voix des femmes* afin de produire une connaissance située et incarnée (Curiel, 2021) du droit au droit de cité. L'enjeu de cette démarche consiste dans l'imbrication de la dénonciation (le cri) et de la pensée (la théorie) (Gago, 2023). « Cette prise d'écriture » (Dieng, 2023, p. 162) a permis à ces femmes d'officialiser leur désir de citoyenneté et de rompre avec le statut de citoyenne de seconde zone.

L'originalité de l'approche de la LFAS tient au fait qu'elle a donné aux féministes haïtiennes la possibilité de se désinscrire de la dichotomie généralement établie entre faire et penser dans le monde académique. Dans ce modèle, il est impossible d'établir une distinction entre militance et recherche. C'est le cas de la thèse de doctorat de Madeleine Sylvain-Bouchereau (1957) qui a restitué les luttes de l'organisation comme matériau de recherche. Cette thèse a mobilisé des moments de luttes des féministes pour proposer une pensée nourrie par l'action quotidienne et des lieux de création d'une expérience politique.

Sans mobiliser les théories dominantes de l'époque, l'organisation avait trouvé des manières de raconter les problèmes des femmes tout en tenant compte des luttes nationales, dont celles de 1946. Comme le montre Ali (2023) parlant des Irakiennes : « [...] elles n'ont pas eu le luxe de déconnecter leurs intérêts particuliers de ceux de leur société[28]. »

Les réflexions des féministes ont contribué à faire apparaître une communauté de sort entre les femmes, sans occulter les situations plurielles que celles-ci occupent au sein de la société haïtienne. Ces penseuses-militantes ont montré la manière dont l'exploitation du travail des femmes, la négation de leurs droits et les schémas normatifs cristallisés dans des proverbes et des contes alimentent la domination matérielle et idéelle des femmes à l'interne. Cette pensée prend une forme cohérente avec la classe pour Madeleine Sylvain-Bouchereau, le colorisme et l'expérience du mariage pour Cléante Valcin-Desgraves, la maternité isolée pour Marie-Thérèse Colimon-Hall, la prostitution et le dénuement pour Paulette Poujol-Oriol, les essais sur les rites funéraires et les proverbes pour Suzanne Comhaire-Sylvain, à travers le journal, le théâtre, les conférences, la poésie, les pamphlets et les pétitions. Le vécu des femmes est devenu source de savoirs. Entre capital expérientiel et savoirs intellectuels, la pensée montre que théorie et pratique s'enchevêtrent dans un mouvement récursif. Pour lutter contre les oppressions, les membres de la Ligue ont construit un lieu de réflexions idéelles (*La Voix des femmes*) et un lieu de pratiques (le Foyer ouvrier). Cette pensée féministe s'articule autour de trois grands points.

Premièrement, celle-ci développe une conception des femmes en tant que sujets politiques autonomes à même de penser des stratégies afin de dépasser leur condition. C'est autour de cette conception que s'articule le droit à l'autodétermination comme principe philosophique.

Deuxièmement, elle construit le féminisme comme un espace d'expériences plurielles où des femmes de diverses conditions peuvent se rencontrer et s'entraider afin de dépasser leur exclusion sociale. Sur le plan philosophique, la Ligue suggère que les femmes ont le droit à une vie digne. Le Foyer ouvrier a initié des actions pour

---

28. Et cette tradition se remarque jusqu'à présent dans le slogan de la SOFA : *La lutte des femmes est celle de toute la nation. Lit Fanm la se lit tout mas pèp la.*

matérialiser l'acception des féministes d'une vie digne, autonome et indépendante.

Troisièmement, le féminisme de la Ligue est ancré dans la société haïtienne. Ce féminisme permet de délimiter une appartenance tout en soutenant leur ouverture sur l'externe. Elles ont accompli un travail de valorisation de la place des femmes dans l'histoire collective en proposant un contre-récit de leur rôle dans l'histoire de ce pays. Cet aspect se retrouve particulièrement dans le travail de Jeanne Perez qui a écrit une pièce de théâtre sur Sanite Belair, sous-lieutenante de l'armée de la guerre d'indépendance.

Cette pensée, de manière séquentielle, montre que la réappropriation du corps ouvre la voie pour se construire en tant que citoyenne d'un pays indépendant, revendiquant une vie digne et capable de traduire l'État en justice pour défaut de promesse. Ces séquences définissent une vision de la science où la pensée se dessine depuis les luttes avec les concernées elles-mêmes. Il en résulte un maillage serré entre mobilisations, revendications, textes, alliances politiques et changements sociaux. Dans ces processus, ces intellectuelles-militantes bourgeoises ont crédibilisé l'expérience des Haïtiennes, notamment celles des classes populaires et de la paysannerie. En témoigne l'histoire d'Adelsia rapportée par Comhaire-Sylvain (1939b) qui a montré la manière dont s'entrecroisent relations intimes, univers religieux, croyances culturelles et sociales et le sens que les femmes donnent à leurs actions afin de dire, penser et comprendre leur réalité.

Chapitre 2

Le 3 avril 1986

Expression d'une mésentente politique en Haïti. Retour sur un élément de la mémoire indocile du mouvement féministe haïtien

Au début du XXe siècle, les féministes d'Haïti ont lutté contre le cryptage masculin de la citoyenneté. Le 31 juillet 1957, après maintes luttes, elles ont acquis le droit de vote. Cependant, la jouissance de ce droit a été réprimée quand François Duvalier a accédé au pouvoir en 1957. Durant cette dictature, qui a duré 29 ans, les femmes ont lutté dans la clandestinité pour la reconquête de leurs droits. En manifestant le 3 avril 1986, elles ont scellé une date charnière du mouvement féministe haïtien car, au-delà des clivages qui le traversent et des assauts externes qui tendent à l'affaiblir, cette date est devenue le repère qui oblige à reconstituer la mémoire de ce mouvement. Elle est le socle qui rassemble, explique et connecte les faits d'aujourd'hui et du passé. Elle devient la pierre angulaire dans l'histoire du féminisme haïtien.

Après la chute des Duvalier le 7 février 1986, le 3 avril 1986, à l'instigation de Fanm d'Ayiti (« Femmes d'Haïti »)[1], Haïti a été témoin d'une immense manifestation politique des femmes. Toutes catégories confondues, elles sont descendues dans les rues pour porter

---

[1]. Entretien mené avec Danièle Magloire, porte-parole de Kay Fanm, partie prenante de la manifestation du 3 avril 1986, Port-au-Prince, 22 février 2018.

leurs revendications citoyennes[2]. Selon Manigat (2002, p. 297), «
[l'événement avait un caractère polyclassiste,] la bourgeoise y côtoyait
la chômeuse ; la secrétaire, la trieuse de café ; le médecin, la *madan
sara*[3] ».

Les 30 000 femmes manifestant à Port-au-Prince avaient une
revendication commune : la participation des femmes à la gestion de
la chose publique dans un contexte où l'espace public est aussi organisé en fonction des rapports de pouvoir entre les sexes (CONAP,
2008 ; Magloire & Merlet, 1996 ; Neptune Anglade, 1986). Ces 30 000
femmes ont manifesté à Port-au-Prince, et des centaines d'autres ont
manifesté dans d'autres villes secondaires du pays, par exemple à
Cap-Haïtien (Le Cap).

En réclamant une nouvelle répartition des postes de décision et
des ressources nationales comme modalité de construction du
commun en Haïti, les féministes ont mis en évidence l'injustice que
constitue leur exclusion de l'espace politique haïtien. Elles ont
dénoncé l'occupation de l'espace public par les hommes et montré
que l'espace public est un lieu où les femmes ne sont pas considérées
comme partie prenante de la société (Charles, 1995).

Le 3 avril 1986, les féministes ont revendiqué le droit de jouir des
mêmes droits civils et politiques que les hommes. Elles ont institutionnalisé « le litige » (Rancière, 1995, p. 39) et introduit, de ce fait, «
une mésentente » (Rancière, 1995, p. 14-15), en réclamant leur part
dans la nouvelle dynamique qui se met en place après la chute de la
dictature. Elles se sont également introduites sur la scène en tant
qu'artisanes de « contre-publics subalternes » (Fraser, 2005, p. 8),
c'est-à-dire d'« [arènes discursives parallèles dans lesquelles] les
membres d'[un] groupe social subordonné élaborent et diffusent des
contre-discours, ce qui leur permet de fournir leur propre interpréta-

---

2. Entretien mené avec Lise Marie Dejean, première femme ministre de la Condition
féminine et des Droits des femmes, témoin de la manifestation du 3 avril 1986, Port-au-
Prince, 9 mars 2018.
3. Marchande ambulante se déplaçant d'un point à un autre pour écouler ses
produits.

tion de leurs identités, de leurs intérêts et de leurs besoins » (Fraser, 2005, p. 126).

En faisant le constat de leur exclusion de la gestion de la chose publique, les féministes ont aussi construit des « lieux de mémoire » (Nora, 1997) contre la tentation de l'oubli par le rappel des dates, la systématisation du savoir-faire des militantes, des pratiques émancipatrices et de consolidation des acquis. Dans le présent article, nous entendons montrer le travail souterrain que les féministes effectuent patiemment en Haïti afin de maintenir le mouvement et de construire leur agentivité.

À la croisée de la philosophie politique, de la sociologie et du féminisme décolonial (Vergès, 2019 ; Romulus, 2018), notre texte s'inscrit dans une approche de justice épistémique (Medina, 2013 ; Chung, 2018 ; Bessonne, 2020) en envisageant de lutter contre les ignorances entretenues qui peinent à saisir le mouvement féministe haïtien dans sa complexité, en dépassant les approches adoptées par les organisations non gouvernementales (ONG) et les médias internationaux. Entre acquis, gains mitigés et retour de bâton, il illustre la manière dont les rapports de pouvoir influent sur la définition du 3 avril en tant que date-événement pour les féministes, tout en suggérant un modèle de subjectivation indocile aux injonctions internes et externes.

Pour construire notre argumentaire, nous avons choisi de présenter une compréhension du geste politique accompli par les femmes en partant de leurs principales revendications et du contexte antérieur au 3 avril 1986. En ce sens, nous dénombrons dans les pages qui suivent les revendications justifiant la mésentente soulevée par les femmes et nous exposons aussi la manière dont celles-ci se sont constituées en sujets afin d'intégrer l'espace politique. Enfin, nous discutons, plus de 30 ans apres, le mode d'appropriation de la date que les féministes ont présentée comme un lieu de mémoire du mouvement. En effet, le 3 avril 1986 rattache les organisatrices directes de l'événement et celles qui se considèrent comme des légataires du mouvement. Toutes générations confondues, les féministes commémorent cette date et vivifient sa mémoire en organisant des réflexions, des marches, des conférences et des spectacles.

Affiche du 3 avril 1986. Archives de la coordination nationale pour les droits des femmes (Danièle Magloire)

Pour mener à bien notre analyse, nous nous appuyons sur un corpus collectant les entretiens de féministes organisatrices. Il restitue un pan de l'histoire du mouvement féministe haïtien ; il construit un récit sur le 3 avril en interrogeant les témoins de l'événement, dont Lise-Marie Dejean[4], Danièle Magloire[5] et Marie-Laurence Jocelyn Lassègue,[6] toutes trois des « interlocutrices de plein droit » (Warren, 2018, p. XVI) de notre recherche. À ces récits s'ajoutent des chants féministes, des émissions, des slogans, des articles en ligne, la publication de la Coordination nationale de plaidoyer pour les droits des femmes (CONAP, 2008), une compilation de notes de positionnement des organisations féministes sur le 3 avril (1996-2021) et des coupures de journaux.

1. Le 3 avril 1986 et la longue lutte des femmes pour la participation politique

L'année 1986 est celle de l'effondrement des Duvalier, dont la dictature avait désorganisé le tissu associatif haïtien, notamment les réseaux des femmes tissés depuis 1915, ces pionnières qui avaient créé la Ligue féminine d'action sociale (LFAS)[7] en 1934[8]. Année de rupture et de renouveau politique, l'année 1986 avait ouvert de nouvelles perspectives, en particulier celles de la reconstruction du lien politique.

---

4. Lise-Marie Dejean, ancienne ministre, est également membre de la Solidarité des femmes haïtiennes (SOFA) depuis sa création en 1986 par Anne-Marie Coriolan.
5. Danièle Magloire, sociologue, défenseure des droits de la personne et membre fondatrice de la SOFA, est l'actuelle dirigeante de Kay Fanm.
6. Marie-Laurence Jocelyn Lassègue est une ancienne ministre de la Condition féminine et des Droits des femmes en Haïti, aussi fondatrice de Fanm Yo La (« les femmes sont là ») , nous avons eu un entretien avec elle en mars 2018 en utilisant l'application WhatsApp.
7. La création officielle de la LFAS a eu lieu le 3 mars 1934. Parmi les fondatrices, notons : Fernande Bellegarde, Marie-Thérèse Colimon-Hall, Marie Corvington, Esther Dartigue, Cléante Desgraves-Valcin, Alice Garoute, Olga Gordon, Yvonne Hakim-Rimpel, Thérèse Hudicourt, Georgette Justin, Marie Thérèse Poitevin, Madeleine Sylvain-Bouchereau, Alice Téligny-Mathon, Maud Turian. La LFAS sera dissoute en mai 1934 par le gouvernement qui juge alors son programme trop « ambitieux ». Pour obtenir à nouveau l'autorisation de fonctionner, la LFAS reformulera ses objectifs en un but unique.
8. Les traces écrites du mouvement féministe haïtien remontent aux premières revendications portées par les femmes au moment de l'occupation d'Haïti par les États-Unis en 1915.

Les Haïtiennes et les Haïtiens ont alors exprimé le souhait de vivre dans une société démocratique qui consacre la liberté d'expression. Dès ce moment, le mouvement féministe haïtien est revenu sur le devant de la scène.

Le mutisme imposé par la dictature touchait tous les secteurs de la vie nationale : l'Église, les syndicats, les partis politiques, les organisations sociales et étudiantes (Vitiello, 2019). Évidemment, les organisations de femmes comptaient parmi ces victimes, malgré deux décennies de lutte conduisant à l'obtention des droits civils et politiques. En 1944, sous l'impulsion de la LFAS, l'amendement de la Constitution de 1935 a permis aux femmes d'être nommées et de se voir élues à certaines fonctions, sans être pour autant des électrices. Ces nouveaux droits ont été rayés par la Constitution de 1946. Toutefois, les femmes intégreront peu à peu les partis politiques et les syndicats (Magloire, s. d.). En 1950, les féministes ont mené une campagne massive pour inciter les femmes à participer aux élections. Au total, on comptait 28 candidates aux élections municipales, et 8 d'entre elles ont été élues comme assesseures. Du 10 au 14 avril 1950 s'est déroulé le premier congrès des femmes haïtiennes, organisé par la LFAS, sous la présidence de Lucienne Heurtelou Estimé, première dame d'alors (Manigat, 2002).

Le 15 novembre 1956, la mairie de Port-au-Prince a lancé les opérations d'enregistrement des votants aux élections de 1957 en ignorant les femmes. Le 13 décembre 1956, celles-ci ont marché et protesté contre cette mesure. Elles ont été gazées, battues ; certaines, arrêtées et emprisonnées. Plus tard, la loi du 25 janvier 1957 a assuré aux Haïtiennes majeures (21 ans) l'exercice des droits politiques et dispensé les femmes mariées de l'autorisation maritale pour exercer ces droits. Madeleine Sylvain-Bouchereau, instigatrice de la LFAS, docteure en sociologie, éducatrice et avocate, a été la première candidate aux élections sénatoriales de 1957. Elle ne sera pas élue. Cependant, les femmes ont utilisé ces élections pour exercer leur droit de vote et se faire reconnaître en tant que citoyennes. Après ces élections, les organisations féministes seront parmi les premières victimes de la répression duvaliériste (Lamour, 2016a).

Pour avoir résisté à la montée de la dictature duvaliériste, la LFAS a été dissoute, et son journal *La Voix des femmes*, interdit. Certaines féministes ont dû s'exiler pour échapper aux persécutions ou ont suivi les membres de leur famille. Elles ont alors été forcées de militer dans la clandestinité (Vitiello, 2019). Elles ont été torturées, emprisonnées, violées, tuées, battues, exilées et exécutées.[9] Parmi les féministes et les femmes victimes de la dictature, nous pouvons citer, entre autres, Laurette Badette, Thérèse Féval, Yvonne Hakim-Rimpel, Marie et Yannick Rigaud. Le mouvement féministe avait disparu.

2. Le 3 avril 1986 : un événement monstre pour le mouvement féministe

Dès le début des années 80, des femmes des couches populaires ont participé aux multiples protestations organisées contre le gouvernement de Jean-Claude Duvalier. Selon la CONAP (2008), elles ont été très actives parmi les personnes qui dénonçaient la cherté de la vie pendant les années 1984-1985. Elles ont soutenu les croyances et les valeurs précisant ce que doit être le prix juste. Pour reprendre les mots de Thompson (1988), elles ont été les fers de lance relativement à la définition d'une forme d'économie morale de la foule.

Le 3 avril 1986 devrait être considéré comme un « événement monstre » (Dosse, 2015, p. 58). Selon Joachim (2012), une dizaine d'organisations de femmes se disant féministes ainsi que des groupements de femmes se dénommant les Fanm Vanyan (« femmes vaillantes ») ont fait leur apparition dans le paysage politique : le Mouvement féministe haïtien (1982), Kay Fanm (« Maison des femmes ») (1984), *Solidarite Fanm Aysiyèn* (« Solidarité des femmes haïtiennes » (SOFA)) (1986), Centre de promotion des femmes ouvrières (CPFO) (1986), Fanm d'Ayiti (« Femmes d'Haïti ») (1986) et Enfo Fanm (1987). Hermogène (2019a, 2019b) note aussi l'arrivée des associations de

---

9. « OpresSœurs/Opprimées : femmes haïtiennes durant la dictature duvaliériste (1957-1986) » : cette expo virtuelle a été réalisée avec l'appui du @Collectif contre l'impunité (expo.haitiluttecontre-impunite.org/ (26 novembre 2015)).

quartier à Saint-Martin, à Marché Salomon, à la Rue des Remparts, à Saint-Jean, à Bosco, à Cité-Soleil.

À l'initiative de Fanm d'Ayiti, des femmes de sensibilités diffé-rentes ont contribué à l'organisation du 3 avril 1986. Magloire et Merlet (1996) ont classé cette date comme étant celle de la première grande manifestation politique organisée après le départ de Jean-Claude Duvalier. Parlant de l'événement, Manigat (2002, p. 297) rapporte ceci : « Ce jeudi 3 avril, de partout du pays [...] elles portaient des pancartes aux slogans revendicateurs pour l'amélioration de leur travail marchand, de leur travail domestique, de leur situation fémi-nine en général. »

Dix ans plus tard, soit en 1996, les féministes ont institutionnalisé la date. En effet, le 3 avril a été reconnu comme la Journée nationale du mouvement féministe par la 46e législature (CONAP, 2008). À la même date, le Parlement ratifie la Convention interaméricaine sur la prévention, la sanction et l'élimination de la violence contre les femmes, dite « convention de Belém do Pará[10]», signée par l'État haïtien, contre les violences faites aux femmes.

Haïti est l'un des rares pays où le mouvement féministe a sa journée nationale. Dans une perspective de reconnaissance de la lutte des femmes et des combats menés par les générations anté-rieures, la proclamation du 3 avril 1996 disait ceci : « Pour saluer le courage de toutes celles qui avaient ouvert la voie du mouvement féministe dans le pays, pour ne pas oublier afin de continuer sur la même lancée, nous décrétons le 3 avril 1996 la Journée nationale du mouvement féministe haïtien. »

Signée par Kay Fanm, Enfofanm, Fanm Saj, Myriam Merlet, Danièle Magloire et Fanm Mati Ayibobo Brav, la proclamation a été récupérée par les féministes qui ont construit la date en tant que lieu

---

10. Convention interaméricaine sur la prévention, la sanction et l'élimination de la violence contre la femme, adoptée à Belém do Pará, au Brésil, le 9 juin 1994. Elle a été ratifiée par Haïti le 3 avril 1996. Elle oblige les États signataires à condamner toutes les formes de violences contre les femmes et à adopter des moyens appropriés et, sans délais injustifiés, une politique visant la prévention, la sanction et l'élimination de la violence.

d'une mémoire féministe nationale. Celle-ci est devenue un pilier du matrimoine féministe en Haïti en contribuant à la création d'un espace du dicible au sein de l'Assemblée nationale. Dans ce cadre, elles peuvent parler des violences qu'elles subissent dans le privé (Farge, 2002) :

> Cette date découpe le mouvement féministe haïtien en deux temps : un avant et un après. Elle [...] crée des relations et des interactions, des confrontations ou des phénomènes de consentement, il crée du langage, du discours.
>
> [L'événement] crée de la lumière parce qu'il révèle soudain des mécanismes jusque-là invisibles [dans cette lutte].

Pour reprendre les propos de Farge (2002), qui parle du « concept événement », nous dirons que le 3 avril rappelle les dominations, les soumissions et les multiples injonctions auxquelles les femmes doivent faire face. Cette date est un « désignant événementiel » dont le mérite est de porter, sur le devant de la scène politique, l'inégale répartition des espaces entre les sexes, dont l'occupation des lieux décisionnels. Cet événement est d'ordre autant éthique que politique. Il marque la contestation par les femmes d'un ordre inique et partial. Cela justifie l'investissement de la rue afin que celles-ci expriment leurs revendications et réclament leur place dans la mise en forme du monde post-1986.

Cette date inaugurale renvoie aux conditions économiques et politiques existant en 1986 qui ont continué jusqu'à ce jour à justifier sa commémoration. Deux questions s'imposent ici : Quelles sont les revendications portées par les femmes ? Qu'est-ce qui les a incitées à s'identifier à d'autres mouvements politiques, dont ceux des organisations progressistes haïtiennes ? Ces questions méritent une analyse des revendications féministes.

3. Des femmes et leurs revendications portées par les féministes le 3 avril 1986

Le 3 avril 1986 est survenu à un moment où régnait, selon Magloire, une division tacite du travail militant qui confinait les femmes dans la production des documents et dans la logistique en empêchant que leurs revendications soient prises au sérieux. La militante dira que ces revendications concernaient : l'égalité des sexes ; la reconnaissance de toutes les formes d'union ; l'égalité des droits pour toutes les familles ; le droit de recherche de la paternité ; les services sociaux d'assistance à la maternité, à l'enfance et à la vieillesse ; la participation politique ; l'égalité salariale ; le droit à la santé ; les violences de genre, notamment le droit de cuissage subi par les ouvrières de la sous-traitance.

Pendant cette marche, les organisatrices posaient la question de la mixité en exigeant de leurs supporteurs de rester aux abords de la manifestation. Elles voulaient apparaître seules en tant que citoyennes capables de penser et de porter elles-mêmes leurs revendications. Nos témoins décrivent que les femmes de divers secteurs sociaux ont alors revendiqué leurs droits de participer aux affaires du pays. Elles ont profité de ce moment pour dénoncer les préjugés, l'exploitation économique et l'oppression spécifique. Nos témoins diront que les femmes ont subi les affres de la dictature au même titre que leurs compagnons, mais elles n'étaient pas considérées comme devant participer à la construction du renouveau au même titre qu'eux. La chanson revendicative qui suit traduit bien la vision de la question :

Nou se yon ras moun
Yon klas moun
N ap pot tè a sou kou n ooo
Nou se yon ras moun
Yon klas moun

Nou pote tout moun sou kou n[11]

En tant que catégorie sociale, les femmes réclamaient une délé-
guée à la Constituante en vue de préparer le projet de constitution de
1987. Cependant, elles n'ont pas eu gain de cause. Cette constitution
apparaît comme le principal symbole de la rupture post-1986. Elle
consacre les droits de la personne, le principe de l'égalité des sexes et
les droits des familles. Ainsi, la loi mère pose désormais les jalons
juridiques des revendications féministes. Cette époque a aussi été
propice à des revendications exigeant la féminisation du langage
dans les textes nationaux (Magloire, s. d.).

Selon Lassègue, les femmes de la petite bourgeoisie avaient écrit
sur leurs pancartes : *Patisipasyon pou tout fanm, Ki Fanm ?* (« Participation des femmes, Quelles femmes ? »). Pour Magloire et Merlet (1996),
les revendications principales visaient l'intégration des femmes aux
mécanismes de construction de la démocratie, en requérant un égal
accès aux droits fondamentaux, à l'emploi, au travail et à la santé.
D'après Magloire, l'un des slogans de cette journée était porté par les
ouvrières du textile : *Nou bezwen travay, nou pa bezwen randevou* («
Nous cherchons du travail et non un rendez-vous »). Celles-ci signi-
fiaient qu'elles sont souvent les victimes de harcèlement sexuel sur
leur lieu de travail. Toutefois, les travailleuses domestiques étaient les
principales absentes de cette marche. Ce constat porte alors les féministes à proposer un projet de loi ayant pour objet de régulariser le
travail domestique. Cependant, cette loi ne sera jamais promulguée.
Les femmes avaient aussi exigé que le viol ainsi que les violences
faites aux femmes et aux filles soient criminalisés (Magloire & Merlet,
1996).

Selon Dejean, la SOFA a lancé, le 25 novembre 1987[12], une

---

11. « Nous faisons partie d'une catégorie, d'une classe, nous portons la terre, nous
faisons partie d'une catégorie, d'une classe, qui porte tout le monde sur leur cou » :
chanson de Barbara Guillaume (1987). Soulignons que les féministes se sont approprié
cette chanson, même si elle référait aux personnes exploitées en général et pas spécifi-
quement aux femmes.
12. Le 25 novembre 1987 marque la première sortie nationale de la SOFA en tant qu'or-

campagne nationale contre les violences faites aux femmes en reprenant la démarche des pionnières de la LFAS qui dénonçaient les viols
commis par les marines américains pendant la période 1915-1934.
Cette démarche réaffirme le droit des femmes de disposer de leur
corps en tant que question sociale qui ne saurait être ignorée. En
outre, un vocabulaire désignant la violence sexiste et sexuelle a été
proposé. Les femmes ont su trouver des mots pour dire les maux des
femmes. En témoigne la popularisation des termes *tizonay* (« harcèlement ») et *kadejak* (« viol ») dans le créole haïtien pour parler de ces
deux réalités. Elles ont ainsi élargi l'espace discursif du mouvement
social.

Les manifestantes massées devant l'église des Gonaïves réclament de la Constituante de 1950 leurs droits politiques

Manifestation de femmes devant l'église des Gonaïves, 1950. (CIDIHCA)

Les femmes imposent leur programme sur le plan politique en
s'engageant qualitativement et quantitativement dans les affaires et

ganisation féministe luttant contre les violences faites aux femmes. Cette organisation
en a profité pour commémorer sa première journée internationale contre les violences
envers les femmes.

les instances gouvernementales du pays. En tant que sujet politique, elles ont saisi l'importance de leur participation à la perspective démocratique qui se dessinait après le 7 février 1986. Leurs réclamations avaient mis en branle une forme de subjectivation dans la lignée de celle qui était portée par les pionnières de 1934 : la reconquête de la puissance d'agir. Elles convertissent en tort le système d'exclusion des femmes du politique, système qui doit être changé. Elles réclament le droit de cité ; elles ont mis en exergue un dissensus fondamental : la mise hors-jeu politique des femmes.

4. Le sens et la portée symbolique du 3 avril 1986 : refonder avec les femmes

Pour interpréter la portée symbolique du 3 avril 1986, la lectrice ou le lecteur doit saisir le sens du slogan : *Fòk kat la rebat* (« Refonte des compromis sociaux », slogan fort de l'ère post-Duvalier). Selon Dejean, ce slogan traduit le sentiment que la refondation de la nation devra compter avec les revendications féministes. Outre ce cri de ralliement, Magloire dira que les femmes avaient ajouté : *Li pa t ba t san nou ni kont nou* (« Le changement ne s'opérera ni contre nous ni à notre détriment »). Cet ajout montre que celles-ci étaient conscientes de leur condition d'exclues du politique et aussi qu'elles étaient perçues comme une catégorie insignifiante dans l'espace public. Il fallait remettre en question cette insignifiance à travers trois idées phares.

Premièrement, le 3 avril 1986 marque le resurgissement des Haïtiennes en tant que sujets politiques courageux sur la scène publique. Elles se sont désidentifiées de la projection réductrice que leurs camarades masculins avaient d'elles. Partant du débat politique, elles placent le litige autour de la légitimité de la participation politique des femmes et remettent en cause les règles politiques sur lesquelles la société veut se refonder. Elles dénoncent la tendance à la récupération exclusive de l'espace politique par les hommes, tout en rejetant leur assignation pluriséculaire : *Fanm pa fè politik* (« Les femmes ne doivent pas se mêler de la politique »). Cette position ouvre la voie à d'autres possibilités. Les Haïtiennes se comportent dès lors en citoyennes qui transforment leurs pensées en engagements : elles passent de l'indignation à la mobilisation. Elles ont donc réussi à mettre en tension les compromis masculins traditionnels ayant pour objet l'évacuation des femmes de l'espace public.

Deuxièmement, les notes, les chansons, les émissions et les entretiens conduits avec les Haïtiennes montrent le surgissement d'un nouveau sujet sur la scène politique haïtienne, porteur d'une nouvelle forme de partage du sensible. Écoutons le refrain d'une chanson de mobilisation des organisations de l'époque :

Fanm yo, Fanm yo, nou bouke pase mizè o,
Fanm yo fanm yo nou bouke pase mizè o,
si w wè met tèt ansanb se solisyon nap chache,
si w wè mete tèt ansanb se sitiyasyon nou vle chanje[13].

Ce refrain témoigne de la volonté des féministes de changer leur condition en tant que catégorie. Un tel vœu d'émancipation exige la construction d'un collectif capable de transformer leurs idéaux en actes. Les femmes signalent une nouvelle forme de partage du sensible et montrent leur volonté d'occuper la sphère publique à leur profit en rejetant leur stigmate de personnes devant être confinées dans le privé.

Leur action du 3 avril 1986 prouve au pays tout entier qu'elles ont une conscience aiguë des mécanismes de domination et d'exploitation, une vision d'elles-mêmes en tant que personnes dont la vocation est de vivre autre chose que ce destin d'exploitées et de recluses politiques. Sur cet aspect, l'événement remet en question les cadres hiérarchiques de la distribution des fonctions et des places entre les sexes. Ce grand moment historique entraînera donc la mise à

---

13. « Femmes, femmes, nous sommes fatiguées de souffrir, femmes, femmes, nous sommes fatiguées de souffrir, si tu vois, mettre nos têtes ensemble est la solution que nous cherchons, si tu vois, mettre nos têtes ensemble est la situation que nous voulons changer. »

distance des manières habituelles de penser la place des femmes dans les espaces décisionnels.

Troisièmement, le 3 avril 1986 a introduit le dissensus dans la « bamboche démocratique » post-dictature, puisqu'à ce moment-là, les femmes se sont insurgées contre les codifications rétrogrades qui limitaient leur cadre d'action politique. À ce stade, l'événement met en évidence une éthique de l'insoumission, c'est-à-dire la volonté des femmes de « performer » une détermination propre par le rejet de toute forme de domination allant à l'encontre de leur aspiration d'accès aux espaces de décisions. À l'instar de Yinda et Marie (2006), qui parlent de l'insoumission, nous dirons que les femmes ont procédé à la remise en cause d'une légalité indue que les hommes s'étaient accordée depuis la fondation de la nation haïtienne.

5. S'approprier la date, engranger des gains et construire une mémoire

Le 3 avril 1986 a contribué à la systématisation d'une conscience féministe dont les retombées ont été nombreuses. En effet, les femmes ont lancé et concrétisé de 1988 à 2010 des campagnes d'infor-mation, de sensibilisation et de plaidoyer sur leurs droits. Le 13 mars 1990, Ertha Pascale Trouillot, juge à la Cour de cassation, est devenue la première présidente qui, en organisant les élections du 16 décembre 1990, a mis le pays sur la voie démocratique.

Les femmes s'étaient engagées massivement dans ce processus électoral en accomplissant diverses tâches : l'éducation civique, l'inci-tation à la participation féminine à la vie politique, la tenue de bureaux de vote et l'observation électorale. En effet, 67 % de la popu-lation nationale a alors participé aux élections : les femmes représen-taient 52 % de cette population, 8 % d'entre elles étaient candidates (Castor, 1994 ; Merlet, 2002). 3 ont été élues au Sénat et 13, à la Chambre basse (Castor, 1994). Une seule femme sur 26 s'était portée candidate à la présidence : Marie Colette Jacques. Rappelons que 4 femmes faisaient partie du gouvernement d'Aristide[14]. La SOFA avait exigé davantage dans sa manifestation du 8 mars 1991, dont la création du ministère à la Condition féminine (entretien avec Dejean, 2021).

Cette conjoncture permettra aux femmes de reprendre la lutte contre les viols des femmes des quartiers populaires par des agents de l'armée lors du coup d'État de 1991. Ces viols étaient censés châtier ces femmes qui auraient dû être des soumises du fait de leur position dans la hiérarchie des sexes et de leur classe sociale. Dans son discours du 3 avril 1996, Yolette André Jeanty, coordonnatrice de Kay Fanm, a condamné l'impunité à l'égard des viols des femmes et des féminicides dans le pays.

La date du 3 avril 1986 marque un moment dans la systématisation des contre-publics subalternes, qui montre que les femmes ont institué la CONAP, un espace de contestation, une zone délimitée institutionnellement où elles peuvent délibérer et proposer des solutions de rechange à la reconstruction de la nation. La conscience féministe a alors atteint son point culminant avec cette fondation. En portant la parole de onze organisations féminines et féministes[15], la CONAP a été durant son existence un acteur organisationnel et un interlocuteur politique majeur dans le paysage féministe haïtien. Cette structure a lutté sur plusieurs fronts, notamment contre les violences sexuelles et pour la mise en place du quota de participation d'au moins 30 % de femmes aux espaces de décision. Elle a facilité l'adoption de deux politiques publiques : le Plan national de lutte contre les violences faites aux femmes (2006) et la Politique d'égalité femme/homme (2015). La CONAP a été un moment essentiel dans la

---

14. Ce sont respectivement Marie Michelle Rey aux Finances, Denise Fabien aux Affaires étrangères, Myrtho Célestin-Saurel aux Affaires sociales et Marie-Laurence Jocelyn Lassègue à l'Information et à la Culture : entretien mené avec Dejean, Port-au-Prince, 9 mars 2018.

15. Ces onze organisations sont les suivantes : Kay Fanm, Solidarité Fanm Ayisyèn (SOFA), Fanm Yo La, Fanm Deside, Kòdinasyon Fanm Sidès, Rasanbleman Fanm Vanyan Belè (RAFAVAB), Gwoupman Fanm Vanyan Pestèl, Konbit Fanm Twou Di Nò (KOFAT), Caritas diocésaine de Fort-Liberté (section Femmes) et Asosyasyon Fanm Solèy d'Ayiti (AFASDA).

consécration des retombées du 3 avril, car elle a donné aux féministes la possibilité de poser des conditions d'énonciation spécifiques : une façon particulière de « filtrer et [de] modifier les énoncés » que l'on y produit.

Les femmes ont décrété un moment de rupture dans la politique haïtienne en se proposant de la faire autrement. À cet effet, elles lanceront la CONAP qui sera un espace de discussion leur servant à diffuser des contre-discours et à construire des contre-stéréotypes en apportant leur propre compréhension de leurs intérêts et besoins dans l'espace public. La construction de cette scène polémique montre qu'elles sont pourvues de capacités de réflexion et d'action politiques ; elles peuvent parler et agir en tant que sujets politiques. En témoigne la tenue du Parlement symbolique des femmes en 1997, dont l'objectif est alors de leur permettre d'occuper le Parlement, en y apportant leurs discours, voix, préoccupations, styles politiques et revendications.

La date du 3 avril 1986 représente un moment d'autonomie politique dans les luttes féministes haïtiennes post-1986. Elle renouvelle la promesse des années 1930, soit la transformation de l'ordre politique à travers la présence des femmes dans les espaces décisionnels. La dénomination « *Medam Fanm yo* » (« Mesdames les femmes ») s'installe alors dans le langage médiatique. Le fait n'est pas politiquement anodin : il n'est désormais plus possible d'ignorer le contre-public féministe haïtien.

En 2010, malgré le séisme meurtrier du 12 janvier qui dévaste la capitale haïtienne, les féministes n'abdiquent pas, en dépit du fait que le mouvement voit disparaître plusieurs sœurs de combat et doit en faire le deuil. La note du 3 avril 2010 de la CONAP dénonce la dépendance structurelle du pays à l'égard des puissances impérialistes et remet en question la légitimité de la Commission intérimaire pour la reconstruction d'Haïti (CIRH), en tant qu'organe chargé de la reconstruction sous la houlette des États-Unis. Depuis cette catastrophe, le pays constate l'arrivée de leaders populistes qui véhiculent les idées de l'extrême droite. Soutenus par les acteurs internationaux, ces dirigeants s'assument en tant que bandits légaux (Lamour, 2021a).

Dans ce contexte délétère, les féministes assistent à une fragilisation de leurs acquis politiques car, de 2010 à 2020, ce pouvoir a tenté à plusieurs reprises d'instrumentaliser les propositions des féministes à même de garantir aux femmes une place dans les espaces de décisions. Pour signifier leurs désaccords quant à ces dérives fragilisant leurs acquis et ceux des droits de la personne, elles ont choisi en 2021 de souligner les 35 ans du 3 avril 1986 pour revendiquer leurs droits.

Date de ralliement, le 3 avril 2021 a permis de fixer une compréhension féministe de la crise politique que traverse le pays. À ce moment-là, deux figures féminines de la résistance au duvaliérisme, Yannick Rigaud et Yvonne Hakim-Rimpel, ont trouvé leur place sur les pancartes de la manifestation. Par ce fait, les féministes ont su visibiliser l'apport de ces deux femmes aux luttes contre la dictature et les présenter comme des modèles politiques inversés de celles qui ont collaboré avec ce régime. En procédant de cette manière, les féministes ont accompli plusieurs actions : transmettre la mémoire de la lutte aux plus jeunes, honorer le souvenir de ces femmes, revendiquer le droit à la conservation des acquis et l'écriture symbolique de la continuité du mouvement féministe haïtien.

Les féministes sont parvenues à transmettre un message essentiel aux femmes : les femmes sont parties prenantes d'un ensemble ; elles partagent une condition commune, elles sont confinées dans une position subalterne qu'elles doivent dépasser en considérant les situations plurielles auxquelles elles sont confrontées. Conscientes de cette position objective associée à des situations complexes, les féministes invitent les femmes à coopérer politiquement pour s'engager dans la lutte devant mener à leur émancipation. Cela dit, le 3 avril est aussi une tentative pour définir une approche sororale au sens de hooks (2017), démarche que traduit le slogan de Fanm Deside : *Se batay fanm k ap chanje kondisyon fanm* (« la lutte des femmes changera la condition des femmes »).

Le 3 avril 2021, les organisations initiatrices, dont SOFA, *Kay Fanm, Fanm Vanyan, Nègès Mawon, Dantò, Marijàn, Azama, Fanm Deside*, ont réinvesti la date du 3 avril 1986 sous le signe de la résistance, de l'indocilité, de l'insoumission et de l'autonomie. Ces organisations ont lancé un appel pour la tenue d'une marche le 3 avril 2021 concernant la défense du droit à la vie et le respect de la Constitution de 1987. Les slogans phares de cette marche, soit *Lit Fanm la pa bobo ak diktati* (« La lutte des femmes se démarque de la dictature »), *Nou pap tounen nan diktati* (« Nous ne retournerons pas en dictature »), *Nou pap pèdi gany konstitisyon 1987 yo* (« Nous ne perdrons pas les acquis de la Constitution de 1987 ») et *Se batay ki fèt ki bay viktwa Jodi 3 avril* (« Les luttes antérieures assurent aujourd'hui la victoire du 3 avril »), montrent les dimensions tant particulières que globales de la lutte des femmes. Du message inaugural collectif délivré par la SOFA le 3 avril 2021, nous retenons ceci (SOFA, 2021) :

> Lorsque les féministes font référence à la justice, nous parlons aussi de la justice sociale, impliquant la redistribution des richesses du pays. Et quand nous parlons de protection, nous parlons aussi de la protection des acquis démocratiques, incluant l'organisation d'élections libres de toutes entraves.

Le 3 avril 2021 a alors été un moment de réaffirmation de l'ancrage du mouvement dans les luttes populaires en vue de la transformation d'une société plus juste et du renforcement des liens entre les combats de libération des masses populaires et ceux des femmes. À ce moment-là, les féministes ont fait de *Carrefour Résistance* le point de départ des marches revendicatives[16]. Ce lieu condense depuis les années 90 les tensions et les conflits divisant les groupes sociaux ainsi que les luttes qui affirment la combativité de la population haïtienne et qui portent l'espoir et les transformations de ses conditions d'existence.

Étant réinvesti par les luttes populaires de 2004 à 2018, l'espace *Carrefour Résistance* est devenu un point de résistance notoire dans le paysage politique haïtien, massivement occupé par les hommes. En

---

16. C'est le lieu de l'aire métropolitaine d'où partent généralement les revendications politiques des citoyens et des citoyennes. Couramment désigné sous le nom de Carrefour Aéroport, cet espace constitue un lieu symbolique de mobilisation. Il a acquis cette appellation avec les revendications accompagnant l'affaire PetroCaribe.

entrant dans cet espace, les femmes ancrent aussi les mémoires du 3
avril 1986 dans des lieux de résistance de la capitale. Se met ainsi en
place « une géographie du souvenir » (Charpenel, 2014, p. 282), favorisant un repérage de la date et des traces des femmes dans l'espace
urbain. Elle est saisie comme la date où les femmes entendent
occuper l'espace public. En témoigne le fait qu'elles ont choisi de
manière délibérée d'accrocher les banderoles d'annonce de la
marche dans les points stratégiques de la capitale, c'est-à-dire les
grandes artères.

À Montréal, le 8 mars 2010, la diaspora a créé le Comité 3 avril en
honorant les féministes disparues (Myriam Merlet[17], Magalie Marcelin[18] et Anne-Marie Coriolan[19]) le 12 janvier 2010. Ce comité doit
contribuer au rayonnement et à la reconnaissance des luttes des
femmes qui revendiquent une société juste défendant leurs droits,
libre des violences et des discriminations qui les frappent. En tant
que moment d'effacement, la catastrophe a été cruciale pour tisser les
liens entre les féministes haïtiennes vivant en Haïti et celles de la
diaspora. Les deux groupes peuvent désormais partager un lieu de
mémoire. Les féministes de générations différentes, qu'elles soient du
pays ou de la diaspora, ont franchi un pas dans la définition d'un
espace d'interprétation du passé et du présent.

6. La question de la mésentente

Notre lecture des événements nous autorise à voir le 3 avril 1986
comme la date d'une mésentente politique. Selon Rancière (1995), la
mésentente n'est ni la méconnaissance ni le malentendu. C'est le
moment où celles qui sont considérées comme incapables de logos
(d'un discours rationnel ayant pour objet le bien commun) font la
preuve de cette capacité et s'imposent dans l'espace public en proposant par là un nouvel ordre du sensible. Pendant ce moment, quel-

---

17. Militante d'Enfofanm.
18. Militante de Kay Fanm.
19. Fondatrice de SOFA.

qu'un, jusque-là invisible ou inaudible, parle ou regarde d'une autre place en proposant un autre « nous », imprévu, inattendu. Les femmes ont accompli cette action qui rappelle la définition de la mésentente donnée par Rancière. En effet, le 3 avril 1986 et ses retombées font apparaître les femmes en tant que groupes organisés posant à la fois leurs besoins pratiques et leurs intérêts stratégiques au niveau national en tant que besoins importants.

À titre de groupe politique organisé, les féministes ont activement soutenu la définition d'un espace politique où les femmes peuvent réaliser des actes spécifiques. La création du ministère de la Condition féminine le 8 novembre 1994 a été un de ces moments de grande intensité. Les Haïtiennes ont porté leurs luttes et leurs revendications dans les espaces de disruption, les lieux les plus conflictuels de la vie politique, dont le Parlement et la rue. Ces lieux collectivement partagés de la discussion sur les torts témoignent d'une volonté politique de repartager l'espace politique entre les sexes. Dans cette dynamique, elles ont poussé le Parlement à ratifier la convention de Belém do Pará, qui introduit dans le droit haïtien les sanctions en vue de réprimer les violences faites aux femmes. Selon le décret du 6 juillet 2005, le viol n'est plus qualifié comme une atteinte à la pudeur : il est devenu un crime. L'irresponsabilité paternelle est considérée comme un délit depuis 2014.

Les féministes ont su introduire deux piliers de leur stratégie au Parlement haïtien : la participation politique et la lutte contre les violences faites aux femmes, aspects que les féministes ont construits en tant que problème social depuis 1915. Elles ont aussi réalisé le projet de poser le buste de Catherine Flon[20] sur la place des Héros de l'Indépendance à Port-au-Prince. L'inauguration de cette place le 18 mai 2000 par la mairie de la capitale et le ministère de la Condition féminine signe la reconnaissance de l'apport des femmes et de leur contribution à la révolution haïtienne.

---

20. Catherine Flon est connue pour avoir cousu les deux bandes de tissu qui forment les couleurs du drapeau national symbolisant l'alliance des populations noire et mulâtre en 1803.

Les féministes continuent d'exposer de manière inlassable les torts politiques signifiant leur exclusion de la sphère publique en tant qu'expression du litige selon un conflit qui oppose la logique policière à celle de l'égalité. Ainsi, les féministes mènent encore des actions en faveur de leurs droits ; elles ne saisissent pas le politique comme un consensus, mais sous la forme de la mésentente. Par leurs actions passées, elles ont appréhendé le véritable sens du politique et montré que toutes les catégories, y compris les femmes, ont vocation à s'occuper des affaires communes. D'ailleurs, le slogan de la SOFA rappelle cette idée : *Lit fanm la se lit tout mas pèp la* (« La lutte des femmes est celle de tout le peuple »).

7. Un bilan et des perspectives des luttes

Notre article a montré le contexte dans lequel la date du 3 avril 1986 a surgi en tant qu'événement. Celle-ci permet aux femmes de porter les revendications qui dénoncent toutes les situations d'une commune condition inégalitaire. Cette date a amené les femmes à se construire en tant que sujets politiques exigeant un nouveau partage des parts. Elles posent ainsi les cadres du dissensus entre les sexes. En adoptant cette posture, les féministes haïtiennes ont universalisé leurs positions et porté leurs revendications sur des fronts multiples et croisés. Elles ont aussi montré que le féminisme haïtien s'assume pleinement au sein du mouvement social haïtien. Cette date vectrice et porteuse de legs lui sert également à renouveler sa vision critique.

Les féministes haïtiennes ont mis en exergue les impensés de la politique haïtienne en s'insurgeant contre les lois iniques afin de poser le politique comme un espace de droit. De ce fait, elles ont montré le maillage entre la responsabilité citoyenne et la capacité de désobéissance à l'injustice afin de construire une société juste et égalitaire.

La date du 3 avril 1986 rappelle aussi que la politique n'est pas que lutte pour le pouvoir : elle peut en outre être le reflet d'une demande fondamentale entre les groupes, soit un « partage du sensible », la refonte des compromis, un affrontement des parties sur les manières de voir et d'organiser le réel, une scène où deviennent visibles des choses qu'autrement on ne verrait pas, notamment le sort inégal qui est fait à certaines personnes. Les féministes haïtiennes ont ainsi créé un double espace d'agentivité en luttant pour la transformation de leur société et pour leur reconnaissance en tant que sujets politiques.

Le 3 avril 1986 s'impose comme un lieu du politique en Haïti. Par conséquent, cette date invite à lire les luttes menées contre les agressions à la fois externes et internes. Elle offre aussi aux féministes l'occasion de construire leur propre récit de leurs luttes en se distanciant des fémi-impérialistes (Vergès, 2019) portés par les acteurs internationaux. La date du 3 avril 1986 précise également la capacité du féminisme haïtien de ne pas perdre sa voix au profit de celle des acteurs internationaux qui ne cessent de polluer l'espace politique à travers leurs discours sur les rapports entre les sexes.

Si le 8 mars condense les enjeux du féminisme civilisationnel (Vergès, 2019) dans ses manifestations locales portées par l'international, le 3 avril permet aux féministes de créer un espace-temps où elles sont les seules dépositaires de leur voix affranchie des programmes et des projets sur mesure des institutions externes[21]. Cette date permet à chaque Haïtienne de se défaire de la catégorie « unifiant femme » pour se construire en tant que femme haïtienne, marquée et instituée par une société qui a gagné le combat contre l'esclavage et le colonialisme. C'est pour cela que le droit à l'autodétermination représente le continuum qui relie les différents moments du féminisme haïtien en fixant le socle de son identité politique. Somme toute, la date du 3 avril contient la promesse d'une autonomie politique pour les Haïtiennes, car elle offre des pistes pour penser l'égalité, partager le sensible et assurer la distribution des parts, rompre avec l'haïtiano-pessimisme voulant faire d'Haïti un pays maudit. Cette date met aussi en évidence un ecosystème politique, social et culturel qui interagit avec les autres luttes sociales en permettant au féminisme de se

---

21. Le mot d'ordre de la manifestation du 3 avril 2021 était que les organisations féministes ne portent pas les logos des organisations internationales sur leurs pancartes et leurs banderoles. Elles se sont cotisées afin de couvrir les coûts de la marche.

reproduire au rythme des dynamiques nationales globales, sans minimiser les contradictions entre les nécessités conjoncturelles et les obligations structurelles.

Chapitre 3

Réclamer l'héritage pour faire matrimoine

La pensée féministe du sensible en Haïti

[...] et dans les mots de notre langage, et dans toutes nos formes de sentir et d'agir, et se manifeste encore à travers le temps, l'éternelle survivance de nos mères méconnues.

— Marie-Thérèse Colimon Hall

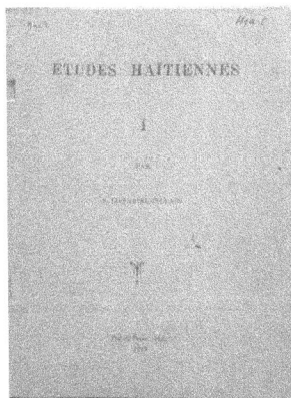

Revue Études haïtiennes I, Port-au-Prince, 1939, par Suzanne Comhaire-Sylvain.

En Haïti, si les œuvres de Baron de Vastey (1814), Anténor Firmin (1885) et Louis-Joseph Janvier (1884), ainsi que celles de Price-Mars (1919, 1928) et de Jacques Roumain (1944), sont largement citées, traduites et étudiées par les universitaires haïtien·ne·s et étrangers, les écrits de Suzanne Comhaire-Sylvain (1938a, 1938b, 1975), Madeleine Sylvain-Bouchereau (1957), Mireille Neptune Anglade (1986) et Myriam Merlet (2002) demeurent quasi inconnus en dehors d'un certain cercle féministe haïtien. Les œuvres de ces intellectuelles ne figurent ni dans les syllabus des cours[1] sur l'histoire des idées en Haïti ni dans ceux traitant des théories sociologiques et anthropologiques. Faut-il donc appartenir à un certain sexe pour être reconnu comme un sujet connaissant en Haïti ?

Parmi les écrits sur les femmes et le féminisme en Haïti, rares sont ceux qui ont acquis le statut de classiques, c'est-à-dire des textes que les chercheur·e·s, nationaux et étrangers, doivent consulter pour explorer ce champ. Aucun corpus théorique n'a été constitué autour de leurs réflexions, discours, praxis, pratiques et œuvres, contrairement aux auteurs précédemment cités.

Le champ des études haïtiennes est profondément marqué par une logique androcentrique qui hiérarchise les connaissances en ne valorisant que les écrits, réflexions et faits des hommes. Bien que les œuvres des femmes romancières soient largement étudiées dans le domaine littéraire haïtien, il est évident que le champ intellectuel contemporain en Haïti souffre d'une dualité persistante entre l'effacement et l'androcentrisme.

---

1. Le premier séminaire sur la problématique du genre s'est tenu à l'UEH, à la Faculté des Sciences humaines, entre 2000 et 2001, sous l'initiative de Danièle Magloire et Myriam Merlet du bureau d'études TAG, qui avaient invité la démographe Elizabeth Pierre-Louis à se joindre à elles. Ce fut l'occasion d'introduire les notions de genre dans le cadre d'un cours sur la socio-démographie en Haïti. La première certification en genre a été délivrée immédiatement après le séisme de 2010. Elle a été élaborée dans le cadre d'une coopération entre l'Université Quisqueya, sous le leadership de Darline Alexis (Secrétaire générale de l'Université depuis 2007), et en partenariat avec les organisations féministes (SOFA/Kay Fanm), ONU Femmes et UWI (University of West Indies). Le cours s'est tenu pendant trois étés (2011-2013). Les enseignantes de cette première certification étaient : Danièle Magloire, Marie Frantz Joachim, Eunide Louis, Sabine Lamour et Mirlande Manigat.

Ces effacements rendent plus difficile l'accès, d'une génération à l'autre, aux œuvres des femmes, notamment les essais. Cela est d'autant plus vrai que les écrits des intellectuelles sont rarement réédités. Souvent, ils deviennent indisponibles pour le grand public en moins d'une décennie, comme c'est le cas pour *Déjouer le silence : Contre-discours sur les femmes haïtiennes*, publié en 2018.

Cette réalité est bien illustrée par l'analyse suivante :

> Charles Derber (1979), s'inspirant des analyses de Goffman [...], a exploré la nature stratifiée de l'« attention » dans la vie en société. Derber fait remarquer que « la manière dont les gens cherchent et reçoivent de l'attention, la quantité d'attention qu'ils sont susceptibles de recevoir, sont significativement modulées par leur rôle social et par leur statut au sein des hiérarchies sociales importantes » (p. 39). L'inclusion, ou l'exclusion, en tant qu'objet digne de retenir l'attention dans l'interaction n'est pas simplement un reflet du statut social ; elle joue plutôt un rôle très important dans la création et la reproduction de l'inégalité, elle en est même constitutive. (Anderson & Snow, 2001, p. 15)

En Haïti, les femmes sont souvent cantonnées à des rôles de militantes et de porteuses de savoirs pratiques, mais non théoriques. Selon cette perception, leurs contributions à la tradition intellectuelle sont souvent disqualifiées. Sur le long terme, les écrits de ces autrices n'atteignent pas le statut d'anthologie et sont exposés à l'extractivisme interne et externe[2]. Or, l'anthologie est un moyen de légitimer une œuvre par sa sélection, permettant de rendre visible un auteur ou une autrice et de le ou la situer dans un champ donné. Cela complique la promotion de leurs idées et l'essor de leurs pensées au sein des études critiques. De plus, les écrits des chercheuses

---

2. C'est cette démarche que Danièle Magloire qualifie de *syndrome de la première fois* : des personnes qui, bien qu'elles soient informées des tâches déjà accomplies par d'autres, s'amusent à qualifier toutes leurs actions d'innovantes, sous prétexte que leurs traces ne sont pas repérables en dehors du cercle féministe (Magloire, 2024). Disponible en ligne sur : https://www.youtube.com/watch?v=3VjBRvHiiRQ

haïtiennes produits entre 1930 et 1970 ne sont plus disponibles en Haïti, mais se trouvent dans les bibliothèques des grandes universités des pays du Nord. Ainsi, à côté de la problématique de la fuite des cerveaux, il serait pertinent d'examiner la « fuite des écrits », notamment dans le domaine du féminisme en Haïti. Les archives féministes haïtiennes sont souvent éparpillées dans des fonds privés, rendant difficile l'accès aux chercheur·e·s haïtien·ne·s s'intéressant au féminisme. Par conséquent, les chercheurs et chercheuses travaillant en Haïti sur le féminisme ont peu de possibilités d'accumuler leurs savoirs et de proposer, sur le long terme, une production académique et savante avec un corpus théorique, conceptuel et méthodologique bien défini. Cela conduit à une dépendance vis-à-vis des réflexions externes pour résoudre les problèmes de leur société[3].

Ces manquements ne doivent pas servir de prétexte pour affirmer qu'il n'existe pas de théorie ou de réflexions dans le féminisme haïtien. La consultation du fonds féministe intellectuel produit entre 1915 et 2010 met en lumière l'existence d'une bibliothèque riche. Le terme *bibliothèque* est ici emprunté au penseur Valentin Mudimbe (2021), qui évoque la bibliothèque coloniale. Ce fonds comprend des poèmes, des posters, des tracts, des notes de prises de position, des dessins, des essais, des photos, des émissions radiophoniques, des interventions télévisées, des moments de commémoration, des chansons, des pièces de théâtre, des interviews entre féministes, des fresques murales, des productions artistiques (gestes historiques, *lodyans*, contes, chansons, proverbes, films, peintures, danses...), des reportages autour des manifestations, des activités virtuelles sur les réseaux sociaux, des sites web (*Mouka.ht*), des pages Facebook et des journaux. Ce fonds symbolise la dynamique d'élaboration des savoirs représentant les femmes haïtiennes comme objet d'étude : à la fois

---

3. Par exemple, l'année 2034 marquera le centenaire du féminisme organisé en Haïti, un fait rarement souligné lorsqu'on évoque le mouvement des femmes haïtiennes à l'étranger. Cela rappelle qu'Haïti fait partie des pays du continent qui peuvent revendiquer l'ancienneté de leur mouvement féministe, à l'instar de la Martinique et de la Guadeloupe, où les premières mobilisations de femmes remontent également au début du XXe siècle.

objet et sujet de connaissance. Ce qui caractérise cette bibliothèque, c'est sa capacité à mobiliser les différents moyens d'expression du social haïtien pour parler de ce groupe et de cette catégorie. Ce fonds favorise également la rencontre des mondes en Haïti : l'oralité, le gestuel et l'écrit. Il donne accès à tous les modes d'expression dont disposent les femmes, en fonction de leurs compétences acquises tant dans le cadre d'une éducation formelle que dans celui de l'école de la vie. Le refus de valoriser cette bibliothèque constitue une ruse de la société haïtienne pour dénier aux femmes le statut de sujet connaissant. C'est à juste titre que Nadève Ménard (2023, 2024) soulève la question de la légitimité des productions intellectuelles des femmes haïtiennes universitaires, dont les écrits sont souvent ignorés. Cette situation entrave non seulement la définition d'une généalogie de cette pensée, mais empêche également les intellectuelles des générations suivantes de se revendiquer d'une tradition intellectuelle.

Ainsi, l'élaboration d'*Imaginer le féminisme haïtien : Enjeux théoriques et épistémologiques* s'inscrit dans une démarche de rupture avec l'invisibilisation stratégique dont sont victimes les savoirs et connaissances produits par les femmes en Haïti. Par *invisibilisation stratégique*, j'entends un ensemble de techniques institutionnelles et de mécanismes individuels qui entravent la visibilité, la circulation et la diffusion des connaissances et savoirs produits par un groupe, en fonction de la place qui lui est assignée dans le processus de production du savoir. Le livre s'ancre dans une tradition, un matrimoine intellectuel féminin et féministe en Haïti[4], qui trouve sa source dans cette vaste bibliothèque, tant académique que quotidienne. À ce titre, les pratiques des féministes haïtiennes montrent déjà une conscience intellectuelle de l'importance de leur point de vue en tant qu'actrices situées sur un territoire nommé Haïti. La riche production intellectuelle de Suzanne Comhaire-Sylvain sur Haïti a souligné la nécessité de prendre en compte la diversité des expressions féminines dans le

---

4. La fréquentation assidue des œuvres de bell hooks (2020) enseigne aux femmes, notamment à celles qui se réclament du féminisme, comment rendre leur propre travail accessible et visible.

pays. Elle a démontré que les femmes utilisent les contes, le chant et la danse comme modes d'expression. Son apport fut d'avoir eu *ladrès*[5] intellectuelle de transformer ces expressions de la vie en réflexions théoriques pour penser leurs expériences et exprimer leur vision du monde.

De plus, *Imaginer le féminisme haïtien* mobilise autant les clés théoriques, conceptuelles, épistémiques et méthodologiques fournies par ces autrices féministes haïtiennes que d'autres modes d'expression des femmes évoquant leur réalité en Haïti[6]. En d'autres termes, l'ouvrage s'approprie pleinement la bibliothèque féministe haïtienne. Il mobilise l'ensemble textuel produit par les femmes haïtiennes, notamment les intellectuelles représentant Haïti et les Haïtiennes, qui est à la base de la production d'un savoir théorique et pratique sur les femmes de cette société.

Le livre prend au sérieux les textes littéraires des féministes haïtiennes, longtemps invisibilisés par l'androcentrisme ambiant. Il invite également à relativiser ce que l'on appelle « théorie » (et par conséquent le primat de « l'essai théorique »), tout en permettant d'inclure les œuvres orales et les gestes des femmes. Cette approche permet de restituer la puissance et la diversité des expressions féminines, toujours vivantes, qui s'actualisent tant dans la diaspora haïtienne qu'en Haïti. Agir de cette manière permettra de prendre en compte les lacunes, les absences et les silences, afin de mettre en lumière l'existence d'une armature analytique que l'on refuse de considérer comme une pensée.

De ce qui précède, l'ouvrage s'articule autour de trois grands axes. Premièrement, il revendique une tradition intellectuelle féministe constituée d'expressions féminines et féministes, en montrant comment une pensée, que j'appelle *pensée du sensible*, s'est construite.

---

5. *Ladrès* est un mot créole haïtien qui désigne l'habileté ou l'intelligence pratique d'une personne. Ici, il renvoie à la capacité fine et stratégique d'opérer une traduction entre vécu et théorie, entre expérience quotidienne et élaboration conceptuelle. Appréhendé au travers du prisme féministe, *ladrès* peut évoquer la notion d'agentivité.
6. Ici, le terme bibliothèque est emprunté à Valentin Mudimbe (2021), qui parle de la bibliothèque coloniale.

Deuxièmement, le texte met en évidence des manières originales d'approcher les objets en lien avec cette pensée, afin de penser les expériences de vie des femmes et d'exprimer leur vision du monde en Haïti. Enfin, cette tradition exige de la chercheuse une attention soutenue envers sa population, tout en forgeant sa posture sur le plan épistémique. Cette dynamique favorise ainsi l'incarnation d'une figure féministe originale : l'intellectuelle militante.

1. Explorer la pensée féministe sensible

Sur le plan théorique, l'ouvrage s'inscrit, comme déjà souligné, dans une tradition féministe de production de connaissance en Haïti, par des Haïtiennes et pour des Haïtiennes. Il s'agit de ce que j'appelle une pensée féministe du sensible, qui se manifeste à travers au moins cinq caractéristiques que je développerai dans les parties suivantes.

La première trace écrite de ce féminisme apparaît dans le rapport produit par Emily Balch (1927), *Occupied Haïti*[7], rédigé à partir des récits de femmes agressées par les marines en Haïti en 1927. Bien que ce rapport porte le nom d'Emily Balch, il est le résultat d'un travail collaboratif avec les femmes membres de l'Union Patriotique. Certaines d'entre elles faisaient partie du chapitre national de la Ligue internationale pour la paix et la liberté, qui avait enquêté sur les atrocités commises par les marines. Dès cette période, une ligne théorique s'est dessinée, annonçant une perspective spécifique au féminisme haïtien, articulée autour de questions fondamentales : De quoi parle-t-on ? Qui est concerné ? De quel lieu s'énonce cette parole ? Qui en est le destinataire ?

Ces interrogations montrent que l'un des premiers écrits annonçant ce mouvement révèle l'intérêt des pionnières pour les conditions concrètes d'existence des femmes. Elles n'ont pas choisi de produire

---

7.   Ce rapport a été rédigé par un comité composé de cinq femmes et d'un homme, représentant des organisations exclusivement américaines. Après avoir séjourné en Haïti en 1926 pour y étudier la situation de manière indépendante, ils ont plaidé pour la restauration de l'indépendance de la République noire. Le document a été édité par Emily Greene Balch et publié en 1927 à New York.

une compréhension neutre et désincarnée de la réalité. Cette démarche a marqué l'émergence d'une conscience où la question des violences sexuelles pouvait être analysée dans un cadre géopolitique. Par conséquent, ce rapport soulève une question philosophique : celle de la place du corps des femmes dans les dynamiques politiques. De plus, le choix du sujet montre que les actes, les pratiques, les aspirations, les souffrances et les paroles des femmes peuvent être considérés comme des objets d'étude dans une perspective de justice sociale.

Ce processus témoigne de la construction d'un sujet-femme dont la parole et la vie comptent, partageant une condition commune qui les expose aux agressions sexuelles. Elles ont obtenu un double gain : un gain théorique, en construisant un objet d'étude politique, à savoir les violences sexuelles en contexte de conflits politiques, et un gain politique, en mobilisant des alliées externes pour donner une résonance internationale à leur cause.

La combinaison de ces deux gains suggère qu'elles avaient conscience de leur réalité comme étant ancrée : le corps des femmes et le territoire national doivent être lus de manière coextensive. Cette citation de Verónica Gago (2023, p. 12) illustre cette approche :

On arrive à une lecture des violences qui, partant de son propre corps et des territoires qu'on habite, étend leur connexion de façon à rendre intelligibles les violences institutionnelles, économiques, racistes et sexistes. Cette manière d'approcher les violences déplace l'accent des violences interpersonnelles vers un plan structurel, tout en restant ancré dans la réalité.

Cette approche suggère une vision politique intersectionnelle qui, jusqu'à présent, reste minoritaire dans les études se réclamant des féminismes noirs. *Imaginer le féminisme : Enjeux théoriques et épistémologiques* revendique cet héritage à travers l'article sur les viols des femmes durant la période de l'occupation. Dans la continuité du rapport, ce texte s'approprie un objet d'étude tout en réaffirmant la position de sujet des femmes agressées durant l'occupation de 1915 (Lamour, 2015).

Ainsi, la première caractéristique de cette pensée est de produire une réflexion ancrée, non spéculative, visant la transformation des structures inégalitaires entre les sexes. L'intellectualité doit donc être mise au service du changement.

Cette perspective montre, de manière subtile, comment lutte et théorie s'allient dans un même mouvement pour donner du relief aux réalités des femmes en Haïti. Cette approche se retrouve plus tard dans le texte *La Blanche Négresse* (1934) de Cléante Valcin Virgile, qui expose de manière systémique comment la race, le sexe et l'impérialisme s'imbriquent dans la vie d'un couple pour définir la position de chaque protagoniste.

Cette même conscience a, sur le plan pratique, conduit les féministes à déclarer hors-la-loi le gouvernement d'Aristide en 2004, tout en dénonçant la venue de la MINUSTAH comme une force d'occupation sur le territoire national. Sur le plan théorique, cette démarche se retrouve dans le texte de Danièle Magloire (2004), qui considère les violences sexuelles comme une violation des droits humains. Ce processus répond à une question centrale que se posent souvent les féministes haïtiennes : comment maintenir des positions de principe dans des situations complexes traversées par de multiples rapports de pouvoir ?

Dans *Imaginer le féminisme : Enjeux théoriques et pratiques*, cette démarche est particulièrement visible dans le texte concernant les *Fiyèt Lalo* (femmes macoutes). Comment maintenir notre position de principe selon laquelle tout crime contre la société doit être puni, tout en dénonçant le traitement sexiste subi par ces femmes en Haïti ? Accepter le traitement sexiste véhiculé par les chansons populaires concernant ces femmes revient à légitimer un mécanisme d'exclusion des femmes du champ politique et à renforcer leur marginalisation.

La deuxième caractéristique de cette pensée, en cohérence avec la première, est de questionner les angles morts et les impensés du social haïtien en rapport avec les femmes. Il s'agit non seulement d'ouvrir de nouveaux fronts réflexifs, mais aussi de rester attentif aux gains politiques engrangés. Cette démarche refuse le hiatus imposé entre l'intellectuelle et la militante.

Outre ces caractéristiques, cette pensée accorde, dans sa production, la priorité au point de vue des individus étudiés. En d'autres termes, il s'agit d'une pensée du vécu en train de se faire et de se déployer sous les yeux des chercheuses. Selon cette posture, toutes les réalités se valent et il existe autant de formes de production de connaissance que de pratiques sociales les générant. Dans cette approche, le discours et le gestuel sont également considérés comme des objets de connaissance.

En effet, dans les écrits de Comhaire-Sylvain, l'oralité occupe une place centrale dans la construction du sens. Son travail sur *Le roman de Bouqui* (Comhaire-Sylvain, 1940b) en témoigne : il propose une compréhension de la société haïtienne à partir des significations imaginaires sociales (Castoriadis, 1975) tirées des contes de Bouqui et Malice. Selon cette vision théorique, la parole constitue un élément fondamental pour élaborer du sens, notamment autour des réalités des femmes. Cet aspect théorique se retrouve aussi dans l'œuvre de cette autrice, qui n'a cessé d'accorder de l'attention aux proverbes (Comhaire-Sylvain, 1940b), aux contes et aux chants relatifs aux réalités des femmes. Il en résulte que cette perspective théorique amorce un mouvement de légitimation des pratiques généralement dévalorisées et considérées comme viles. Pour reprendre un langage anachronique, cette perspective initiait déjà une lutte contre l'épisté-micide[8], visant à préserver les connaissances produites tant par les femmes que par la population en général.

Par conséquent, ce projet théorique, sans le revendiquer explicite-

---

8.   Actuellement, ce parti pris se manifeste jusque dans le choix du mot créole haïtien *Mouka* pour nommer le centre virtuel de documentation sur le féminisme haïtien. *Mouka* désigne, en créole haïtien, le mouchoir de tête porté par les femmes en Haïti. Ce mot tend à tomber en désuétude, car cet accessoire est de moins en moins utilisé. Le nom du site a été proposé par Danièle Magloire lors d'une réunion du comité de pilotage autour de l'initiative. Ce nom a été validé collectivement. L'idée conceptuelle du site provient d'une initiative originale de Danièle Magloire, préoccupée par l'éparpillement de la littérature grise produite par les femmes et les féministes haïtiennes, en grande majorité élaborée dans le cadre de commandes émanant d'organisations internationales non gouvernementales. Célia Romulus, Tania Pierre-Charles et moi-même avons été témoins de cet échange. Ce contexte a d'ailleurs été exposé par Danièle Magloire lors du lancement officiel du site, le 8 mars 2023. Voir : https://mouka.ht/lancement

ment, questionne les limites de l'universel proclamé. Les pratiques sociales et les manières de parler d'une société génèrent des formes de connaissance. Ignorer ces connaissances revient à délégitimer les pratiques sociales qui les sous-tendent et, par extension, à nier le statut de sujet épistémique à celles et ceux qui les promeuvent.

De plus, cette approche considère les communautés comme le premier lieu de construction des réalités. Par exemple, Comhaire-Sylvain (1959) fait des modes et styles de vie de la population de Kenscoff un objet de recherche. Cette pensée laisse transparaître une sensibilité pour le microsociologique, considéré comme un point de départ pour appréhender le général. En ce sens, l'approche de cette autrice place l'individu, ainsi que sa perception et sa compréhension de sa réalité, au centre de l'analyse des faits sociaux.

Cette approche se remarque également dans le portrait et la description qu'elle fait d'*Adelsia* (1939). Entre intellectualisme et empirisme, l'approche développée par les féministes haïtiennes a fait du sensible un espace privilégié pour investiguer le social. En effet, dans ce texte qui se lit comme une biographie, Comhaire-Sylvain présente la situation des femmes paysannes de l'époque, leur condition, ainsi que celle des filles vivant en milieu rural. Avec ce texte, l'autrice appréhende les réalités telles qu'elles se présentent, en utilisant les mots qui servent à les nommer au quotidien.

Adelsia est présentée comme une figure unique de femme, intégrée dans un réseau de liens, afin d'illustrer les situations et la condition des femmes dans la paysannerie haïtienne. Ce texte donne également l'opportunité à l'autrice de réfléchir sur l'analyse des biographies féminines. La perception qu'Adelsia a d'elle-même et de sa situation est au centre de l'interprétation de son parcours. De manière anachronique, Comhaire-Sylvain propose d'étudier la construction de la « carrière[9] de vie de femme » d'Adelsia comme un étalon, montrant comment il est possible de relier un parcours de vie

---

9. *Carrière* est un concept proposé par Howard Becker pour désigner le processus de construction de la déviance, notamment chez les fumeurs de marijuana, dans son ouvrage intitulé *Outsiders* (2020).

individuel à un cadre collectif. Elle prend en compte les âges de la vie et les défis auxquels les individus font face.

Par exemple, la vie de Jeanne, l'aînée d'Adelsia, en tant que *Gadò*, illustre la condition des filles aînées dans les familles paysannes. C'est cette même approche que j'ai adoptée dans le texte *Partir pour mieux s'enraciner : retour sur la fabrique du poto-mitan en Haïti*. En mettant en lumière la vie de la jeune Sula, migrante haïtienne en France, j'ai choisi de partir de son exemple pour expliciter comment la société façonne un prototype de femme en fonction de ses besoins. Cette méthode restaure l'ontologie du monde des femmes et leur capacité à aborder des questions d'intérêt général.

Dans la lignée des études menées par ces intellectuelles, ce texte montre des façons de se construire dans la société concernée. *Imaginer le féminisme : Enjeux théoriques et épistémologiques* revendique cette vision théorique en mettant en avant la question du poto-mitan dans deux textes : « Partir pour mieux s'enraciner : Retour sur la fabrique du poto-mitan en Haïti » (Lamour, 2018) et « Entre intersectionnalité et colonialité : Relire la question du poto-mitan en Haïti » (Lamour, 2019a).

Une caractéristique essentielle de cette approche est la déconstruction des limites de l'universel. Cette démarche réfute la perspective centre-périphérie pour mettre en avant des manières de vivre issues de contextes historiques spécifiques. À ce titre, n'importe quel espace peut servir de seuil pour appréhender un fait humain.

De plus, cette perspective propose de relire l'histoire de manière à contrecarrer les narrations dominantes. Il s'agit d'un travail attentif de resignification des actions et des expériences des femmes, offrant ainsi une contre-histoire d'Haïti qui les inclut. Cette perspective se retrouve dans le livre *Femmes haïtiennes* (Ligue Féminine d'Action Sociale, 1954), où les féministes de la Ligue décident de répertorier les noms des femmes ayant participé à la défense du territoire lors de l'indépendance. C'est dans la continuité de ce geste qu'il faut lire la thèse de Madeleine Sylvain-Bouchereau (1957), qui propose un panorama des réalités des femmes haïtiennes depuis l'époque des Taïnos.

C'est également ce coup de maître intellectuel que réalise Mireille

Neptune Anglade en intégrant l'histoire des femmes dans le cadre de l'histoire nationale. Lire la division sexuelle du travail comme un contrat de sexe permet de comprendre théoriquement la place des femmes dans le contrat fondateur de la nation. C'est ce même travail que je poursuis en tentant de théoriser l'existence d'un ordre social structuré autour des hommes en tant que frères en Haïti, dans le texte *Ordre du politique et socialisation des hommes en Haïti*.

Ce travail magistral permet de considérer les femmes haïtiennes comme des sujets et mène à la théorisation de l'existence d'un contrat de sexe dans notre société. Il serait intéressant d'étendre cette hypothèse à d'autres pays issus de processus esclavagistes afin de montrer comment les femmes s'intègrent dans les dynamiques du contrat social dans ces contextes.

Dans *Imaginer le féminisme haïtien*, la relecture du geste de Marie Sainte Dédée Bazile, dite Défilée, et le fait de le revendiquer comme un projet politique répondent à cette même démarche. Ce processus permet politiquement de mettre en avant des subjectivités puissantes tout en favorisant l'émergence de nouvelles voix et voies dans la vie nationale. Cette perspective montre que la réalité nationale est un réservoir capable de fournir le cadre nécessaire à l'élaboration d'une pensée sur les femmes en Haïti. Théoriquement, cette démarche ouvre des pistes pour construire les femmes comme point d'ancrage permettant d'analyser une totalité historique.

En termes de caractéristiques, cet aspect de la démarche ouvre un vaste champ de possibilités théoriques pour reconsidérer le sens de l'archive et la place de celles et ceux qui sont subalternisé·e·s dans les récits établis. Elle annonce, en quelque sorte, le questionnement de Gina Athena Ulysse (2015b), qui souligne la nécessité de construire de nouveaux narratifs pour transformer le social.

Cette théorie évoque une forme d'ancrage où le fait de se reconnaître en tant qu'Haïtienne et féministe est coextensif[10]. Cette

---

10. S'assumer en tant qu'Haïtienne ne relève ici nullement d'un nationalisme identitaire tel qu'il est souvent mobilisé dans d'autres contextes à des fins xénophobes. Pour les féministes haïtiennes, cette identification s'inscrit au contraire dans une démarche politique qui affirme une appartenance à un pays dont la souveraineté est constam-

manière de se définir en tant que féministe résonne avec le texte d'Ary Gordien (2024), dans lequel il montre qu'avant la départementalisation, les Guadeloupéennes se reconnaissaient d'abord comme telles avant de se définir comme femmes. C'est également tout l'enjeu du texte de Stéphanie Mulot (2021), qui interroge l'articulation entre être Guadeloupéenne, *poto-mitan* et féministe.

Cette théorie propose également une éthique de la responsabilité féministe qui, dans un double mouvement, prend soin à la fois des femmes et de la communauté. Cette vision se reflète dans les slogans de deux organisations féministes contemporaines en Haïti. Celui de la SOFA (*Solidarite Fanm Ayisyèn*[11]) : « La lutte des femmes est celle de tout le peuple », et celui de *Fanm Deside*[12] : « C'est la lutte des femmes qui changera la condition des femmes ».

Cette pensée sensible, dont j'essaie de définir les contours, soustend les dynamiques théoriques développées dans ce livre. Elle met en avant la production et la valorisation de soi en tant qu'objet de recherche légitime. Cette production de soi participe d'une entreprise de « dignification » (Vété Congolo & Berthelot-Raffart, 2021) des femmes et du territoire national. *Imaginer le féminisme : Enjeux théoriques et épistémologiques* reprend cette vision théorique en soulignant la lente construction du *3 avril* en tant que journée nationale du mouvement des femmes haïtiennes.

En d'autres termes, ces femmes cherchent à construire un discours sur elles-mêmes en tant qu'Haïtiennes pour empêcher que d'autres s'approprient cette liberté et les définissent de manière dégradante[13]. Cette démarche théorique induit le développement d'une conscience de soi en tant que catégorie politique, par la

---

ment remise en question. Cette posture marque une résistance à l'effacement des subjectivités noires et féminines dans les systèmes de domination globale.

11. Solidarité des Femmes Haïtiennes.

12. Femmes déterminées.

13. Par exemple, Défilée est connue sous le sobriquet de Défilée la folle, tandis que le nom de Marie-Jeanne a été détourné pour devenir une insulte à l'échelle nationale, utilisée pour remettre à leur place celles qui paraissent trop assertives. Sur le plan politique, on observe un travail de réappropriation du stigmate mené par l'organisation Marijàn, qui porte justement ce nom en tant que structure féministe.

production d'un discours ancré dans la valorisation de l'expérience propre des femmes évoluant sur un territoire spécifique.

Cette approche met en évidence le potentiel heuristique des marges comme point d'observation pour élaborer une théorie des rapports de domination sous-jacents à l'ordre social. Une telle entreprise, menée depuis ces espaces liminaires, ne se limite pas à analyser l'entrelacement des rapports de pouvoir locaux et externes ; elle induit également, dans le cadre du féminisme, une remise en question du sujet unitaire que représenterait « la femme ». Ce faisant, elle favorise l'émergence d'un féminisme ancré dans la reconnaissance d'une pluralité d'identités et de positions sociales.

C'est à partir de cette perspective que les femmes se sont engagées dans la construction d'utopies féministes, matérialisées par des lignes de résistance au sein de structures organisées depuis 1934. Il convient de souligner que cette approche théorique exige également des outils méthodologiques adaptés.

2. Faire du terrain avec la pensée sensible

Sur le plan méthodologique, cette approche suggère également des voies pour mener la recherche. Les travaux réalisés dans ce cadre sont d'obédience qualitative et semblent s'inscrire dans des méthodologies rappelant celles généralement adoptées par les partisans de l'interactionnisme symbolique[14]. Ces démarches offrent un éclairage fondamental sur les mécanismes organisant les rapports de sexe en Haïti, en tenant compte de la manière dont ceux-ci se manifestent et se perpétuent à travers les relations sociales et les échanges quotidiens.

Ces recherches privilégient largement les méthodes ethnographiques, permettant d'étudier de près les expériences vécues des

---

14. À noter qu'à cette époque, ces femmes n'étaient pas étrangères aux méthodes d'enquête développées par les tenants de l'École de Chicago. En 1942, Jeanne G. Sylvain a étudié les questions sociales à l'Université de Chicago. De retour en Haïti, elle a collaboré avec la Ligue féminine d'action sociale, cofondée par sa sœur Madeleine, et a fondé une école de travail social (Maurel, 2022).

individus. L'observation met particulièrement en lumière des formes subtiles d'inégalités entre les sexes, souvent échappant aux analyses quantitatives. Ces travaux contribuent ainsi à une meilleure compréhension des rapports sociaux de sexe en Haïti, en éclairant, à l'échelle microsociale et dans la vie quotidienne, les manifestations et les contextes variés de ces rapports de pouvoir.

L'utilisation de l'ethnographie, des entretiens semi-directifs, du journal de bord et de l'observation met en évidence les manifestations omniprésentes et, en grande partie, non reconnues des rapports de sexe, sous des formes et à travers des processus sociaux diversifiés.

Je fais ces suppositions en me basant sur les résultats de plusieurs recherches menées par des femmes qui se déclaraient ouvertement féministes ou qui collaboraient au journal *La Voix des Femmes*, organe de la Ligue Féminine d'Action Sociale. L'essai de Comhaire-Sylvain (1975) sur la vieillesse à Port-au-Prince repose, par exemple, sur un croisement de données : quantitatives (statistiques sur les pensions, bien que limitées en raison du faible nombre de bénéficiaires en Haïti), qualitatives (entretiens, discussions et notes ethnographiques) et comparatives (perceptions de la vieillesse selon différentes catégories d'acteurs : personnes âgées elles-mêmes, étudiants, enseignants). Cette combinaison confère à l'essai une richesse analytique précieuse, permettant d'explorer la vieillesse sous plusieurs angles complémentaires (économique, social, générationnel) (Lamour, 2025a).

Dans un article consacré aux femmes dans l'économie haïtienne, Madeleine Sylvain Bouchereau (1947, p. 2) mobilise tour à tour des sources statistiques, des essais — notamment ceux de Melville Herskovits —, des textes juridiques, des observations et des entretiens. Voici un extrait d'entretien tiré de cet article : « Malgré tout son dévouement, dit un de nos agronomes, la paysanne n'est assurée d'aucune situation stable vis-à-vis de l'homme qui peut, du jour au lendemain, la répudier selon les caprices de l'heure. »

Les démarches et matériaux utilisés pour accéder au terrain permettent de saisir comment les inégalités entre les sexes se manifestent tant dans leur concrétude (accès à l'éducation) que symboliquement (proverbes). De plus, ces éléments rendent visibles les conséquences de ces inégalités sur ce groupe au quotidien (déni de citoyenneté, par exemple) ainsi que la manière dont elles influencent le temps, la santé, l'accès aux ressources et l'estime de soi des femmes. En outre, ces travaux mettent en évidence les trésors d'ingéniosité développés par les femmes pour faire face aux défis sociaux et contourner leur destin, tout en tenant compte des inégalités traversant le groupe des femmes.

Cette méthode favorise l'élaboration de dispositifs de recherche facilitant l'exploration des dimensions les plus taboues du social : le domestique, l'intime, le privé, l'indicible. Cette dynamique est perceptible dans deux romans écrits par des féministes membres de la Ligue Féminine d'Action Sociale : *Fils de misère* de Marie-Thérèse Colimon Hall (1974) et *Passage* de Paulette Poujol Oriol (1996). Ces deux romans abordent des réalités de femmes, telles que la maternité isolée et la prostitution, qui n'avaient apparemment pas fait l'objet de recherches antérieures. Cette approche favorise ainsi l'émergence de l'inédit.

Les objets étudiés mettent en lumière des formes de politisation de l'intime en soulignant l'ordinaire de la vie des femmes et de la population. Nous supposons que l'observation, les récits de vie et la tenue d'un carnet de recherche ont été des moyens pour reconstituer cet ordinaire du quotidien des femmes. Ces objets sont généralement ancrés dans les réalités des femmes, une catégorie longtemps jugée indigne d'être étudiée et invisibilisée par les approches masculines de la production de connaissances scientifiques.

Sur le plan méthodologique, les féministes haïtiennes figurent souvent parmi les premières à explorer un champ de recherche relatif aux besoins des femmes et de la population en général.

La contribution de Comhaire-Sylvain (1940a) est essentielle à cet égard. Elle fait partie des intellectuelles qui ont initié les travaux sur l'étude de la population et de la démographie en Haïti. Elle a accordé une attention particulière à l'âge des individus, notamment des filles et des femmes, en tant qu'objet d'enquête. Adoptant une approche empirique et analytique, son ouvrage *Vieillir à Port-au-Prince* (1975) traite du vieillissement en tenant compte des implications de cette réalité sur les femmes à la fin du XXe siècle.

Avant de s'intéresser à la vieillesse, elle avait déjà abordé les loisirs des écolières haïtiennes (1940a). Ce choix de sujet, rarement étudié à l'époque, témoigne de sa volonté d'explorer, à travers la vie quotidienne des fillettes, une thématique absente des sciences sociales haïtiennes à cette période. Dans une perspective plus qualitative, *Imaginer le féminisme*, dans l'un des articles de l'ouvrage, a étudié les obstacles empêchant les femmes d'accéder et de se maintenir dans des espaces à haute valeur symbolique, comme l'Université d'État d'Haïti. Ce texte présente de manière originale les responsabilités sociales assignées aux femmes comme faisant partie des obstacles structurels qui les empêchent de s'affirmer dans le milieu académique. Il aborde cette question à partir de la grille théorique du *poto-mitan*, envisagé comme cadre d'organisation des rapports sociaux de sexe en Haïti.

Bien avant *Imaginer le féminisme*, Myriam Merlet (2002) avait entrepris un travail similaire dans son texte sur la participation politique des femmes. Témoin privilégiée des luttes des femmes pour l'accès aux espaces décisionnels, Merlet a largement mobilisé des sources primaires pour produire son travail : documents d'archives liés à la mobilisation des féministes, campagnes de sensibilisation, documents de formation et de plaidoyer, ainsi que discussions informelles avec ses pairs[15].

Dans cette même veine, Comhaire-Sylvain, dans un texte coécrit avec son conjoint, intitulé *Loisirs et divertissements dans la région de Kenscoff* (1938), a utilisé des registres paroissiaux et le relevé des tombes dans les cimetières comme outils méthodologiques pour construire des statistiques sur la population de Kenscoff, dans un

---

15. Au sein du féminisme haïtien, il existe des espaces de discussion informels qui, sans en avoir l'air, sont à la fois des lieux de transmission pour les plus jeunes et des espaces d'échange d'hypothèses pour les aînées. Ces espaces ne sont ni formalisés ni reconnus comme tels, mais ils participent à la création d'un entre-soi féministe où les informations sur le mouvement circulent oralement.

contexte où le premier recensement national ne sera réalisé par l'État qu'en 1950.

Au-delà de ces aspects, cette perspective méthodologique s'attache à travailler au plus près du vécu des informateurs et des informatrices. Cela se manifeste tant physiquement que dans la restitution des données de recherche. Comhaire-Sylvain et son conjoint ont vécu un temps à Kenscoff tout en menant des recherches dans la région. Leurs études, comme celles des autres féministes, ont généralement été réalisées dans des cadres immersifs, évitant ainsi toute posture surplombante.

Cette approche se traduit notamment par la connaissance approfondie du folklore que développe Comhaire-Sylvain, qui avait accès aux espaces de vie des paysans de Kenscoff et de Marbial[16]. Elle se concrétise également par l'attention portée aux produits disponibles et accessibles en Haïti, ainsi que par la manière d'inciter la population à les utiliser. Les préoccupations des féministes témoignent d'un souci du bien-être collectif. Par exemple, même lorsqu'un journal propose des recettes de cuisine, ces suggestions sont faites dans une visée politique, traduisant une préoccupation pour les autres et pour le collectif.

Examinons ce que *La Voix des Femmes* écrivait en 1943 à propos des valeurs nutritives du maïs, un produit local, dans un texte intitulé *Avec le maïs*. Le journal suggérait trois recettes : *pain de maïs, pain indien et pain de maïs au lait caillé*. Les recettes étaient présentées ainsi :

> Passons-nous autant que possible des produits importés, à valeur nutritive égale, faisons usage des aliments du pays. Voici trois recettes qui peuvent être exécutées avec la farine de maïs. (*La Voix des Femmes*, 1943, p. 1)

Concernant cet aspect de la recherche de Comhaire-Sylvain, Carlo Célius (2024) rapporte :

---

16. Elle a été membre de l'équipe du premier projet de développement conduit par Alfred Métraux dans la vallée de Marbial, en Haïti, dans les années 1950.

L'enquête sur Kenscoff a débuté quand le couple s'est installé à Port-au-Prince de 1937 à 1939. Après une première visite de la commune à l'été 1937, ils y retournent passer leurs weekends et leurs vacances (Comhaire-Sylvain, 1958, p. 211). Puis, grâce à l'obtention par Comhaire, alors enseignant à New York, d'une aide de l'Institute for the Study of Man in the Tropics de Columbia University, ils ont pu compléter l'enquête de terrain, en vivant sur place, de juillet 1956 à octobre 1957. (Comhaire-Sylvain, 1961, p. 192)

La lecture du portrait d'Adelsia témoigne de l'attention soutenue de la chercheuse pour son informatrice. Ici, le partage de l'intime devient un outil favorisant la mise en évidence de l'autonomie et de l'agentivité de cette femme, qui pouvait faire entendre sa voix et sa subjectivité. Par exemple, tout en présentant Adelsia, elle évoque ses enfants, sa famille élargie, y compris sa grand-mère et son mari. Elle précise également le rôle joué par chacun des protagonistes dans la vie quotidienne de la jeune femme.

Dans *La Famille Renaud* (1944a), Sylvain-Bouchereau décrit le quotidien d'une famille paysanne avec la même finesse. Ces chercheuses ont également montré que le vécu de leurs protagonistes est composé de plusieurs types d'événements, tout en mettant en lumière les différentes strates de leur existence.

J'ai suivi les pas de ces chercheuses dans *Imaginer le féminisme : Enjeux théoriques et épistémologiques*, dans le texte consacré à l'engagement féministe de Comhaire-Sylvain. Dans ce texte, j'ai mis en avant toutes les ramifications sociales ayant contribué à son devenir en tant qu'intellectuelle. Par exemple, j'ai souligné le rôle qu'a joué Amise, sa nounou, dans la construction de son intérêt pour les contes et les histoires, sans minimiser l'apport de son père, Georges Sylvain.

Cette approche présente l'avantage de réduire la distance entre des femmes de conditions différentes qui partagent un même terrain de recherche. Elle témoigne également de l'empathie développée sur le terrain entre les chercheuses et leurs informatrices. Cet aspect est également présent dans le texte de Jeanne Sylvain (1951), qui s'intéresse à l'enfance paysanne en Haïti et reflète la volonté de l'autrice de comprendre et de restituer la vie dans les campagnes haïtiennes.

Le discours d'ouverture du Foyer Ouvrier, prononcé le 19 décembre 1943 par Sylvain Bouchereau, illustre aussi cette orientation dans les œuvres des féministes. Elle y explique : « Dès sa fondation, la Ligue s'est intéressée aux ouvrières. [...] Le Foyer Ouvrier, par un contact plus intime, va permettre à cette action de s'étendre en profondeur. » (*La Voix des Femmes*, 1943, p. 2)

D'une certaine manière, ces femmes ont accompli un travail de dessinatrices du vécu, en reprenant le concept de « dessin de vécu » de Pierre Vermersch (2005). De plus, les méthodes employées semblent le plus souvent inductives. Cette perspective permet d'entrevoir comment les faits globaux s'imbriquent dans les vécus des individus.

En adoptant cette posture, ces chercheuses se sont distancées d'une approche positiviste, ce qui suggère qu'elles ont également pris leurs distances avec une construction hiérarchique des réalités. C'est cette même tendance que j'ai développée dans le texte *Partir pour mieux s'enraciner*, qui constitue un chapitre du présent ouvrage.

Cette manière de procéder suggère une forme d'implication sur le terrain. Autrement dit, à la suite de René Lourau, cité par Kastrup (2015), elle instaure une présence sur le terrain qui interroge la neutralité de la chercheuse, consciente que sa présence influence à la fois le terrain et son objet d'étude. Cette dynamique remet en question les pôles habituellement établis entre sujet et objet et ouvre la voie à la définition d'un interstice, une frontière où les protagonistes de la recherche peuvent se rencontrer. Elle permet ainsi de créer des ponts entre les mondes à travers la recherche.

La méthodologie, en accord avec la pensée sensible, propose également un processus de non-hiérarchisation des données. Les informations recueillies dans le cadre de son militantisme au sein de la Ligue Féminine d'Action Sociale ont largement servi de matériau pour nourrir l'élaboration de *Haïti et ses femmes* de Sylvain-Bouchereau (1957), par exemple.

Au final, mener une recherche à partir de la pensée du sensible consiste à inscrire son travail dans une perspective phénoménologique, faisant l'expérience de la recherche en se centrant sur celle des informateurs et informatrices. Cette approche encourage l'utilisation d'outils méthodologiques diversifiés et non conformistes. Ces chercheuses ont mobilisé différentes manières d'aborder la société pour construire leurs analyses : les registres de baptême et de décès de l'Église catholique, la cartographie des lieux, l'étude des loisirs des groupes sociaux, le relevé des tombes dans les cimetières (Sanders, 2023), les photographies, les statistiques nationales, les rites de naissance et mortuaires, les jeux, les contes, les proverbes, les danses, les chansons, les dynamiques urbaines, les croyances, les mots africains dans le vaudou haïtien, les archives, ainsi que les compétences sociales et économiques des paysannes.

Pour elles, tous les récits de terrain et les traces collectées revêtent une valeur de matériau de recherche. Leurs travaux se concentrent sur les interactions sociales, la construction des trajectoires et les savoirs des individus au quotidien, dans divers contextes et situations. Il en résulte que, sans en avoir nécessairement conscience, ces démarches contribuent à mettre en lumière une communauté épistémique féminine et féministe.

3. L'épistémologie sensible : pluraliser les lieux de l'expérience nationale

L'épistémologie qui sous-tend cette pensée est avant tout phénoménologique. Leurs travaux montrent que le sens de leur expérience du monde social en tant que femmes a servi de boussole pour produire une compréhension des réalités des femmes et de la société haïtienne. Ainsi, leur approche est ancrée dans la réalité.

De ce fait, leur manière de concevoir la recherche rappelle grandement les travaux d'Alfred Schutz (2007), qui stipule que toute analyse de la réalité doit passer par une posture non transcendante. Cela revient à considérer la vie quotidienne comme réalité primordiale, ce qui invite le chercheur ou la chercheuse à mettre de côté ses préjugés.

Par exemple, sans jamais produire une réflexion explicite sur le corps des femmes, son appropriation et les luttes pour sa réappropriation, cette dynamique réflexive met en lumière les stratégies de protection et de survie du corps féminin. Je fais cette supposition en me basant sur l'omniprésence de cette question dans la bibliothèque féminine et féministe haïtienne. L'expérience vécue du corps des femmes, son appropriation, sa survie ou son invisibilisation a toujours été une préoccupation féministe en Haïti. En effet, que ce soit à travers la dénonciation du colorisme, de la violence impériale, de la maternité isolée, des violences liées aux rapports sociaux de sexe ou encore de la prostitution, le corps des femmes constitue un fil rouge traversant les écrits de ces intellectuelles. Il demeure l'un des lieux incarnant les fondements des réflexions constitutives de cette pensée.

Sur le plan épistémologique, ces chercheuses ont introduit une remise en question des objets d'étude classiques et ont contribué à démystifier les canons de recherche établis. Leur démarche permet de révéler une autre facette de la société haïtienne. Dans cette approche, le chercheur ou la chercheuse est contraint·e de suspendre ses préjugés afin de favoriser l'émergence de nouvelles réflexions. Les écrits de Jeanne Sylvain (1943) sur le sevrage des enfants en témoignent. Nous supposons que c'est dans cette démarche que Comhaire-Sylvain et son mari ont pu découvrir les survivances africaines dans le vocabulaire religieux en Haïti (1955).

Sur le plan épistémologique, les démarches entreprises par ces femmes s'insurgent contre les *épistémè* qui fragilisent, divisent et minimisent, en créant des formes d'objectivation excluantes. Elles ont fait des femmes des sujets de connaissance. Elles ont ainsi validé leurs modes de résistance, d'action, de création et de gestion de leur vie quotidienne. Elles ont mis en lumière les capacités politiques de ce groupe et leur agentivité. Elles ont travaillé à faire de la vie des femmes et de leurs difficultés un espace politique permettant de saisir le fonctionnement du collectif.

Ainsi, ces intellectuelles n'ont pas cloisonné la vie des femmes dans une approche limitée aux seuls rapports de sexe. Je suppose que cela a également favorisé une mise à l'écart du concept de patriarcat, qui fait des hommes, dans leur rôle de pères, les ennemis principaux.

Au contraire, elles ont appréhendé leur quotidien dans une perspective intra-communautaire. Elles ont cherché à établir des points de contact denses entre les femmes et le reste de la société. C'est dans l'inconfort occasionné par ces frictions que les problèmes liés aux femmes peuvent être posés, notamment leur mise à l'écart de l'espace politique.

Ces processus créent les conditions d'émergence d'un double contre-récit : d'une part, les femmes haïtiennes sont des sujets épistémiques et leurs réalités peuvent être intelligibilisées pour comprendre le collectif ; d'autre part, elles sont concernées par les dynamiques géopolitiques délétères qui affectent leur pays. Elles ont ouvert la voie à la consolidation des subjectivités politiques féminines. Ce faisant, elles ont pluralisé les lieux d'énonciation dans la société haïtienne.

Sur le plan épistémique, cette pensée définit également la posture des chercheuses, qui est toujours dans un processus de co-construction et de co-production de son objet avec ses informateurs et informatrices. Dans cette posture, l'informateur ou l'informatrice est pleinement un protagoniste de la recherche. Cette approche facilite la mise en évidence de la dimension existentielle des faits.

Dans cette perspective épistémique, le sens commun, en tant que matériau sociologique digne d'intérêt, est récupéré puis recyclé afin de produire des récits situés et localisables. Cette démarche montre également un décentrement du savoir sur un double plan : interne et externe. Cela se manifeste dans la manière originale dont les réalités singulières des femmes haïtiennes sont présentées dans leurs travaux.

Il convient de noter que ce processus épistémique produit également une figure spécifique d'intellectuelle : l'intellectuelle militante. Cette figure se caractérise par trois traits principaux. Premièrement, la définition d'un objet de recherche qui traverse l'ensemble de leur œuvre comme un fil rouge. Par exemple, toutes ces intellectuelles ont fait des réalités des femmes un point central pour élaborer une pensée sur le social. Deuxièmement, ces intellectuelles sont, en général, des militantes de la cause des femmes, à laquelle elles ont consacré leur engagement, tant sur le plan théorique que stratégique et politique. Troisièmement, elles tissent des lieux multiplex autour de leur objet et de leur cause, mobilisant leurs réseaux familiaux, amicaux, sociaux et économiques au service de celles-ci.

Dans son texte *L'éducation des femmes en Haïti*, Sylvain Bouchereau (1944b) incarne une figure centrale en produisant des connaissances sur l'éducation des filles tout en luttant pour l'ouverture du lycée des jeunes filles à Port-au-Prince. Cette démarche vise également à mobiliser la dynamique militante dans la production de connaissances. C'est cette même approche qui traverse le livre *La participation politique des femmes* de Myriam Merlet (2002). Dans *Imaginer le féminisme : Enjeux théoriques et épistémologiques*, cette démarche est particulièrement illustrée par l'article portant sur le 3 avril. C'est aussi cette approche que j'ai adoptée dans mon texte sur l'accès des femmes à l'enseignement supérieur en Haïti. Cette approche théorique témoigne d'une présence et d'un engagement des femmes à l'égard des femmes.

En conclusion, cette manière de faire de la recherche permet de donner du sens à partir de matériaux souvent négligés. C'est dans ce même processus que des théorisations et des modélisations inédites émergeront pour appréhender le social haïtien. Par exemple, Comhaire-Sylvain était consciente de sa démarche de recherche. Célius (2024) cite Comhaire-Sylvain en soulignant :

> Elle souligne aussi que le sujet de l'article, l'étude du foyer familial, n'est qu'une infime partie de son projet qui vise à reconstituer toutes les étapes de la vie paysanne afin de comprendre comment celle-ci a été affectée ces vingt dernières années par les changements économiques et culturels survenus à partir de la construction en 1932 d'une route reliant le bourg de Kenscoff à la capitale.

Myriam Merlet (1983), dans son travail sur la place des femmes dans les productions audiovisuelles en Haïti, ouvre non seulement un champ de recherche, mais suggère aussi des pistes pour aborder cette question dans d'autres contextes. De même, cette approche met en évidence l'importance de travailler dans une perspective empirique pour que la compréhension des faits puisse s'inscrire dans une suite de décisions réflexives, donnant ainsi forme à une réalité.

Partie II

Rapports sociaux de sexe en Haiti

Chapitre 4

Comprendre les obstacles à l'intégration et au maintien des femmes dans l'enseignement supérieur public en Haïti

L'ouvrage *Les femmes dans le monde académique, perspectives comparatives* (Rogers & Molinier, 2016) révèle que les modalités d'accès des femmes à l'université varient d'une société à l'autre[1]. Selon cette étude, l'accès des femmes à cet espace est influencé par la structuration du système éducatif des pays, l'organisation de leur marché du travail, ainsi que par la perception de la féminité et l'histoire de l'éducation (Pfefferkorn, 2017). En ce qui concerne Haïti, les recherches sur la place des femmes dans l'enseignement supérieur sont peu nombreuses. À ce sujet, Magloire (2003, p. 5) souligne :

> Les travaux effectués abordent peu le sujet, l'occultent le plus souvent et, dans le meilleur des cas, lui réservent un traitement qui le relègue au rang de particularité. Ainsi, tout comme dans les autres espaces de la société, l'université fait peu cas des incidences des rapports de pouvoir entre les sexes dans la dynamique sociale et,

---

1. Ce texte est issu d'une communication présentée lors du colloque « Les femmes dans le monde académique », qui s'est tenu le 26 mars 2016 à l'Université Paris 13 Villetaneuse.

subséquemment, les femmes, en tant que catégorie de sexe, sont trai-
tées comme si elles étaient absentes.

Sylvain-Bouchereau (1944) indique que les femmes accèdent à
l'université à la fin de la Première Guerre mondiale en 1918. Bien que
l'université existe depuis 1823, la première femme a été admise à
suivre des cours à l'École de Pharmacie en 1918. Malgré cette ancienneté, il est constaté que l'ampleur du mouvement est restée relativement limitée durant une grande partie du vingtième siècle.

Il est essentiel de noter qu'il n'existe pas d'obstacles formels
empêchant les femmes d'accéder à l'université en Haïti. Cependant,
qu'en est-il des obstacles idéologiques liés à l'organisation des
rapports de sexe dans le pays ? À ce propos, Merlet (2002) met en
lumière le statut paradoxal des femmes, qui, bien que présentes dans
l'espace public, n'occupent pas de postes décisionnels.

En Haïti, le recensement de la population de 2003 a révélé un
total de 64 616 personnes titulaires d'un niveau de licence, dont 41 243
hommes et 23 273 femmes. Parmi ceux-ci, 3 289 détenaient une
maîtrise, avec 68,3 % d'hommes et 31,7 % de femmes. En passant du
premier au second cycle, les inégalités se renforcent. Les femmes
restent minoritaires dans les professions intellectuelles (43,9 %) et
scientifiques (36,5 %) (DSNCRP, 2008), bien que l'éducation, de
manière générale, tende à s'ouvrir davantage aux femmes. À l'université, la majorité du corps professoral est constituée d'hommes, tandis
que 14 % des femmes possèdent un niveau de diplôme légèrement
supérieur à celui des hommes (Atouriste, 2012).

Après 1986, les débats sur les femmes ont favorisé une acceptation
lente mais progressive de leur présence dans les instances publiques
et privées (Lamour, 2022). Selon Trouillot (2013), le taux de féminisation de l'Université Quisqueya est estimé à 56,42 %, bien que ce pour-
centage varie selon les filières. Par exemple, les femmes sont moins
représentées dans les facultés de sciences, de génie, d'agriculture
(18,37 %) et des sciences de l'agronomie (28,57 %). Malgré ces avancées, l'université reste un espace masculin en Haïti (Lamour, 2021b).
En effet, les hommes sont largement plus nombreux (surreprésentés)

dans la population étudiante et au sein du corps professoral. De plus, les femmes[2] sont quasiment absentes des instances décisionnelles universitaires, notamment en tant que doyennes, rectrices et cheffes de département. Comme le souligne Charles (2019, p. 33) : « Les hommes dominent à la fois l'espace d'enseignement et celui du pouvoir de décision ». Ils occupent également, pour la grande majorité, les postes de direction dans les laboratoires et les universités privées. Cette hiérarchie se reflète dans la liste des candidats agréés pour le renouvellement des dirigeants de l'Université d'État d'Haïti en 2020 et 2024.

Tableau 1. Liste des candidats agréés au processus électoral - Conseil Exécutif de l'UEH 2020

Poste	Nombre de candidats	Liste des candidats
Recteur	3	Claude Péan, Fritz Deshommes, Samuel Regulus
Vice-recteur aux Affaires académiques	3	Hérold Toussaint, Jean Poincy, Predner Duvivier
Vice-recteur à la Recherche	2	Jacques Blaise, Rhodner Jean Orisma

Source: Communiqué de presse du 16 juin 2020 du Conseil Électoral Central de l'UEH

Tableau 2. Liste des candidats agréés au processus électoral - Conseil Exécutif de l'UEH 2025

Poste	Nombre de candidats	Liste des candidats
Recteur	2	Jean Poincy, Dieuseul Predelus
Vice-recteur aux Affaires académiques	3	Thadal Etienne, Predner Duvivier, Marc-Félix Civil
Vice-recteur à la Recherche	2	Jacques Blaise, Vogly Pongnon

Source: Communiqué de presse du 21 janvier 2025 du Conseil Électoral Central de l'UEH

Outre cet aspect, il convient de souligner que les étudiantes et

---

2. La première femme rectrice d'université en Haïti est Jocelyne Trouillot Levy, qui est, à ce jour, la rectrice du Collège Université Caraïbes depuis 2000. Au sein de l'UEH, la première femme à occuper ce poste est Magdala Jean Baptiste, rectrice de l'Université Publique du Sud-Est à Jacmel (UPSEJ) depuis 2023.

professeures passent moins de temps dans l'espace universitaire que leurs collègues masculins. À ce sujet, Alexis (2022), l'une des rares femmes occupant un poste décisionnel dans une université privée - Secrétaire générale - indique dans une capsule en ligne sur les femmes dans l'enseignement supérieur en Haïti que l'absence des femmes dans l'écosystème universitaire haïtien résulte d'un ensemble de facteurs, notamment le harcèlement et la discrimination. De plus, il est important de noter que les œuvres produites par les femmes sont pratiquement absentes de l'espace académique haïtien. Peu d'universitaires sont au courant des travaux réalisés par des femmes anthropologues, sociologues, journalistes et essayistes au début du XXe siècle dans le milieu universitaire haïtien. En citant Sheller (2012), Balthazard-Accou *et al.* (2023) font cette observation :

> En Haïti, il faudrait sans doute se référer à des analyses sociohistoriques pour se rendre compte que cette disparité entre homme et femme au niveau des postes décisionnels, du champ de la recherche ou de la représentation politique participe d'une logique d'exclusion savamment orchestrée par les élites masculines. Il s'agirait même d'un projet étatique. C'est une thèse défendue par la sociologue Mimi Sheller pour qui, dès sa fondation, l'État a entériné l'institutionnalisation de l'*invisibilisation* de catégories entières de la population et d'une manière particulière les femmes.

L'objectif de ce texte est de proposer un angle d'analyse théorique afin d'expliquer comment les inégalités de pouvoir et de statut entre universitaires de sexe masculin et de sexe féminin ont été créées et maintenues en Haïti. Pour aborder cette problématique, ce texte adopte une perspective féministe. Selon la tradition de recherche féministe haïtienne initiée au début du XXe siècle, cette approche, comme le souligne Magloire (2003), concerne la production et l'acquisition de connaissances relatives aux réalités des femmes en vue de transformer leur condition. Cela implique de travailler selon une approche qui prend en compte la justice sociale pour un meilleur partage des ressources dans la société. Comme elle le note plus loin :

> [En Haïti, le] hiatus entre recherche et militantisme ne se pose
> pas, en tant que tel car, traditionnellement, les chercheures ont été, à
> des degrés divers, partie prenante du Mouvement [féministe]. L'in-
> térêt de la recherche féministe est donc largement légitimé par le fait
> qu'elle participe de la construction du Mouvement des Femmes et,
> par conséquent, contribue au changement social réclamé. (Magloire,
> 2003, p. 18)

À partir de cela, ce texte propose d'analyser les obstacles à l'intégration et au maintien des femmes à l'Université d'État d'Haïti (UEH)
en utilisant le cadre d'analyse de Neptune Anglade (1986), qui
soutient l'existence d'un contrat tacite entre les sexes à la base de
l'économie de pauvreté haïtienne. Ce contrat, selon l'auteure, favorise
la domination masculine, permettant à l'homme d'accorder à la
femme certains secteurs d'activités économiques afin qu'elle puisse
assumer les soins aux enfants et la survie de la famille. C'est ce même
contrat qui empêche les femmes d'accéder à des espaces à forte
valeur symbolique, tels que l'université.

Dans cette perspective, je prendrai en compte la manière dont les
rapports inégalitaires entre les sexes influent sur la position des
femmes dans l'espace universitaire haïtien. Comme le souligne de
Castro (2022, p. 81) :

> Le pouvoir n'est pas seulement caractérisé par la supériorité de la
> force et par l'aptitude à la violence et à l'intimidation ; il possède
> également un aspect immatériel marqué par la primauté de certains
> à se présenter comme porte-parole de récit.

L'espace éducatif haïtien, y compris l'université, a été structuré de
manière a exclure les femmes des domaines du savoir et de la
production de connaissances. Je soutiens que les femmes ne peuvent
accéder et se maintenir à l'université en raison de l'organisation
globale de la division sexuelle du travail, qui les assigne à la prise en
charge des besoins sociaux sans soutien collectif, dans un contexte où
l'État refuse de s'occuper de sa population.

Pour soutenir cette idée, je propose de développer un argumentaire structuré autour de quatre points. La première partie présentera l'histoire de l'éducation des filles en Haïti, la deuxième traitera des inégalités scolaires en Haïti sous l'angle du genre, la troisième abordera les rapports de sexe, et la dernière partie montrera comment les deux premières influencent la situation des femmes face à l'université en Haïti. Sur le plan méthodologique, cet article s'appuie sur mes observations du milieu universitaire haïtien, où j'ai évolué d'abord en tant qu'étudiante (2000-2006), puis comme enseignante-chercheuse. Il repose également sur mes travaux de recherche concernant les rapports de sexe en Haïti.

1. La longue marche des filles/femmes vers l'université en Haïti

Les premiers espaces d'instruction destinés aux filles apparaissent en Haïti aux alentours de 1816-1817. Selon Sylvain-Bouchereau (1944), dans la République de l'Ouest, c'est durant cette période que le président Alexandre Pétion a pris l'initiative de créer un pensionnat pour demoiselles, dirigé par une Anglaise, Mlle Duru, résidant en (venant de la Jamaïque) Jamaïque. Dans le Royaume du Nord, le roi Henry Christophe a sollicité l'aide de six Anglaises pour organiser le système éducatif, y compris l'éducation des filles. Malgré ces initiatives, ce n'est qu'en 1843 que la Constitution mentionna explicitement l'éducation des filles. Selon Sylvain-Bouchereau, en dépit de ces mesures, la plupart des filles fréquentaient des écoles privées. En 1844, sous l'égide du secrétariat de l'Instruction publique, la première école primaire publique pour filles fut créée dans le pays. Cette loi a également facilité l'établissement d'un pensionnat national pour demoiselles. Dans cet établissement, « On n'admettait point d'externe dans l'établissement et les élèves étaient choisies une au moins dans chaque commune parmi les jeunes filles qui se distinguaient pour leur bonne conduite et leur intelligence » (Sylvain-Bouchereau, 1944, p. 13). En 1859, selon cette source, on comptait à l'échelle nationale 49 écoles primaires pour garçons contre deux pour demoiselles.

Cette situation perdura jusqu'en 1861. Après leurs études secondaires, les jeunes hommes pouvaient bénéficier de bourses d'études fournies par l'État pour poursuivre leurs études à l'étranger, mais ce ne fut pas le cas pour les jeunes filles. Lorsque les parents en avaient les moyens, elles étaient souvent envoyées dans des couvents en France, où elles recevaient une éducation similaire à celle des Françaises. La signature du Concordat dans les années 1860 (Clorméus, 2022) entraîna un changement[3].

En effet, l'arrivée des sœurs de Saint-Joseph de Cluny le 5 juin 1864 et de la congrégation des Filles de la Sagesse modifia rapidement le nombre de filles instruites, en particulier parmi les classes aisées. L'enseignement secondaire des jeunes filles fut organisé par la loi de 1893. En 1895, on comptait six écoles secondaires pour demoiselles soutenues par le gouvernement. En 1907, grâce à l'aide des religieuses belges de la congrégation des Filles de Marie, l'État fonda l'École professionnelle Élie Dubois. En 1913, l'État haïtien créa l'École normale des filles. L'enseignement secondaire des filles était principalement assuré par des écoles privées. Selon cette source, l'État a toujours favorisé l'enseignement des garçons, comme en témoigne la fondation du lycée Pétion en 1816 pour les jeunes gens de la capitale (Sylvain-Bouchereau, 1944).

Malgré cette inégalité, la première bachelière haïtienne obtint son diplôme en 1932 parmi les 190 bacheliers d'écoles déjà prestigieuses à l'époque (Lycée Pétion, Collège Saint-Martial, Saint-Louis de Gonzague). Elle s'appelait Yolande Benedict (Claude-Narcisse, 1997) et était élève de l'Institut Alfred-Viau. Par la suite, selon Sylvain-Bouchereau (1944), l'État décida en 1938 de former du personnel

---

3. Le Concordat est un accord signé en 1860 entre les représentants de l'État haïtien et le pape Pie IX, renforçant la position hégémonique de l'Église catholique en Haïti. Des prêtres français, principalement bretons, ont été appelés à constituer le clergé régulier dans le pays. C'est dans ce contexte que les congrégations religieuses se sont installées, s'engageant notamment dans l'éducation, l'évangélisation et les œuvres de charité (Clorméus, 2022).

qualifié pour les écoles secondaires des filles. Un cours complémentaire d'orientation commerciale fut alors créé à leur intention. Entre-temps, en raison de problèmes financiers, l'État ferma le pensionnat des demoiselles de la capitale. La première école secondaire pour filles ouvrit en 1943 sous la direction de Mme René Lerebours, puis d'une Américaine, Miss Dorothy Kerby. Cette école deviendra le Lycée des jeunes filles/Lycée du Tricentenaire (Claude-Narcisse, 1997).

En 1918, une première femme fut admise à suivre des cours à l'École de Pharmacie. Les lacunes de l'éducation secondaire des filles limitaient leur accès à l'université, notamment pour celles dont les parents avaient peu de moyens pour financer leur scolarité. En 1932, l'École de Droit délivra son diplôme de licenciée à sa première étudiante, suivie en 1934 par la Faculté de Médecine. Au tournant des années 1940, les statistiques révèlent que le nombre d'écoles pour filles est supérieur à celui des écoles pour garçons sur le territoire national, avec 81 écoles publiques pour filles contre 60 pour garçons. Selon Sylvain-Bouchereau (1944, p. 23), ce changement s'explique par le fait qu'en 1938,

> [on assista] à une réorganisation radicale de l'Enseignement Urbain. L'éducation des filles a bénéficié de ces changements : des femmes ont été placées dans les postes de direction de l'enseignement, le nombre des écoles rurales de filles a été augmenté, leur programme a été rendu plus pratique en y introduisant des cours d'économie ménagère ; la pratique des sports a été obligatoire dans toutes les écoles et les institutrices incompétentes ont été remplacées par des diplômées d'école normale.

Aujourd'hui, avec une population d'environ 10 millions d'habitants, dont 50 % ont moins de vingt ans et 52 % sont des femmes, Haïti est démographiquement dominé par les femmes et les jeunes. Cependant, ce tableau est assombri par une structure où une minorité de 4 % détient près de 66 % des ressources nationales (Doura, 2001). Ainsi, la majorité de la population fait face à de nombreuses privations en raison de l'inégalité d'accès aux ressources. Sur le plan scolaire, de nombreux filles et garçons d'âge scolaire ne sont pas inté-grés dans le système éducatif. Il convient de noter qu'officiellement, l'instruction est gratuite et obligatoire depuis la promulgation de la première Constitution nationale en 1805.

Cependant, les filles accèdent de plus en plus à l'éducation au niveau primaire et fondamental, non pas grâce à l'intervention de l'État, mais parce que les familles investissent dans l'éducation des deux sexes comme levier d'ascension sociale et de sortie de la pauvreté. En effet, 70 % des jeunes femmes de 15 à 24 ans sont alpha-bétisées en Haïti.

Mais parallèlement, elles sont les premières à décrocher, à être retirées ou éjectées du circuit scolaire (MPCE, 2005) lorsque des problèmes surviennent. Cette situation illustre un aspect matériel et idéologique des inégalités de genre face à l'éducation, lié à des rapports historiques de domination et d'exploitation entre les masses et les élites, ainsi qu'entre les villes et les campagnes. De plus, les choix familiaux concernant la scolarité des enfants dépendent égale-ment du sexe. Cela joue un rôle clé dans l'accès des filles aux oppor-tunités leur permettant de poursuivre leur scolarité jusqu'à l'université. Je vais démontrer comment la structuration des rapports sociaux de sexe en Haïti influence ce problème.

2. Université et rapports sociaux de sexe

Historiquement, en Haïti, en raison de l'enchevêtrement des rapports de pouvoir post-esclavagistes, les femmes occupent une posi-tion particulière dans les rapports de sexe. Elles sont considérées comme des poto-mitan (Lamour, 2017, 2018). Ce terme renvoie à une réalité surtout présente dans les sociétés post-esclavagistes de la Caraïbe (Mulot, 2000 ; Lefaucheur, 2018). Il désigne les femmes mères, princi-pales pourvoyeuses économiques et affectives des familles, sans le soutien des institutions collectives ni des hommes dans les rôles de maris et de pères. En Haïti, les femmes sont socialisées pour devenir des poto-mitan, c'est-à-dire des piliers de famille, autour desquels s'articule le maintien de la vie sociale. Les caractéristiques d'une femme poto-mitan incluent la débrouillardise, l'intuition, l'empathie, la générosité, la ténacité, le courage, l'abnégation, le souci des autres, le dévouement et le dépassement de soi. Ainsi, le poto-mitan représente une disposition sociale sexuée ancrée dans une matrice de socialisation spécifique aux femmes (Lamour, 2018), les incitant à se soucier du bien-être des autres.

Concernant la place des hommes dans le social haïtien, Marie-Célie Agnant explique dans un entretien avec Florence Ramon Jurney (2005, p. 386) :

> la société haïtienne, une société où je percevais les hommes comme faisant partie d'un monde à part, d'un univers qui était propre à eux. Le résultat, pour moi, est que même lorsque je les voyais physiquement présents, ils me paraissaient absents. De manière générale, et d'un point de vue ethnoculturel, je ne pense pas exagérer en disant que dans un tel contexte, on a l'impression que les hommes ne sont que des êtres de passage. Ce sont les femmes, les poto-mitan, comme on dit en Créole, qui maintiennent les maisons, qui gèrent, planifient, élèvent les enfants...

Dans ce contexte, la division sexuelle du travail reste un élément clé dans le déploiement de cette figure qui assure l'équilibre social. En effet, le poto-mitan est une femme capable de protéger et de prendre en charge les autres en mobilisant ses propres ressources. Ainsi, le poto-mitan garantit une division du travail qui cantonne les femmes à des emplois subalternes, générateurs de revenus rapides, principalement organisés dans des cadres reproductifs et marchands de base. Bien que les femmes travaillent dans la rue, elles ne se trouvent pas dans les espaces décisionnels.

Dans une étude sur l'entrepreneuriat féminin en Haïti, Lamaute-Brisson (2015, p. 18) a déjà montré que

> les femmes haïtiennes travaillent plus que les hommes. Des estimations partielles mais raisonnables indiquent en effet que le temps de travail total (domestique et marchand) assumé par les femmes

compte pour plus de 50 % du temps de travail total des hommes et des femmes tant en 2007 (54 %) qu'en 2012 (52 %).

De plus, en ce qui concerne l'apport des femmes au PIB national, Lamaute-Brisson (2015) note qu'en 2013, elles constituaient les deux tiers des ouvriers du secteur textile (plus de 30 000). Il est important de souligner que l'industrie textile représente la principale source de revenus d'exportation au niveau national, soit 91 %.

À ce stade de mon argumentation, il apparaît que le poto-mitan est incompatible avec les valeurs universitaires dans un contexte où le bon sens et le pragmatisme, ainsi que la vigilance aux opportunités à court terme, sont inculqués aux femmes dans leur mission sociale de gestionnaires de la précarité (Neptune-Anglade, 1986).

Pour avancer, je vais faire une brève présentation de l'UEH. Avec 20 000 étudiants et 1 500 enseignants des deux sexes (Trouillot, 2013), l'université publique en Haïti est de loin la plus grande du pays. Composée de onze entités, elle offre peu de créneaux d'études, et la recherche y est marginale. L'université fait face à divers défis tout en étant affectée par les soubresauts politiques qui frappent régulière- ment le pays. Cependant, il est important de souligner qu'elle reste le premier choix pour les parents, notamment pour les plus défavorisés. Il convient également de noter que l'État y consacre une part très faible du budget national.

Le contexte universitaire, marqué par des privations et des dysfonctionnements institutionnels, a des répercussions indéniables sur l'intégration et le maintien des jeunes Haïtiens des deux sexes dans le système. Toutefois, comme mentionné précédemment, les femmes sont minoritaires dans l'enseignement supérieur en Haïti en raison de croyances, de valeurs et de dispositifs qui limitent leurs aspirations, les incitant à choisir d'autres voies de professionna- lisation.

Ceci dit, j'aborderai maintenant les liens entre les valeurs du souci des autres et les obstacles structurels à l'intégration et au main- tien des femmes à l'université en Haïti.

3. Souci des autres : les obstacles à l'intégration et au maintien des femmes à l'université en Haïti

Au-delà des manques institutionnels évoqués, les chiffres concernant le nombre d'hommes à l'université montrent que les privations n'affectent pas les deux sexes de la même manière. En effet, les femmes et les hommes ne sont pas soumis aux mêmes obligations sociales. Dès le premier cycle, préparer un diplôme de licence de quatre ans, sanctionné par un mémoire de sortie, exige un temps dont les femmes ne disposent généralement pas. En effet, elles sont souvent confrontées très tôt à des questions pratiques qui les obligent à déployer des stratégies économiques, les privant ainsi de temps pour les études et encore moins pour la réflexion.

Sur un autre registre, Comhaire-Sylvain et Comhaire (1938), dans leur texte intitulé « Loisirs et divertissement dans la région de Kenscoff, Haïti », démontrent que les hommes bénéficient de beaucoup plus de loisirs que les femmes. Ainsi, la société haïtienne est structurée de manière à ce que les hommes et les femmes n'utilisent pas leur temps de la même façon. L'étude sur la vie privée des ouvriers révèle que les hommes parviennent à mener « une vie privée masculine qui se déploie en marge de la vie familiale » (Schwartz, 1990, p. 33). L'organisation de ces espaces de loisirs incite les hommes à cultiver un sens du temps pour soi, facilitant ainsi une prise de distance avec le quotidien. Cette perception du temps peut engendrer une différence significative entre les hommes et les femmes à l'université en termes de capacité à dégager du temps pour des activités de loisirs.

De plus, dans un contexte où les jeunes obtiennent leur bac entre dix-huit et vingt ans, et où les femmes sont encouragées à se marier et à avoir des enfants jeunes, elles disposent de peu de temps pour construire une carrière universitaire. Dans certains cas, elles se retrouvent même seules responsables de la prise en charge de leurs enfants. Même lorsqu'elles accèdent à l'université, elles doivent souvent la quitter plus tôt pour entrer sur le marché du travail, en raison des besoins immédiats de leur famille. Cela peut les pousser à intégrer des circuits professionnels qui leur permettent de s'insérer plus rapidement dans le marché de l'emploi. Par exemple, à la Faculté des Sciences humaines, on constate que les filles sont moins nombreuses dans la filière de sociologie, souvent perçue comme théorique et donc moins pratique.

Cet aspect du problème met en lumière un différentiel dans les exigences d'autonomie entre les sexes. Les femmes quittent l'université plus rapidement que les hommes, car elles sont socialisées de manière à mieux intégrer le marché informel du travail. En conséquence, elles ont des attentes différentes en matière de savoir, liées aux nuances d'autonomie qui existent entre les deux sexes, créant ainsi un double standard. Pour les hommes, l'autonomie se traduit par la capacité à prolonger leur statut d'étudiant, tandis que pour les femmes, elle consiste à subvenir aux besoins matériels du groupe en prouvant leur capacité à se « débrouiller ».

Dans ce contexte, l'université peut servir de refuge pour les hommes en situation de précarité, alors que les femmes doivent s'en extraire pour accéder aux ressources nécessaires à leur survie. En période de privation, les hommes peuvent se désengager des problèmes sociaux collectifs, tandis que les femmes sont contraintes d'y faire face. Les sexes n'ont donc pas les mêmes opportunités pour s'inscrire dans des espaces institutionnels. C'est pourquoi les femmes sont souvent orientées vers des secteurs informels non institutionnalisés, qui leur offrent moins de chances de rester dans le circuit universitaire que leurs homologues masculins. De plus, le travail informel garantit rarement une intégration dans les milieux où se concentrent les opportunités sociales. Par conséquent, les femmes se retrouvent plus facilement désaffiliées de l'université que les hommes.

Cela permet aux hommes de prolonger leur parcours universitaire et de maintenir un contact étroit avec le savoir, même en faisant face aux mêmes défis que les femmes. Cette situation illustre une dialectique des sexes qui repose sur deux types de préoccupations : un souci de soi et de son bien-être pour les hommes, et un souci des autres pour les femmes (Lamour, 2017). Dans ce cadre, les hommes disposent d'un temps pour eux, même en période de privation, et sont libres de mener des projets liés à la réflexion et aux question- nements.

Il en ressort deux formes d'individuation selon le sexe : l'une pour les hommes, axée sur la quête d'un accès individuel aux ressources (matérielles et symboliques) pour la réalisation person- nelle ; l'autre pour les femmes, orientée vers une recherche d'auto- nomie pour répondre aux besoins du groupe. De cette distinction émergent deux types d'autonomie : une autonomie pleine et réelle, et une autonomie factice et contrôlée. La première peut mener à la sortie de la pauvreté grâce à la mobilisation du savoir en tant qu'atout symbolique générateur de revenus, tandis que la seconde entraîne un appauvrissement des femmes désaffiliées des espaces institutionnels à forte valeur ajoutée. Cette dynamique assure également l'exploita- tion de la force de travail et du temps des femmes dans un contexte où l'État refuse de mettre en place des dispositifs de protection sociale reconnus, organisés et rémunérés pour le travail de soin majo- ritairement effectué par les femmes.

Ainsi, la disponibilité que les femmes doivent avoir pour les autres est incompatible avec les exigences de l'université. Pour les professeures et celles qui aspirent à mener des recherches, les situa- tions sont tout aussi difficiles, car ces femmes doivent faire des choix entre leur carrière académique et leur vie familiale. Par conséquent, mener une carrière universitaire signifie souvent s'écarter des cadres normatifs. Choisir cette voie s'apparente davantage à un choix de vie impliquant des renoncements symboliques et matériels, marquant une forme d'« anormalité » pour les femmes universitaires. Cepen- dant, cette « anormalité » est aussi liée à leur position favorable dans les rapports de classe, leur offrant des choix dans un contexte où les femmes en ont peu.

Conclusion

En définitive, en analysant le parcours éducatif des filles en Haïti, je conclus que l'accès à des études supérieures constitue un privilège,

permettant de disposer de temps pour soi et d'une autonomie inconditionnelle, c'est-à-dire non associée à une obligation ou une injonction. Les compétences que les femmes doivent développer pour vivre
au quotidien en Haïti entrent en contradiction avec le temps et les
valeurs universitaires. Les femmes ne sont pas présentes à l'université
non pas parce qu'elles seraient moins intelligentes que les hommes,
comme le laissent croire certains proverbes et dictons haïtiens, mais
parce qu'elles sont occupées à rapiécer un tissu social déchiré au
quotidien.

Les arguments avancés sur l'incapacité des femmes à construire
une carrière universitaire révèlent un solipsisme de classe et de genre
au sein de la société haïtienne, en ce qui concerne les rôles de chacun
et les modalités de leur prise en charge. Ainsi, les différences de genre
illustrées par les statistiques de fréquentation universitaire montrent
que cette institution joue un rôle clé dans la perpétuation de la division sexuelle du travail, en parallèle d'une hiérarchisation de classe
et des cadres de vie spatiaux.

L'accès aux niveaux supérieurs de la hiérarchie à l'Université
d'État d'Haïti n'est pas égalitaire entre hommes et femmes. De plus,
la rareté des femmes professeures contribue à leur exclusion progressive des espaces décisionnels universitaires. Cela engendre un mécanisme vicieux, souvent interprété par les hommes comme un refus
volontaire des femmes de s'investir dans ces espaces. En fin de
compte, l'université devient un lieu révélateur d'une mésentente politique entre les sexes (Rancière, 1995).

Chapitre 5

Partir pour mieux s'enraciner ou retour sur la fabrique du poto mitan en Haïti

Fabriquer un homme (femme) capable de tenir une promesse signifie lui construire une mémoire, le doter d'une intériorité, d'une conscience qui puisse s'opposer à l'oubli. C'est dans la sphère des obligations de la dette que commence à se fabriquer la mémoire, la subjectivité et la conscience.

— Maurizio Lazzarato, 2011

Dans cet article sur les cadres sociaux des déplacements de travail des Haïtiennes, notamment dans le contexte des migrations internationales, je soutiens que les migrantes qui travaillent hors d'Haïti pour nourrir leurs familles sont sociopolitiquement plus ancrées dans leur pays d'origine que dans leur pays d'installation. Pour soutenir cette hypothèse, je propose deux axes d'argumentation fondés sur le récit de vie de Sula[1], jeune migrante haïtienne en

---

1. Par souci de confidentialité, j'ai changé le nom de l'interlocutrice. J'utilise le nom de la protagoniste principale du roman *Sula* de Toni Morrison.

France. Je présente d'abord la socialisation qui l'a conduite vers une lente mais sûre formation d'un « soi responsable », axé sur le souci des autres et la responsabilité. Ensuite, je discute de l'organisation de son départ, processus au cours duquel cette migrante se soumet, avec pour conséquence un endettement perpétuel – la dette désignant un rattachement paradoxal qui prend corps dans « l'idéologie du *poto mitan* » portant les femmes à se sacrifier pour leurs proches. Le cas de Sula est l'un des vingt-cinq récits de vie de femmes que j'ai traités dans une étude sur les mécanismes de production du *poto mitan* en Haïti. Avant d'entrer dans le vif du sujet, je ferai une brève présentation de Sula.

Née dans une section communale du Bas-Artibonite, Sula est une jeune femme célibataire de 27 ans, migrante en France. Issue du milieu rural, benjamine d'une fratrie de quatre, elle a commencé à travailler avec sa mère commerçante dès l'âge de cinq ans. Puisqu'elle a très tôt endossé des responsabilités, l'école a toujours été en concurrence avec les autres activités auxquelles elle était assignée. En France depuis 2005, au moment de l'entretien en 2014, Sula n'avait toujours pas de papiers et survivait grâce à plusieurs sources de revenus flexibilisés et précaires : femme de chambre, femme de ménage, garde d'enfants et accompagnatrice à la sortie de l'école. À dix-neuf ans, à la mort de sa mère, elle a été assignée par son père, sa grand-mère et ses tantes au rôle de pourvoyeuse principale de la famille. Elle a été envoyée en France pour travailler afin que sa famille ait un revenu régulier, parce qu'avant même la mort de sa mère, son père, également en France, s'était désengagé de la prise en charge du groupe. Avec un revenu d'à peine 800 euros par mois, elle soutient ses frères, sa sœur, sa grand-mère, les enfants d'un oncle décédé, la fille d'une voisine décédée – ancienne commère de sa mère –, tout en intervenant dans les organisations communautaires impliquées dans le développement de sa section communale d'origine.

1. Les cadres généraux de la socialisation de Sula

Pour étudier les cadres généraux de la socialisation primaire et secondaire (Berger & Luckmann, 2018) de Sula, j'ai isolé deux moments de ce processus : un moment discursif et un moment matériel. Le premier moment concerne les discours articulant les dynamiques de socialisation autour de figures de pouvoir et d'autorité, qui sont dans ce cas sa grand-mère et sa mère. Le moment matériel concerne les espaces fréquentés et les travaux exécutés marquant l'inscription de Sula dans un ordre du monde.

Le moment discursif

Sula raconte qu'elle est désignée depuis l'âge de cinq ans par sa mère et sa grand-mère comme étant la plus mature, la plus généreuse et la plus solide des enfants de la fratrie. Elle était présentée auprès des étrangers comme « une petite adulte débrouillarde », des mots qu'elle s'est appropriés. À l'âge adulte, ces vocables ont éclairé son action, son rapport au monde et aux autres. Au moment de sa socialisation secondaire, les proverbes et les chansons l'ont amenée à reconnaître comme naturel le fait qu'elle soit généreuse, débrouillarde et plus mature que son frère aîné.

Le moment discursif fixe le cadre qui invite Sula à performer une identité de responsable sous la houlette de deux figures d'autorité féminine avec qui elle partage affection et valeurs. Ces désignations forgent chez Sula une représentation d'elle-même. À partir d'énoncés performatifs, ces assignations sont à la fois auto- et hétéroconstituantes. Car, de manière récursive, ces injonctions la portent à se présenter d'une certaine façon et à saisir son entourage au travers de discours qu'il a lui-même élaborés. Par conséquent, la générosité et la débrouillardise attribuées comme qualités sont des énoncés servant moins à dire qu'à faire quelque chose. En fait, sa grand-mère et sa mère l'ont installée dans cette position dans la fratrie et dans la famille élargie. Ces deux autorités morales ont su trouver les mots qui ont une « efficacité magique », dont la force d'énonciation instaure une historicité familiale, sédimente des appellations et fige leur répétition dans le temps et l'espace. L'enjeu de ce discours est d'expulser Sula d'un imaginaire universel, dont le référent est le masculin, par le biais d'un langage qui crée les bases d'une catégorie minoritaire en Haïti : l'individu responsable. À cette catégorie de personnes, la société assigne la prise en charge des risques sociaux, en confisquant leur corps, leur temps et leurs ressources. De manière subtile, dès le plus jeune âge, discours et pratiques organisent la mise au ban des femmes des espaces communs à tous. En effet, ces discours prononcés à l'échelle individuelle assurent la mise hors-jeu des femmes du politique sur le plan collectif. Ces bases assurent par la suite l'organisation de leur univers matériel.

Le moment matériel

L'analyse du cadre matériel du processus de socialisation primaire et secondaire montre que l'utilisation de ces mots n'est ni anodine ni vaine, et encore moins innocente. Car, à travers les propo-sitions et encouragements, ces mots indiquent des manières de faire et montrent aux filles un mode de gestion de leur temps et de leur force de travail. Il en résulte une naturalisation des compétences présentées comme propres aux femmes (le commerce, les travaux domestiques et le soin aux autres), qui commandent des aptitudes spécifiques.

Sula explique que, depuis l'âge de cinq ans, elle accompagne sa mère et sa grand-mère dans tous les marchés du Bas-Artibonite. Elle vend, rend la monnaie et fait *in vivo* l'expérience des produits et des circuits d'échanges ; elle s'insère dans un réseau de commerce, de crédit, de prêt et de solidarité transgénérationnelle entre femmes commerçantes. Elle est devenue la personne de confiance à qui mère et grand-mère confiaient leurs sacoches de commerce (*sakit*). Elle savait à qui sa maman devait de l'argent, de même que ceux et celles qui lui en devaient.

Elle a grandi immergée dans un monde adulte, faisant tout par mimétisme. Outre ses compétences de commerçante, elle a très tôt acquis une parfaite maîtrise des tâches domestiques. À dix ans, elle était responsable de la préparation des mets des travailleurs qui labouraient dans les champs familiaux. Elle devait faire le ménage des maisons de sa mère et de sa grand-mère ; elle était chargée du soin de sa petite sœur, qui d'ailleurs l'appelle maman. À quinze ans, elle remettait à sa mère l'argent qu'elle gagnait dans son propre commerce. Sula a ainsi appris à développer des trésors d'ingéniosité – « *voye chen sou chat, dekouvri saint-pye pou kouvri Saint-Paul* »[2] – pour répondre aux problèmes concrets du quotidien, bref, un pragmatisme l'ancrant dans la réalité. D'où un subtil mais ferme apprentissage de la polychronie et de la conciliation des activités et des espaces productifs et non productifs (Bessin & Gaudart, 2009), doublé d'une agilité à passer d'une sphère à une autre. De là, une négation de tout désir de loisirs, de temps pour soi, de souci de soi et de l'utilisation des ressources produites par soi pour son bien-être. La socialisation de Sula, pour reprendre les deux auteurs précités, montre une inculcation de la « présence sociale » :

> [...] une posture temporelle de la disponibilité dans laquelle il convient d'être pour pouvoir anticiper, intervenir en situation, au moment propice, de façon pragmatique, adaptée et contextualisée, afin de s'inscrire dans les interstices et répondre aux sollicitations. (Bessin & Gaudart, 2009, p. 6)

À la mort de sa mère, Sula est devenue cheffe de famille à dix-neuf ans. Elle a dû quitter l'école pour se consacrer au commerce avec sa grand-mère. Sa socialisation prend force à travers la concurrence qui se livre en elle entre le souci de soi et le souci des autres.

Ce récit montre que la cohérence de sa socialisation primaire et secondaire se déploie en trois temps : la désignation par autrui, l'apprentissage de la gestion efficace de sa force et de son temps de travail, et l'oubli de soi. L'enchevêtrement de ces éléments pose les

---

2. Expression créole signifiant littéralement « envoyer le chien sur le chat, découvrir Saint-Pierre pour couvrir Saint-Paul », c'est-à-dire faire beaucoup avec peu de moyens.

bases des dispositions la portant plus tard à savoir circuler et se déplacer pour accéder aux ressources et répondre de ses responsabilités à l'égard de sa famille. À terme, cet ensemble favorise le déploiement d'un cadre cognitif permettant l'inculcation d'une éthique particulière aux filles : l'éthique de responsabilité donnant forme à un soi responsable.

2. La formation du soi responsable de Sula

Suivant la définition de Saba Mahmood (2009), l'éthique de responsabilité renvoie ici à des activités pratiques structurées par des discours et des techniques : déplacements, commerce, travaux domestiques inhérents à une vie construite autour du souci des autres comme valeur cardinale. Dans ce cadre, les individus peuvent s'approprier une vérité particulière les construisant en sujets de discours et d'une morale spécifique : le sacrifice du soi et le don de soi. D'où une disciplinarisation conduisant le sujet vers un soi responsable. Pour reprendre Skeggs (2015) et son concept de soi dévoué, le soi responsable met les femmes en dehors des préoccupations égocentriques. De ce fait, leur perception d'elles-mêmes est avant tout soutenue par des devoirs et des obligations liés à leurs relations aux autres qui désinscrivent leur subjectivité du discours de l'individualisme. Ainsi, être un sujet responsable implique de faire preuve de dévouement et d'abnégation, en endossant certains traits de personnalité comme être soucieuse, empathique, maternelle et généreuse. Considérée sous cet angle, la responsabilité représente un fait social total. Elle implique un positionnement socioéconomique qui intègre les femmes dans la prise en charge du soin et de la protection. En étant au fondement du lien social, la responsabilité renvoie donc à une politique disciplinaire, sans coengagement moral de l'État ni des hommes. Ayant établi ce cadre, les familles peuvent, sans crainte qu'elles les abandonnent, favoriser les déplacements des filles qui partent pour « chercher la vie ».

Marchandes, 1930. (CIDIHCA)

Pour expliciter cette dernière assertion, je reviens au cas de Sula, qui a été missionnée par sa famille à la mort de sa mère (une crise) pour partir en France en vue de la prise en charge du groupe. Sula a ainsi effectué ce que je nomme une migration-mission. Celles-ci s'effectuent à l'injonction d'un proche ou des parents qui demandent à une fille de partir pour prendre en charge le reste de la famille. Ces parents sont des figures d'autorité présidant à l'organisation du départ, structurant l'établissement de liens intergénérationnels, assurant le retour de revenus sous forme matérielle et symbolique. La force de ces figures tient dans leur capacité de fidéliser dans une relation d'obligation l'individu choisi et le reste de la famille. Dans cette entreprise, grand-mère et tantes assurent un retour sur les investissements familiaux. De concert avec le père de Sula, ces dernières ont organisé un marathon familial pour financer le départ. Elle explique :

> Je travaille comme une tarée depuis la première semaine où je suis arrivée en France. En dépit de mes difficultés d'avoir la régularisation – même si je devais chercher un homme pour me régulariser, je n'ai pas le temps pour me faire belle et flirter –, je travaille dans

des secteurs fatigants, payant peu, j'ai pour obligation mensuelle la scolarité, la nourriture, l'argent de poche, les habits, bref tout ce que ma mère avait l'habitude de faire. J'ai perdu la signification des mots de « vacances » et de « congé ».

Cet extrait d'entretien laisse entrevoir la ritualisation d'une forme de dette communautaire liée à une promesse tacite de changement de la situation familiale. À la suite d'Alain Marie (2002), force est d'admettre que cette dette est à durée illimitée, car l'individu ne finit jamais de payer. Les montants, les modalités et les destinataires ne sont jamais clairs au départ. La dette se reproduit en s'appuyant sur une culture de l'altruisme. Nathalie Lamaute-Brisson (2012) montre qu'entre 1995 et 2007, les transferts des migrant·e·s ont été un élément-clé pour la population d'Haïti. En 2014, ils représentaient 1 milliard 923 millions de dollars américains, soit plus de 20 % du PIB haïtien.

Seul recours pour leurs proches, l'argent de ces migrant·e·s permet de maintenir la stabilité politique précaire de la société haïtienne. C'est donc un enjeu fondamental pour cette société. L'éthique de la responsabilité érige ces transferts en impératif, et tout manquement sera sanctionné par une batterie de mesures, dont les conflits, des rumeurs dégradant la réputation, des insultes, des pressions par téléphone pouvant aller jusqu'à la menace de sorcellerie. Dans ces conditions, il n'est pas étonnant que Sula me dise que, même si elle vit en France, son âme est en Haïti.

En effet, tous les jours, Sula appelle sa grand-mère, surveillant de la France la scolarité de sa petite sœur qui vit en Haïti. Sa grand-mère et ses tantes l'ont incitée à investir ses économies dans l'achat d'un terrain et à ouvrir un compte en banque au pays. Ainsi, elle organise physiquement et symboliquement son ancrage dans son pays d'origine. Au regard de leur statut politique, les femmes ont en effet moins d'ancrage en France, où elles sont présentes physiquement, qu'en Haïti, d'où elles sont pourtant physiquement absentes. Pour reprendre Didier Fassin, je dirai que :

L'économie morale correspond [...] à un système de normes et d'obligations. Elle oriente les jugements et les actes, distingue ce qui se fait et ce qui ne se fait pas. Plus que des règles économiques, ce sont des principes de bonne vie, de justice, de dignité, de respect, en somme de reconnaissance [...]. On n'est plus dans le domaine de la production et de la distribution de biens et de prestations, mais dans le domaine de l'évaluation et de l'action, qui concernent bien entendu l'économie, mais aussi d'autres types d'activité sociale. (Fassin, 2009, p. 1243-1244)

Ainsi, l'endettement fait partie des mécanismes de production d'une éthique de la survie axée sur le soin, la sécurité et la protection, bref des rouages politiques de la responsabilité, laquelle conforte la reproduction de l'économie morale. Elle transforme les femmes en « gestionnaires de survie » (Neptune-Anglade, 1986), compétence spécifique dominée en Haïti.

Dans ce cadre, la dette traduit le maintien d'une forme de lien sous peine d'être exclue de la famille et du groupe de référence. Ainsi, dans la migration, elle renouvelle la solidarité traditionnelle. Prendre le risque de se dégager de l'endettement est périlleux. Car toute rupture implique pour l'endettée de renoncer au peu de protection assurée par la famille et de s'exposer à une nudité sociopolitique, pour reprendre Giorgio Agamben (1996). Sortir de la dette suppose un coût psychologique qui exige de la migrante de se détacher tant de son pays que de sa famille. Pour s'ancrer dans la famille, les femmes doivent faire mine d'ignorer la dette, en continuant, sous le couvert de l'amour, de la générosité, de la débrouillardise, à escamoter l'arnaque que constitue leur autonomie sous contrôle. Dans ce cadre, les transferts monétaires réguliers de Sula réactualisent son statut de membre de la famille.

Conclusion

Les déplacements des femmes haïtiennes ne sont pas des phénomènes anodins. Au contraire, cette mobilité constitue un cadre paradigmatique qui renseigne sur l'organisation du matériel et de l'idéel dans notre société. Les femmes sont socialisées pour se déplacer, pour « chercher la vie », comme elles disent. Si dans d'autres contextes sociaux, la domination interdit qu'elles se déplacent, ici, les cadres familiaux l'encouragent. Il s'avère donc intéressant de penser le sens de l'autonomie conditionnelle des femmes. En lieu et place d'une émancipation, le déplacement entraîne la mainmise sur leur force de travail sans contrepartie, situation qui crée des femmes endettées envers leur famille et, par extrapolation, envers leur société. Cette dynamique symbolique suppose que la société est créancière de femmes débitrices, pour reprendre Maurizio Lazzarato (2011). Par conséquent, pour reprendre de nouveau Lazzarato, la logique de la dette asphyxie les possibilités d'action des femmes.

Ce processus transforme les Haïtiennes en Mères Courage[3] toujours prêtes à se sacrifier pour les leurs, bref des *poto mitan*. À travers la mystification décrite ici, tout le processus discursif et matériel s'apparente à une forme d'exclusion par l'hommage (Rancière, 1983). D'une part, les femmes sont vénérées en tant que modèle d'abnégation et, d'autre part, les activités auxquelles elles sont assignées les éloignent du politique. La réalité de Sula éclaire cette forme de division sexuelle du travail voulant que les femmes haïtiennes soient confinées dans les espaces de travail marchand et domestique, des espaces sous-valorisés et mal payés. En tant que débitrices, elles doivent apprendre à faire beaucoup avec peu. Ce processus est d'autant plus pernicieux que les femmes ne peuvent pas nommer la dette à laquelle elles sont soumises. Car le dire pourrait les porter à se désengager de l'économie morale qui soutient « l'éthique de la survie » (Fassin, 2009). On est dès lors en droit de conclure sur ce questionnement : Que signifient réellement ces figures de femmes qui sont appauvries par leur déplacement, leur pseudo-autonomie, par l'endettement, sous couvert de la force, de la ténacité et du courage qu'on leur attribue ? À quel régime d'imaginaire correspond ce mode d'or-

---

3. Référence au personnage éponyme de la pièce de Bertolt Brecht, figure emblématique du sacrifice maternel en temps de guerre.

ganisation des rapports de sexe construit sans la figure du père nourricier et du mari protecteur ? À terme, cette dynamique laisse entrevoir la mise en œuvre d'un idéal sacrificiel (Lamour, 2016, 2017b) incitant les femmes à remplacer l'État dans un pays refusant de construire une communauté politique inclusive et viable.

Chapitre 6

Socialisation des hommes et ordre politique en Haïti

> *Il ne s'agit pas aujourd'hui de les juger, [...] il convient plutôt de se demander ce qui les a conduits à devenir eux-mêmes. Qu'est-ce qu'on ne leur a pas dit ? Ou qu'est-ce qu'ils n'ont pas pu entendre ? Sur la dignité, le respect de soi. Le bien public.*
>
> — Lionel Trouillot, 2021

Depuis la chute de la dictature en 1986[1], la société haïtienne est plongée dans une crise multiforme (Palmiste, 2021) touchant toutes les dimensions de la vie nationale. Dès la fin des années 1970, plusieurs chercheurs ont examiné le « drame haïtien » (Benoit, 1979 ; Saint-Louis, 2006). Anthropologues, sociologues, économistes, philosophes et historiens ont, chacun à leur manière, tenté de dégager des pistes de compréhension des difficultés auxquelles le pays fait face depuis 1986. Parmi ces auteurs, on peut citer Trouillot (1986), Hurbon

---

1. L'année 1986 marque la fin de la dictature des Duvalier en Haïti. Cette date symbolise le renouveau et l'amorce du processus de démocratisation du pays.

(1987, 1988), Chéry (2005), Casimir (2008), Étienne (2007), René (2019), Dorismond (2020) et Gustinvil (2022)[2]. Bien que de nombreuses études existent sur la situation haïtienne post-dictature, il est évident que certaines grilles d'analyse, comme le genre en tant que construction sociale, sont souvent négligées. Cela entraîne une incompréhension des enjeux politiques, laissant les citoyens et citoyennes démunis face à leur réalité. Contrairement à ces auteurs, cet article considère le genre comme « la pierre angulaire et le centre de gravité structurant l'ensemble des rapports de pouvoir » (Segato, 2022, p. 15).

Les rares analyses utilisant la perspective de genre proviennent principalement de chercheuses et de militantes féministes. Par exemple, en 1986, Mireille Neptune Anglade, dans *L'autre moitié du développement*, traite de la reconnaissance d'un contrat de sexe dans la société haïtienne défavorable aux femmes. Madeleine Sylvain-Bouchereau (1957), Carolle Charles (1995), Myriam Merlet (2002), Sabine Manigat (2002) et Danièle Magloire (2004) soulèvent des questions essentielles concernant l'organisation du politique. Leurs travaux plaident pour la participation des femmes dans les espaces décisionnels et permettent d'analyser les dynamiques politiques haïtiennes sous une approche genrée, tout en revendiquant la prise en compte des violences faites aux femmes comme des violations constantes des droits humains (Magloire, 2004).

Cet article vise à établir des liens entre la socialisation des hommes en Haïti et l'organisation de l'ordre politique, qui génère des crises sociopolitiques. Bien qu'ils occupent majoritairement les espaces collectifs, les modèles de socialisation des hommes favorisent l'émergence d'une personnalité détachée des besoins collectifs. En d'autres termes, la forme de masculinité influence les dynamiques politiques et les crises au sein de la société haïtienne. Cet article propose également une réflexion sur la prédominance des hommes sur la scène politique haïtienne et le processus d'effacement des femmes dans ce même espace.

---

2. Revue non exhaustive des écrits analysant les origines du « drame haïtien », selon l'expression de Vertus Saint-Louis.

Sur le plan théorique, cet article adopte une approche transdisciplinaire qui s'inspire des travaux de Sousa Santos (2011) sur la sociologie des absences. Selon cet auteur, la « sociologie des absences » vise à démontrer que ce qui n'existe pas est en réalité « activement produit comme non existant, c'est-à-dire comme une alternative non crédible à ce qui est supposé exister » (Santos, 2011, p. 34). Cet article cherche à démontrer que le genre joue un rôle déterminant dans la construction de l'ordre politique. Ainsi, ignorer son existence revient à créer une absence en tant que grille de lecture. Les théories sur la socialisation (Berger & Luckmann, 2018 ; Darmon, 2006 ; Lahire, 2013) et celles issues de la tradition féministe sur les hommes seront également mobilisées, tenant compte de la manière dont ceux-ci sont socialement construits (Thiers-Vidal, 2010 ; Vigoya, 2018 ; Cantacuzène, 2013 ; Kabile, 2021). Ce choix s'explique par le fait que la socialisation de genre est un processus relationnel puissant, souvent subtil, par lequel les individus apprennent à être un homme ou une femme. À l'instar de Connell (2014), je soutiens que la masculinité est un élément structurant au sein d'une configuration définissant les rapports entre les genres. Inscrire mes réflexions dans cette perspective est d'autant plus important que l'étude des hommes en tant que catégorie sociologique est quasi inexistante dans le champ des sciences humaines et sociales dans le contexte haïtien. L'objectif est de proposer une compréhension des rapports de genre en cours de construction, en analysant les processus subjectifs de fabrication des hommes en lien avec le politique en Haïti. Cette démarche vise notamment à « saper l'idée d'une masculinité abstraite et universelle, désincarnée » (Viveros Vigoya, 2018, p. 17).

Dans cet article, je postule que la masculinité est un vecteur de privilèges qui confère aux Haïtiens un ascendant social et politique sur les Haïtiennes. Il s'agit d'une société héritée de l'esclavage où des hommes noirs sont les bénéficiaires et dépositaires du pouvoir d'État. Comme le souligne Thiers-Vidal (2010, p. 170) : « Il s'agit ici avant tout de retenir le fait que la masculinité est le versant oppresseur d'une configuration matérielle-subjective de genre, qui peut – au niveau des contenus et dynamiques – varier géographiquement, historiquement et culturellement mais qui existe bel et bien malgré ces variations contextuelles ». En d'autres termes, je reconnais que le groupe des hommes en Haïti est pluriel et traversé par les rapports de pouvoir qui structurent la société haïtienne. Avec Joëlle Kabile (2023)[3], je soutiens qu'un certain nombre de lignes traversent les masculinités, au-delà de la classe, de la race/couleur et de l'orientation sexuelle. Cependant, en raison de leur appartenance de classe interne, de leur nationalité, race/couleur à l'externe, et selon certains contextes, notamment en situation impérialiste, les Haïtiens peuvent être victimes de violences, de discriminations et de formes spécifiques de déshumanisation (Ajari, 2021).

Cette réflexion prolonge les questionnements qui ont guidé mon travail doctoral en 2017. Je montrerai comment les hommes ont historiquement mis les femmes à l'écart sur la scène politique en Haïti, en m'appuyant sur les données des socialisations primaire et secondaire des hommes dans cette société. J'analyserai le type d'individualité qui émerge de ces processus. Pour conclure, je mettrai en lumière les liens potentiels entre la socialisation des hommes et les dynamiques politiques dans la société haïtienne. Ce raisonnement repose sur des entretiens semi-directifs réalisés avec plus de 25 hommes haïtiens rencontrés en France et en Haïti entre 2013 et 2017. Ces personnes, évoquant leur socialisation, révèlent des expériences hétérogènes en termes de classe, de race/couleur et de niveau d'études. En plus de ces entretiens, j'utiliserai également des coupures de journaux, mes observations du cadre politique haïtien, des discussions informelles, ma connaissance de la société haïtienne et la littérature grise produite sur la participation politique des femmes en Haïti.

---

3. Les couilles sur la table, épisode 84 : « À la recherche des masculinités antillaises ». Disponible sur : https://www.binge.audio/podcast/les-couilles-sur-la-table/a-la-recherche-des-masculinites-antillaises

1. La gouvernance politique en Haïti : une affaire d'hommes

Depuis 1791, divers mécanismes sont employés pour empêcher les femmes de jouir de leurs droits civils et politiques : l'insulte (femme anonyme), l'exclusion des femmes de l'espace politique en tant qu'héroïnes, l'exécution (Sanite Belair, Ti Choute), l'exil politique (Marie-Louise Coidavid), l'assassinat (Yannick Rigaud), la disqualification par la folie (Défilée), la privation de ressources (Claire-Heureuse), la silenciation (Yvonne Hakime Rimpel), les viols, les assassinats, la rumeur, les violences en contexte électoral, etc. Selon Vertus Saint-Louis (2001), dans les années 1801, Toussaint a pris des mesures pour interdire l'accès des femmes aux villes, prétextant qu'elles étaient des prostituées refusant de rester sur les plantations. Depuis 1806, toutes les constitutions qui ont jalonné les XIXe et XXe siècles haïtiens ont affirmé la préséance des hommes sur les femmes en matière de citoyenneté, comme le soulignent les écrits de Claude Moïse (2009) et de Mirlande Manigat (2002). Cependant, les femmes ont toujours lutté contre ces mécanismes d'exclusion. Même si elles en étaient écartées, elles ont toujours eu conscience de leur appartenance au politique et ont manifesté la volonté de rendre effectif leur « droit de cité » (Balibar, 2012).

Pour obtenir le droit de cité, les femmes haïtiennes ont dû attendre 1957, après deux décennies de luttes acharnées menées par la Ligue féminine d'action sociale, l'une des premières organisations féministes du pays. Elles ont choisi de se battre pour le droit de vote, et donc pour la représentativité politique (LFAS, 1946). Cependant, l'arrivée de la dictature des Duvalier en 1957 les a privées des droits civils et politiques pour lesquels elles avaient lutté au cours de la première moitié du XXe siècle. Avec la chute de ce régime le 5 avril 1986 (Lamour, 2022), les féministes ont repris le flambeau des pionnières, exigeant une reconsidération des règles du jeu politique et réaffirmant le principe de non-exclusion dans la politique haïtienne. Cet événement a eu des conséquences notables, notamment l'inscription du principe d'égalité dans la Constitution de 1987, marquant l'ouverture d'une nouvelle ère politique pour les femmes en Haïti (Lamour, 2020).

Entre 1990 et 2023, Haïti a eu deux femmes Premières ministres, mais aucune femme n'a été élue présidente de la République. Pourtant, cette frange de la population reste majoritaire dans le pays. Les observations du monde sociopolitique haïtien montrent que le tissu associatif féminin est solide. Les associations féministes et de femmes sont au cœur des activités sociales et politiques les plus significatives de notre société, tant pour atténuer les difficultés matérielles des familles que pour formuler des revendications politiques. Aucune restriction légale n'empêche les femmes d'accéder à un métier ou à un poste en Haïti, mais des barrières symboliques persistent.

Lorsqu'elles sont présentes dans certains espaces, comme le Conseil Électoral Provisoire (CEP) ou le Conseil Supérieur du Pouvoir Judiciaire (CSPJ), elles sont considérées comme représentantes des femmes, et non comme citoyennes appelées, en raison de leurs compétences, à occuper des postes décisionnels au bénéfice du collectif. Actuellement, la gouvernance politique haïtienne se caractérise par une faible participation des femmes aux instances décisionnelles. Par exemple, la 50e législature, la plus récente, ne comptait que 4 femmes pour 148 hommes. Dans l'administration publique, les femmes occupent 32,9 % des postes, tandis que les hommes en détiennent 67,1 %. Dans les fonctions de conception et de direction, les femmes ne représentent que 17 % des effectifs, contre 83 % pour les hommes. Elles occupent 30 % des postes de cadres intermédiaires (Lamour, 2023).

Ces chiffres résultent d'une longue histoire d'exclusion et de marginalisation politique des femmes. Non reconnues comme sujets politiques, elles peinent à acquérir les droits et les capacités nécessaires pour participer au gouvernement de la cité sur un pied d'égalité avec les hommes. Pourtant, au sein de la société civile, elles continuent à répondre aux misères sociales face auxquelles l'État refuse toute responsabilité (Lamour, 2019). En considérant que l'espace politique est celui où se prennent en charge les besoins collectifs, et qu'il est dominé par des hommes, nous pouvons relever le paradoxe suivant : en Haïti, les hommes sont moins enclins à s'occuper des besoins du collectif que les femmes (Lamour, 2017, 2018), bien qu'ils soient désignés pour cette tâche. À partir de cette observation, mon argumentation propose une première réflexion sur la socialisation des hommes, où l'on peut discuter de l'inculcation d'un ensemble de dispositions qui les empêchent de construire un ordre politique bénéfique à tous et à toutes.

2. La socialisation primaire et secondaire des hommes

Selon Bernard Lahire (2013), la socialisation désigne « le processus par lequel un être biologique est transformé, sous l'effet des multiples interactions qu'il entretient dès sa naissance avec d'autres individus et avec tout un monde matériel issu de l'histoire, en un être social adapté à un univers sociohistorique déterminé ». La socialisation genrée consiste à former des individus compatibles avec une position vécue comme oppressive au sein d'une structure sociale donnée, celle de genre (Thiers-Vidal, 2010). Parler de socialisation genrée implique que les enfants sont plongés dans des mondes distincts selon le genre qui leur est assigné ; les adultes qui les éduquent adoptent des comportements différents envers les garçons et les filles (Morin, Savoie, Pelland & Grandisson, 2019). Tout au long de leur vie, les hommes et les femmes sont exposés à des cadres socialisateurs qui leur suggèrent comment réagir selon les situations et les contextes. Pour parler de la socialisation des hommes, j'utiliserai un schéma basé sur un triptyque tenant compte d'un cadre discursif, matériel et cognitif. Le cadre discursif concerne le discours construit par les adultes de référence autour d'un enfant de sexe masculin dès sa prime enfance ; le cadre matériel renvoie au lieu d'inscription sociale de cette socialisation, et le cadre cognitif se rapporte aux modes de subjectivation des hommes dans leur processus de devenir homme.

2.1. Le cadre discursif de la socialisation des hommes

Lors des entretiens collectifs réalisés en France et en Haïti, la plupart des hommes rapportent qu'entre 5 et 6 ans, ils ont eu des relations privilégiées avec leurs mères ou les figures féminines qui les ont élevés, que ce soit une mère, une grand-mère, une sœur, une tante ou une marraine, en tant qu'« autrui significatif » (Berger & Luckmann, 2018) avec qui ils entretenaient des liens affectifs forts. Cependant, à partir de 7 ans, ces figures les incitent à développer des amitiés avec d'autres garçons de leur entourage. Au fur et à mesure qu'ils grandissent, ils sont poussés à s'éloigner de l'environnement familial initial, et les autrui significatifs perdent de leur influence sur leur socialisation. Certains expliquent que lorsqu'ils s'accrochaient à ces figures, d'autres camarades du quartier ou de l'école se moquaient d'eux. L'un d'eux témoigne : « Je me sentais bien avec mes cousines avec lesquelles j'avais développé des relations privilégiées de jeux et de camaraderie jusqu'à mes 5 ans. Mais, après, les autres cousins ont commencé à m'appeler "chochotte" [fille]. J'ai laissé mes cousines pour intégrer leur groupe, et je n'avais plus à subir ce genre de vexation. »

La rupture du lien avec les autrui significatifs est socialement organisée et orchestrée par le monde des pairs. Pour reprendre Roger Cantacuzène (2013), dès ce stade, les hommes apprennent à s'éloigner d'une forme d'« expression de l'intime », ce qui les pousse à se distancier et à se protéger de l'influence socialisatrice des femmes. Cette expression implique « à la fois une démarche introspective de compréhension de soi, et une capacité à dire ce ressenti dans les divers cadres relationnels où l'on s'investit (couple, famille, amis) » (Cantacuzène, 2013, p. 130).

Lucie Peytavin (2021), en parlant des coûts de la virilité, constate que cette dynamique concerne également la socialisation des garçons dans les sociétés occidentales :

Ces modèles éducatifs (patterns) font des garçons des êtres peu sensibles, coupés de leurs émotions et de celles d'autrui. Les parents tendent à réfréner l'expression des sentiments de leur bébé garçon. Ils vont poursuivre ce conditionnement tout au long de son enfance, en mettant peu en avant, voire en réprimant sa sensibilité et son empathie.

À ce stade, le groupe de pairs, instance primordiale, joue un rôle central tout au long de la socialisation des garçons. Un peu plus tard, les hommes s'organisent pour invalider le monde domestique, c'est-à-dire celui des sœurs, cousines, tantes et mères. Ces femmes ne sont pas considérées comme des pairs, et la famille n'est pas perçue comme un lieu de construction des garçons et des hommes. Ce travail de transmission de la part des adultes des deux sexes, notamment des mères en tant qu'autrui significatif, entraîne un déficit d'un modèle discursif où pourraient s'exprimer l'empathie et l'attention aux besoins des autres. Ainsi, les garçons sont confrontés très tôt à des injonctions au désengagement vis-à-vis du care et de la sollicitude (Tronto, 2013). Par conséquent, la construction de leur masculinité implique une prise de distance par rapport au monde familial, validée dès le monde des pairs. À ce propos, Léo Thiers-Vidal (2010, p. 56) rappelle : « Les garçons deviennent des hommes à travers un nombre d'abandons qui produisent l'aliénation masculine et la prison du genre. »

Sur le plan discursif, les hommes ne mobilisent pas, pour parler d'eux-mêmes, les liens affectifs qu'ils ont tissés durant leur enfance avec leurs autrui significatifs. À l'âge adulte, ils assument les surnoms et les jeux qui marquent leur appartenance ou leur exclusion en tant que membres d'un groupe de pairs, notamment dans leur quartier et leur milieu scolaire. Un interviewé mentionne qu'il était surnommé franc-tireur, car il était un buteur incontesté. Ils sont libres de construire un discours sur eux-mêmes et entre eux à propos des autres, y compris des femmes. Dès leur enfance, les hommes ont la possibilité de se définir, de se penser, et finalement de se positionner dans la société. Comme le soulignent Stéphanie Mulot et Nadine Lefaucheur (2012), les garçons apprennent à devenir des hommes « au sein de groupes de pairs, qui vont attester ou, au contraire, invalider la conformité de leurs membres aux règles du groupe ».

Cela montre que les garçons sont exclus des champs d'assignation normatifs définis par un autre significatif. Même lorsque les femmes/mères occupent ce rôle et portent des référents affectifs forts, elles ne parviennent pas à nommer, situer ou exprimer le monde à la place des garçons. Le cadre discursif de la socialisation masculine favorise la construction d'une conscience de soi. Au cours de leur socialisation, les garçons ne sont ni privés ni symboliquement dépossédés du pouvoir de nommer et de signifier leur réalité. Cependant, comme l'indique Joëlle Kabile (2022) : « L'analyse des discours masculins [...] indique la défaillance de reconnaissance dans la sphère de l'amour ou plus précisément un sentiment de non-reconnaissance, voire de mépris dans cette sphère. » En Haïti, l'un des premiers lieux de production discursive est l'espace de l'industrie musicale, en particulier le compas[4], qui est dominé par les hommes (Lamour, 2023).

2.2. Le cadre matériel de la socialisation des hommes

Sur le plan matériel, la socialisation primaire des garçons, notamment en milieu urbain, est principalement structurée autour du jeu, avec peu d'interventions d'adultes porteurs de principes hiérarchiques. Les espaces organisant leur socialisation primaire, par ordre d'importance, sont : le terrain de football, les jeux de billes, les places publiques (aires de jeux) et l'école. Dans ces espaces, la socialisation s'organise autour de la gestion de leur puissance physique, dans un entre-soi qui témoigne de formes d'être ensemble masculin, pour reprendre Martine Delvaux (2019). Dans ces environnements se mêlent moqueries, joutes verbales, insultes et affrontements physiques. Le jeu indique que les garçons peuvent investir et maîtriser l'espace public pour leur propre plaisir. L'un d'eux déclare : « Le terrain de football était l'espace où je pouvais tout dire et aussi apprendre les nouveaux gros mots et le maniement des insultes avec mes camarades. »

Les études sur les masculinités dans la Caraïbe francophone

---

4. Le compas (ou *konpa*) est un genre musical haïtien créé dans les années 1950.

soulignent généralement l'importance du groupe de pairs et de l'entre-soi masculin dans la socialisation masculine (Lefaucheur & Mulot, 2012 ; Cantacuzène, 2013 ; Kabile, 2022). À ce sujet, Lefaucheur et Mulot (2012) rappellent : « Si la famille, l'espace domestique, l'école et l'église sont censés constituer les lieux d'apprentissage de la féminité, le groupe de pairs apparaît comme l'agent primordial de la socialisation des garçons et de la construction des critères de la virilité. » La famille n'est pas la principale instance de référence dans la socialisation primaire et secondaire des garçons. Le groupe de pairs constitue un lieu incontournable où se transmettent les valeurs et les normes qui influenceront le collectif. Les hommes ne s'identifient pas à leurs familles.

Les aires de jeux sont des espaces ludiques qui façonnent la socialisation primaire et l'évolution psychologique des garçons en dehors du monde des adultes. Ainsi, le jeu, entre pairs, devient un lieu de reconnaissance qui définit la place des garçons et des hommes dans le groupe. Les aires de jeux sont un terrain privilégié de validation ou d'invalidation d'un modèle de masculinité hégémonique. Ce sont des espaces de relâchement et de transgression où ils peuvent prendre des risques, comme grimper aux arbres ou chasser. Ces lieux favorisent la systématisation d'un idéal masculin hégémonique, où le capital productif, social et symbolique masculin peut se déployer et se renouveler (Viveros Vigoya, 2018). Pour ceux qui ont grandi à la campagne, ces espaces leur permettaient d'apprendre à nager sans l'anxiété des parents et de faire, avec leurs amis, tout ce que les adultes interdisaient généralement.

L'espace des pairs est le terrain où se configure tant matériellement que subjectivement ce que l'on peut appeler un vécu masculin partagé. Les hommes peuvent ainsi construire une communauté d'intérêts, porteurs d'une compréhension du monde, s'exprimant à travers des croyances dont le rôle est de stabiliser et structurer la place des hommes et leur position vécue, servant à préserver un certain ordre social. Ces espaces d'apprentissage radical du manque d'empathie sont donc des lieux de construction d'un lien qui unit les hommes contre le reste du groupe social. L'espace des pairs est celui du tissage des alliances politiques (Tissot, 2014).

Par ailleurs, l'usage des gros mots et des insultes permet aux garçons de maîtriser la répartie et de perfectionner un apprentissage subtil de la façon d'assigner des places aux individus ou aux groupes. Ils apprennent à classer, normaliser, marginaliser, en somme, à définir les autres. Lors de cette initiation à la catégorisation et à la hiérarchisation, ils découvrent des mots tels que *bouzen* (pute), *masisi* (homosexuel), *madivin* (lesbienne) et d'autres termes chargés de connotations sexuelles et sexistes. Ainsi, entre eux, ils normalisent l'utilisation de notions qui fixent l'ordre sexuel de la société. Devenir un homme, c'est donc apprendre à rejeter et à déprécier ce qui renvoie ou rappelle socialement le féminin (Schiess, 2005). À travers ces divers exercices, les hommes reçoivent le mandat de masculinité (Segato, 2022, p. 43), justifiant l'hégémonie du masculin dans notre société. Ce mandat, émanant de la structure genrée, accorde à chaque nouveau membre l'accès à la confrérie virile.

Dans ce processus, les garçons apprennent à parler des autres, à construire et légitimer leurs positions dominantes. Ils s'initient à manipuler les mots, à expérimenter leur pouvoir et, par conséquent, à développer des technologies de classification. Très tôt, ils acquièrent la maîtrise de l'espace public, car ces jeux se déroulent à l'extérieur, sans contrainte particulière. Cette absence de contrainte est primordiale pour eux, car elle leur offre une marge de liberté pour s'exprimer sans censure, pour se battre et régler leurs différends plus tard sans l'intervention d'un tiers. Or, ce tiers représente la figure transcendantale dont la symbolisation dans les relations quoti-diennes facilite la résolution des conflits.

Les garçons peuvent faire confiance à leurs capacités d'explorer d'autres possibilités pour eux-mêmes. En effet, les jeux de billes et le football leur instaurent une ambiance festive, ludique et ouverte à la rencontre. L'un de nos interlocuteurs explique : « Pendant les vacances, les garçons provenant d'autres quartiers moins favorisés viennent participer à nos jeux. » Dans des espaces monosexués où la compétition est encouragée, les garçons sont alors confrontés très tôt à l'hétérogénéité sociale. Ils disposent alors de lieux de formation identitaire, de ritualisation et d'institutionnalisation d'une forme de masculinité, éloignée de l'univers féminin, préfigurant le mode d'occupation de l'espace public par les hommes. Ces aires peuvent être assimilées à une « maison des hommes » (Mennesson, Joannin et al., 2014). Ce sont des lieux où les garçons s'emploient à construire leur masculinité et à organiser leurs espaces en dehors des autres individus. Ils apprennent ainsi à forger leur individualité dans un entre-soi masculin radical, qui est un espace de création politique de la semblance et de la déliaison vis-à-vis des autres.

Il en résulte que leur autonomie n'est pas factice, car le temps des garçons leur appartient ; ils ne sont pas contraints par la responsabilité des travaux domestiques qui les soumettent à un adulte représentant l'autorité. L'un d'eux témoigne : « J'avais l'habitude d'aider mes grandes sœurs dans l'exécution des travaux domestiques. En contrepartie, elles me donnaient un peu de leur argent de poche. » Ainsi, ils font très tôt l'apprentissage de l'évasion de l'autorité et de l'interdit, au profit de la négociation dans leur quotidien. Ils sont conscients que leur temps est précieux et monnayable. Leur force de travail doit être négociée en échange d'un autre bien. Ils ne sont pas soumis à une forme de présence sociale entraînant le contrôle de leur temps par et pour les autres. Ainsi, ils apprennent dès leur jeune âge à échapper à la soumission et à la disponibilité permanente pour autrui. Ils évoluent dans un environnement dominé par l'horizontalité. Ces espaces sont des lieux de construction et de validation d'un modèle de masculinité. En effet, les espaces de jeux constituent également des espaces de transmission de savoirs informels capitalisables (comment parler à une fille, apprendre à conduire, à nager, ou à discuter de leurs premières expériences sexuelles). Ils ne sont pas confrontés à la polychronie (Bocoin & Caudart, 2009).

Sur le plan politique, les garçons s'éloignent d'une des règles de la filiation qui exige des filles qu'elles reproduisent les gestes des autres significatifs (Lamour, 2018). Ils vivent ainsi une rupture intergénérationnelle avec les savoirs et savoir-faire des adultes en devenant des artistes qui bricolent entre eux et pour eux-mêmes leur identité et leur rapport au monde. Ils apprennent non seulement à reconnaître les autres, mais aussi à être reconnus par eux. Les groupes de pairs constituent des espaces d'homosociabilité où se diffusent les éléments clés de la masculinité : la puissance, le pouvoir, le contrôle (Viveros Vigoya, 2018) et la distance empathique. Grâce aux pairs plus âgés et plus jeunes, les garçons apprennent majoritairement seuls à se faire une place et à s'affirmer au sein du collectif, en se distanciant de toute forme d'allégeance morale à celui-ci. Leur éducation s'effectue en dehors de la valorisation d'une culture patrimoniale. Leur conception du pouvoir et de l'autorité s'inscrit dans cette logique.

3. Cadre cognitif de la socialisation des hommes

L'univers cognitif qui organise la socialisation des garçons et des hommes repose sur deux éléments paradoxaux : la culture de l'entre-soi et l'apprentissage de l'individuation. L'entre-soi est un espace d'invention permanente où les garçons apprennent dès leur adolescence les logiques de l'inversion et de la transgression, construisant ainsi un monde carnavalesque qui devient une forme de sociabilité. Cela crée deux sphères distinctes : le reste de la société et les garçons qui n'ont pas appris à se percevoir ou à percevoir les autres de la même manière. Cette socialisation se déroule sous le signe de la plurivocalité. Très jeunes, les garçons sont confrontés à de multiples voix véhiculant des messages contradictoires dans leur réalité. Le monde construit par les hommes s'oppose aux rapports sociohiérarchiques imposés au reste de la société. Dans ce cadre, la policité prend sens, pour reprendre le concept de Rita Segato (2022), c'est-à-dire tout ce qui a une portée politique tant sur le plan matériel qu'idéel, et qui permet de définir une affinité corporatiste de la socialisation. En effet, « la complicité entre hommes repose en bonne partie sur l'insignifiance accordée aux rapports à l'autre sexe [et au reste de la société] » (Duret, 1999, p. 143).

L'entre-soi atteste que les pairs jugent en se substituant à une autorité détachée du groupe. Cela implique une approche du social par la semblance, insérant les garçons dans un mode de « partage du sensible » (Rancière, 2000) et les libérant de toute contrainte de disci-plinarisation qui exige des individus qu'ils acceptent d'être gouvernés par une autorité surplombante. Toutefois, l'individu libéré de toute attache prend le groupe comme son premier référent. La figure de l'artiste, qui cherche à impressionner pour mériter l'attention de ses pairs, prédomine alors, et le talent prime sur une discipline régulière axée sur la reproduction de gestes. C'est ainsi que se délimitent la marge et le centre, l'inclusion et l'exclusion, l'apprentissage de l'amitié au masculin et la non-mixité, jouant un rôle central dans l'or-ganisation de la masculinité. Être un homme, c'est surtout être lié à d'autres hommes : les liens d'amitié deviennent pour eux ce que les liens de parenté représentent pour les femmes. Ces dynamiques permettent aux hommes de s'éloigner des préoccupations de la vie quotidienne, dont les solutions s'organisent au sein des familles. Ainsi, ces hommes peuvent habiter l'extérieur pour eux-mêmes, contrairement aux femmes qui y vont, certes, pour « chercher la vie[5] » afin de répondre aux besoins du collectif. Cela conduit les hommes à développer un ethos particulier : l'ethos fraternel (Lamour, 2017) que nous présentons plus bas.

Par ethos fraternel, j'entends un construit sociologique englobant les modes de sociabilité et les rapports au collectif dans les interac-tions quotidiennes, confirmant que les hommes se retrouvent entre pairs plutôt qu'en présence d'une figure d'autorité. L'ethos regroupe des pratiques sociales marquées par des connotations morales inté-grées dans un système implicite de valeurs (Droz, 2009). Dans l'opé-rationnalisation de cet ethos fraternel, les hommes s'appuient sur deux piliers fondamentaux : la jouissance comme principe et la préservation de la liberté. La préservation de la liberté incite les hommes à s'éloigner des contraintes institutionnelles, bien qu'ils assurent leur contrôle à travers leurs pratiques quotidiennes. Tout laisse à penser que les règles contraignantes ne s'appliquent qu'à

---

5. « Chache lavi » (chercher la vie) : expression créole haïtienne désignant la quête de moyens de subsistance, particulièrement utilisée pour décrire les activités écono-miques de survie des femmes dans l'espace public.

ceux et celles qui évoluent en dehors des cadres de l'hégémonie construite dans les espaces d'entre-soi. Lorsqu'ils ne peuvent y échapper, ils n'hésitent pas à pervertir le sens premier des normes et des règles pour les adapter à leurs besoins. La politique ne repose pas sur une préoccupation pour le bien collectif.

La défense de la liberté est au cœur des luttes entre hommes, car elle assure leur positionnement social. Un homme qui a su préserver sa liberté peut revendiquer la jouissance comme principe de vie. La jouissance est un autre point crucial pour l'individu. Dans les espaces de jouissance, les hommes se mesurent entre eux tout en créant des cadres de réputation qui leur permettent non seulement d'accéder aux femmes, mais aussi aux espaces de pouvoir et aux ressources. Cette quête oblige les hommes à aménager des espaces où se forment des alliances entre clans et groupes, comme le montrent les discours véhiculés notamment à travers les chansons des groupes musicaux haïtiens.

Deux chansons des années 2000 ont retenu mon attention : « Gran depansè[6] » du groupe Nu-Look et « KPS[7] » du groupe Bèl Jazz, qui illustrent les figures de la masculinité hégémonique. La figure compétitive masculine y est représentée par le bambocheur, qui possède de l'argent liquide à profusion dans son portefeuille. Que ce soit le grand dépenseur ou le KPS, ils incarnent l'opposé de l'ascétisme. La jouissance devient ainsi l'élément central qui organise les rapports entre les hommes d'une part, et les autres membres de la société d'autre part. Le plaisir se transforme en règle de vie. Les hommes partagent des secrets, des préférences diverses (musicales, sportives, culturelles, sexuelles). Cette manière de faire les place dans un système de valeurs hédonistes, où loisir et plaisir dominent. La figure la plus aboutie de ce processus est celle du bandit légal

---

6. « Gran depansè » : expression créole haïtienne désignant celui qui dépense beaucoup, le flambeur. Dans le contexte de la masculinité haïtienne, elle renvoie à la figure de l'homme qui affiche sa réussite économique par des dépenses ostentatoires.
7. KPS : « Kapab pa soufri » signifie quand on a les moyens, on ne souffre pas. Cette expression illustre la valorisation de la capacité financière comme marqueur de masculinité et de statut social.

(Lamour, 2021a). L'ethos fraternel engendre un soi spécifique pour les hommes : le soi délié. Par soi délié, j'entends un individu centré sur lui-même, refusant de s'inscrire dans les cadres d'une société qui se reproduit et se maintient. Être un individu délié signifie faire preuve de distance à l'égard des organes de transmission, tout en adoptant des traits de personnalité comme l'individualité. L'individu construit selon ce modèle semble évoluer dans un monde fermé, peuplé des semblables qu'il a choisis.

4. Le coût social de cette socialisation : la création de l'individu délié

Les dynamiques différenciées de socialisation primaire et secondaire des hommes les poussent à se présenter comme des individus autonomes, détachés de toute appartenance, uniques décideurs de leurs modalités d'inscription dans le social. Cela engendre une prédisposition à la recherche de la réalisation de soi, s'opposant à l'idée de sacrifice pour le bien-être des autres et à la construction d'une forme d'individuation qui privilégie l'intérêt de l'individu au détriment de celui du collectif. Cet individu s'éloigne également de l'idéal sacrificiel prôné par le poto-mitan[8] (Lamour, 2016, 2017b). En sociologie, la déliaison sociale renvoie à une perte de lien entre un individu et son milieu social. Antinomique au lien social, la déliaison de l'individu engendre des effets nocifs et des menaces tant pour l'acteur que pour le groupe social (Nayrou, 2011).

Les garçons développent entre eux des liens qui demeurent dans l'espace de l'entre-soi, lequel sert à la production de l'individuation de chaque garçon. Ils se regroupent pour apprendre les règles afin de mieux se positionner individuellement en tant qu'individus de sexe masculin. Ils s'auto-éduquent dans un espace d'intimité. Les hommes finissent par devenir un collectif pensant et agissant de manière homogène, produisant ainsi des formes monstrueuses d'individua-

---

8. Le « poto-mitan » désigne en Haïti la figure féminine centrale, pilier de la famille et de la société.

tion. Ce processus politique permet aux hommes de se percevoir comme des égaux, se projetant dans une sorte d'indistinction. L'entre-soi et l'amitié entre hommes deviennent alors le lieu de création d'un partage du sensible dérivant vers un pacte de masculinité, prônant l'exclusion des femmes de la communauté des semblables. Cet espace constitue la fondation d'une clôture sociopolitique qui préconise la privation des droits des femmes.

En effet, l'entre-soi masculin révèle que les hommes et les femmes ne forment jamais une communauté de destin. Les espaces d'entre-soi masculin permettent aux hommes d'imaginer et de créer des groupes d'individus ayant des statuts d'exception, ce qui entrave et rend impossible la participation de certains à certaines activités sociales. Cela concerne notamment ceux et celles qui n'ont pas intégré la communauté de semblance instaurée par ces espaces d'entre-soi. En tant que matrice politique, l'entre-soi permet aux hommes de s'imposer en tant que dominants dans une société où l'amitié masculine est associée à une forme de fidélité entre hommes, les empêchant de s'engager vis-à-vis des autres et du collectif. L'ethos fraternel valide l'amitié masculine et renvoie à des comportements qui rationalisent le détachement des hommes de la sphère domestique et des valeurs qui y sont généralement liées. Ainsi, le soi délié leur permet d'être libres de toute contrainte envers autrui. Ceux et celles qui sont perçus comme des non-semblables, dont la force de travail peut être exploitée, sont considérés comme des dissemblables.

Cette situation fait écho à ce que Martine Delvaux (2019, p. 17) explique dans son livre *Boys Club* :

> Se voir dans le regard de leurs semblables, ça leur suffit. [...]. Les hommes n'ont pas besoin d'un objet commun autour duquel faire communauté : l'objet commun c'est eux, ce qui les relie, c'est la figure même de l'Homme placée au centre.

De plus, la mise en corvéabilité et la capture de la force de travail d'autrui sont l'horizon de ceux et celles qui se trouvent hors de l'espace de la semblance. Ces dynamiques ne sont pas figées ; elles sont influencées par des logiques de classe, de division spatiale, de niveau d'alphabétisation, de religion et par les séquelles des rapports de race. Ces marqueurs sont des indicateurs puissants des rapports de pouvoir dans l'espace haïtien. D'un groupe à l'autre, d'une croyance à l'autre, d'un cadre spatial à un autre, et d'une nuance de peau à une autre, les rapports régissant les dynamiques de socialisation primaire et secondaire peuvent varier considérablement. Par exemple, j'ai étudié en 2017 le cas de Fritz, un homme poto-mitan. Cependant, malgré les nuances que ces différentes dimensions peuvent faire ressortir, nous ne pouvons nier l'existence de lignes qui traversent les socialisations différenciées des hommes.

Ainsi, le soi délié représente une figure de la prédation qui refuse les rapports de don et de contre-don. L'individu délié rejette la réciprocité en dehors de son clan et de son groupe de proximité. Dans la formation du soi, l'apprentissage de la liberté sans lien, qui requiert des rapports de solidarité entre les hommes, témoigne d'une forme de « collectivisme pratique » (Pinçon & Pinçon-Charlot, 2000). Au-delà des rapports de pouvoir implacables, nous ne saurions ignorer les espaces de solidarité entre hommes qui facilitent le maintien de leurs privilèges. Toutefois, tout en visant la déliaison envers d'autres catégories sociales, le soi délié se manifeste à travers une sociabilité masculine liante et radicale. Cette individualité se révèle dans les relations entretenues simultanément avec plusieurs partenaires avec qui les hommes peuvent avoir des enfants sans s'attacher ou s'engager, ni comme pères ni comme maris.

5. Le coût politique de la socialisation des hommes sur la dynamique politique

Les hommes ont déjà construit un espace collectif entre eux, se déclarant semblables et se portant garants et solidaires les uns des autres. À ce titre, le collectif, en tant qu'espace où tous et toutes doivent évoluer, présente moins d'attrait pour eux. Les dynamiques de socialisation des hommes proposent l'horizontalité comme horizon du politique. Par horizontalité, j'entends un ordre politique où des semblables, se reconnaissant comme frères et égaux, rejettent toute forme d'autorité transcendante. Dans leurs lieux de socialisation et de loisirs, les hommes apprennent à construire des liens d'amitié suffisamment forts pour que les partenaires les plus proches soient considérés comme des « amis-frères », tandis que les autres hommes, et a fortiori les femmes, apparaissent incapables de les fragiliser.

Dans ce type de lien politique, aucun chef ne peut s'ériger en tant que responsable et représentant du collectif. Le contre-pouvoir devient dès lors la forme prédominante du pouvoir social (Graeber, 2006). Autorité et contre-autorité se construisent dans une dynamique réciproque. Cela engendre un lien social fondé sur la révocabilité, le droit de renégocier le pacte et la possibilité de recommencer. Ce jeu entre pouvoir et contre-pouvoir s'accompagne d'une « performance dissonante » (Butler, 2006) qui fragmente l'autorité dans sa dimension infinitésimale. Ce système ne peut fonctionner qu'avec une multiplicité de chefs, chacun ayant des points d'autorité fragiles et précaires, remis en question à chaque fois par le point de pouvoir qui le précède. Ainsi, le politique échappe à un centre et à l'emprise d'un groupe. L'horizontalité consacre une désacralisation totale de l'autorité, entraînant une société constamment en mouvement où la crise fait partie intégrante du processus de gouvernementalité. Aucun groupe ne peut revendiquer le monopole de la dynamique politique dans un contexte où l'autorité est précarisée. Cette société témoigne de l'émergence d'un lien fondé sur des logiques affinitaires.

La dynamique horizontale exclut la verticalité, laquelle se manifeste principalement par la prouesse que l'individu montre dans l'espace politique ou économique à travers la captation et la prédation. Dans ce cadre, l'individu s'arroge le droit de déclarer un autre, qu'il considère comme son semblable, son frère, induisant ainsi une égalité de traitement. Dans ce modèle, la famille et la parenté ne sont plus enfermées dans le corset de la biologie.

Les hommes s'engagent à construire la légitimité de leur présence politique en dehors de l'espace domestique, dont la mission est de prendre en charge les misères du social. Ainsi, la camaraderie et les liens de proximité entre hommes contribuent à définir un modèle d'organisation du lien social qui profite principalement aux hommes. Dans ce modèle, la figure masculine est celle du frère, remplaçant celle du père.

Ces hommes, au centre de la vie politique, accèdent au pouvoir grâce à leur capacité à s'éloigner du reste de la société. Ils contrôlent et influencent ainsi la société sans subir les coûts associés à ces privilèges. D'où un système politique non centré sur l'État, construit autour d'un consensus fraternel qui détermine les rapports de sexe en fonction des rôles respectifs des hommes et des femmes. Cette organisation politique est axée sur le rejet de toute entité centralisatrice garantissant la protection des individus, entraînant un déficit d'institutionnalisation du commun.

L'ordre fraternel privilégie l'affinité, la connexion, l'improvisation, la multiplicité, l'hétérogénéité, la labilité et la polyphonie. Ainsi, le soi délié permet aux individus de sexe masculin d'être libres de leurs mouvements et de disposer de leurs ressources pour eux-mêmes. Cet ordre accorde la priorité à la souveraineté individuelle des hommes, assurant leur égalitarisme radical. Cela engendre une dynamique qui favorise l'acceptation de la cohabitation d'éléments contradictoires et paradoxaux, voire improbables.

L'horizontalité favorise l'institutionnalisation d'une utopie partagée d'une société plurivocale et sans centre. Dans cet ordre, l'universel se conçoit sans totalité, reprenant le concept d'« universel sans totalité » de Pierre Lévy (1998) en lien avec la cyberculture. C'est un universel composé d'une multiplicité de sens, d'images, de désirs et de systèmes, d'où un apprentissage réciproque valorisant les savoirs et les savoir-faire de chaque individu.

Le lien fondé sur l'horizontalité permet de comprendre que les femmes sont enfermées dans une différence et ne sont pas perçues comme des sœurs, ce qui les place dans les positions les plus défavorisées de la société. Les rapports entretenus entre le groupe des frères et le monde externe sont avant tout des rapports de prédation, au détriment des exclu·e·s. De plus, le bien-être et la sécurité des individus ne préoccupent que ceux qui ne sont pas socialisés dans cette voie.

Aucun pacte de sécurité, de protection et de défense ne lie les individus à l'échelle collective. En conséquence, les risques sociaux sont individualisés et dépendent de chaque personne. Il en résulte que la gouvernementalité ne protège pas la vie, mais assure plutôt la protection inconditionnelle d'une forme inédite de liberté : une liberté inconditionnelle sans lien. Dans ce contexte, la notion de liberté est moralement et politiquement supérieure à celle de la protection. Cette dynamique entraîne le rejet de toute forme de contrôle ou d'intervention publique ou étatique dans la vie collective. Dans ce modèle de société, la désinstitutionnalisation, la déprotection, les dérégulations et la privatisation s'imposent, laissant entrevoir un « individualisme de déliaison » (Castel, 2010).

La vie et la régulation du vivant sont incompatibles avec l'ordre politique. La dynamique gouvernementale refuse toute responsabilité envers la vie et le soin d'autrui. Cet ordre politique se caractérise par une guerre constante, fondée sur la ruse, la traîtrise, l'avilissement et le dénigrement de l'autre. D'où l'importance de l'indistinction sociale pour échapper à cet état de guerre. Ces techniques de pouvoir permettent aux hommes d'établir des rites qui institutionnalisent leur semblance et les transforment en semblables, en égaux sur le plan politique.

En guise de conclusion

Cet article a éclairé le drame haïtien sous un angle tenant compte des rapports de genre en Haïti. Les liens entre les dynamiques de socialisation des hommes et les processus politiques en Haïti sont souvent négligés dans les analyses existantes. L'article ouvre ainsi des pistes de réflexion sur la subjectivité masculine. Il a révélé comment les dynamiques de socialisation ont permis l'exclusion d'une catégorie sociale, les femmes, dans la sphère politique haïtienne. L'analyse des cadres discursifs, matériels et cognitifs de la socialisation masculine a été approfondie, ainsi que les retombées sociales et politiques de cette socialisation.

De cela, trois idées principales émergent de cet article. Premièrement, les mécanismes d'exclusion politique des femmes reproduisent un ordre mondial spécifique dans le contexte haïtien, créant une distance entre les femmes, leurs valeurs et le cadre politique. Deuxièmement, les hommes sont socialisés de manière à pouvoir affirmer collectivement la non-valeur de ceux qui ne font pas partie de leur confrérie. Cela entraîne une socialisation centrée sur un apprentissage actif de la dyspathie, c'est-à-dire la capacité à atténuer le lien empathique (Cukier, 2011) avec autrui. Cette situation engendre un déni de reconnaissance et un refus de participation à l'expérience d'autrui, produisant une indifférence politique et un rejet de l'autre en tant que sujet. Cela conduit également à la négation de l'altérité de l'autre, entraînant un refus de lui accorder des droits politiques et civils. Ces constats ouvrent la voie à la possibilité d'une forme particulière de domination des hommes sur les femmes : le fratriarcat[9], le pouvoir des hommes en tant que frères, qui fera l'objet d'un prochain article.

---

9. Le terme « fratriarcat » combine « fraternité » et « patriarcat » pour désigner le pouvoir politique exercé par les hommes organisés en tant que frères plutôt qu'en tant que pères. Ce concept, théorisé notamment par Françoise Gaspard (2011), décrit le passage d'un patriarcat traditionnel à un système où le pouvoir masculin s'exerce par des liens fraternels horizontaux.

Partie III

Biographie(s) et figures sociales

Chapitre 7

Les Fiyèt-Lalo (Fillettes-Lalo)

Un impensé de la mémoire de la dictature duvaliériste

Et tant de silences doivent être brisés !

— Audre Lorde, 2003

[Le] silence se paie par la permission de recommencer.

— Jean-Claude Bajeux

Dans une quête de mémoire de la dictature des Duvalier, une réflexion s'impose sur l'invisibilisation des Fiyèt-Lalo (ou Fillettes-Lalo), ces femmes membres du corps paramilitaire macoute dénommé les Volontaires de la sécurité nationale (VSN). Si la figure de leurs homologues masculins, les tontons macoutes, est généralement bien campée et connue, la mémoire collective construite et organisée méconnaît les Fiyèt-Lalo, qui furent pourtant des agentes de la machine répressive. Les actions perpétrées par ces femmes sont rarement évoquées lorsqu'il s'agit de dénoncer les méfaits du macoutisme, alors même que l'une d'entre elles occupa le poste de commandante en chef de la milice. Il convient donc de contribuer à briser les silences entourant les miliciennes.

1. Le silence imposé par les codes sociaux

Il est notoire que l'historiographie haïtienne est traversée par un profond biais androcentrique, révélant que la mémoire de la présence des femmes est peu valorisée dans l'histoire politique de cette société. Sabine Manigat (2001) et Evelyne Trouillot (2001) l'avaient déjà souligné en évoquant l'oblitération des femmes dans l'histoire de l'esclavage et de la révolution haïtienne de 1804. Ce constat vaut autant pour l'histoire de l'Occupation étatsunienne d'Haïti (1915-1934) (Lamour, 2015) que pour celle de la dictature duvaliériste, deux moments marquants de la vie nationale. Les rares fois où elles sont prises en considération, les femmes apparaissent généralement dans des rôles convenus, associés à leur sexe. Par exemple, Catherine Flon est célébrée comme héroïne nationale pour avoir cousu le drapeau en 1803. De manière générale, les femmes sont peu présentes, voire absentes, comme figures symboliques dans l'espace public haïtien ; elles sont sous-représentées comme modèles politiques et sociaux. Le silence entourant les miliciennes dans la mémoire de la dictature est donc d'ordre idéologique : il s'inscrit dans une longue histoire de négation des femmes dans la vie nationale, ce qui explique le peu d'intérêt qui leur est accordé.

Dans ce contexte, ce sont des femmes — des romancières — qui ont été parmi les premières à interroger la place des femmes dans la mémoire de la dictature duvaliériste, qu'elles soient victimes, résistantes ou bourreaux. En témoignent les romans *Les Rapaces* de Marie Vieux-Chauvet (1986), *Saisons sauvages* de Kettly Mars (2010), *La mémoire aux abois* d'Evelyne Trouillot (2010), *Un alligator nommé Rosa* de Marie-Célie Agnant (2011). Ces autrices ont, chacune à leur manière, abordé la question de la mémoire et les ravages causés par son impensé. D'autres ouvrages soulignent la part des femmes dans les résistances ou parmi les victimes ; toutefois, les témoignages recueillis sont le plus souvent ceux d'hommes.

De manière générale, la présence des femmes est peu tolérée dans les sphères historiquement réservées aux hommes — telles que l'armée, la milice ou la politique. Le silence entourant les miliciennes reflète cette division sexuée des rôles, qui assigne les femmes à des fonctions de sollicitude et de soin (Laugier & Paperman, 2006), en opposition à la violence. Il en découle une véritable police de genre, qui fixe les limites du permis et de l'interdit pour chaque sexe. Les prérogatives dites masculines — manier les armes, torturer, exercer la violence — sont pensées comme corollaires de la virilité, et donc inaccessibles aux femmes. Dans ce cadre, les femmes-macoutes remettent profondément en question cet ordre symbolique.

Dans ce cadre, les femmes-macoutes remettent en cause le principe de hiérarchisation et de différenciation des rôles sociaux selon le sexe. Leur existence questionne l'idée selon laquelle les hommes seraient les seuls détenteurs légitimes des armes (Pruvost 2008 ; Pruvost & Cardi, 2012). Appréhender les femmes en tant que membres de la milice suppose de reconnaître la portée des « trous de la mémoire » afin de les extirper des zones d'ombre où elles sont reléguées.

Taire la part des femmes dans le système répressif duvaliérien revient à les exclure d'un espace historiquement dominé par les hommes, mais que le duvaliérisme avait lui-même déréglé en impliquant certaines femmes dans le port d'armes, la répression et l'usurpation des droits des citoyennes et citoyens. En oblitérant ces faits, les miliciennes sont effacées du récit, et les femmes apparaissent comme un bloc monolithique, homogénéisé, sous prétexte d'attributs féminins supposés communs (douceur, sollicitude, tendresse). Cela revient à prétendre que la dictature n'a été qu'une affaire d'hommes. Or, le régime a aussi compté sur des femmes pour se maintenir — qu'il s'agisse de membres de la famille présidentielle, de proches du pouvoir ou de femmes occupant des postes politiques — indépendamment de leur statut social de femmes.

Cette oblitération du féminin a pour effet de faire partager aux femmes victimes, aux bourreaux et aux résistantes une condition commune d'invisibilité, sans distinction de leurs positions face à la dictature ni de leur implication dans la violence d'État. Par ailleurs, cette vision tend à déresponsabiliser les miliciennes des actes qu'elles ont commis : il demeure socialement plus acceptable que les femmes apparaissent dans l'espace public comme victimes plutôt que comme actrices de la violence organisée.

Prendre en compte la dimension sexuée de la mémoire, c'est rompre avec le schéma imposé du « macoute/homme », qui masque, au niveau social et historique, les mécanismes différenciateurs entre les sexes dans le traitement du macoutisme. Le genre, en tant que catégorie d'analyse (Scott & Varikas, 1988), permet à la fois de déconstruire cet impensé et d'en analyser les effets, tout en interrogeant l'effacement de certaines figures féminines du cadre mémoriel collectif, souvent au nom de la préservation d'un certain ordonnancement du monde.

D'où le questionnement suivant : quelles sont les « autorités invisibles » (Lowy, 2006) gardiennes des hiérarchies et des systèmes symboliques qui empêchent les miliciennes d'être visibles sur la scène politique ? Pour répondre à cette exigence de clarté, je considère que l'oblitération des miliciennes dans la mémoire de la dictature constitue un « pacte d'oubli » (Lavabre 2007), issu des rapports de genre inégalitaires en Haïti. Cette hypothèse ouvre sur d'autres interrogations, notamment les enjeux politiques du silence entourant le macoutisme au féminin, ainsi que les fonctions et les mécanismes de maintien de cet impensé.

Pour aborder ces questions, je discute d'abord de l'ancrage historique du macoutisme. Dans un second temps, j'examine les stratégies de disqualification des miliciennes en tant que cheffes, à travers la dérision et la diabolisation. Ensuite, j'analyse les effets de ce traitement particulier sur la mémoire collective, et la manière dont le duvaliérisme a reconfiguré les rapports de genre en érigeant des pratiques inhabituelles en principes. Ce travail de réflexion repose sur quatre sources principales : les archives du Collectif contre l'impunité, l'analyse du vocable *Fiyèt-Lalo* / *Fillette-Lalo* utilisé pour désigner les femmes miliciennes, la chanson *Madan Masèl* / *Madame Marcel* (Coupé Cloué, 1986) du chanteur populaire

Jean Gesner Henri (alias Coupé Cloué), et un entretien conduit avec Danièle Magloire, coordonnatrice du Collectif. L'ensemble de ces matériaux m'a permis d'identifier deux processus clés dans la construction de la perception des miliciennes : la diabolisation et la disqualification.

2. L'ancrage historique : le macoutisme

La milice des hommes et des femmes en bleu, officiellement nommée Volontaires de la sécurité nationale (VSN), fut créée pour soutenir le régime Duvalier. Composée de civils issus des classes populaires, elle apparaît à la suite de l'attaque militaire du 29 juillet 1959 contre François Duvalier. Le corps des VSN est officialisé le 7 novembre 1962 par un arrêté présidentiel (*Le Moniteur* 1962). Les VSN s'inscrivent dans la continuité des *cagoulards*, première force parami-litaire et symbole du pouvoir duvaliériste, surnommés *tontons macoutes* par la malice populaire, contemporaine de la mise en place du régime.

Ce pouvoir était essentiellement caractérisé par l'arbitraire, la brutalité féroce, le culte de la personnalité et la domestication des institutions. Pendant vingt-neuf ans (1957-1986), la dynastie des Duva-lier et ses *tontons macoutes* a « imposé le silence et fait régner la peur [...], sciemment organisé l'infernale machine à avilir, torturer, assassi-ner, violer, faire disparaître, exiler, déposséder, siphonner » (Ibid.).

Les miliciennes ont assumé leur rôle de gardiennes de la révolu-tion duvaliériste en s'assujettissant d'abord au père fondateur, puis à son héritier. À partir de ce statut, elles ont pu servir le régime en terrorisant la population. Des femmes miliciennes existaient bel et bien, et certaines occupaient même des postes de haut rang au sein des VSN. Le commandement comprenait notamment Rosalie Bosquet, plus connue sous le nom de Madame Max Adolphe, qui fut la plus célèbre d'entre elles. De 1964 à 1971, elle dirigea à Port-au-Prince le contingent basé à Fort-Dimanche, prison politique triste-ment surnommée *Fort-la-Mort* (Lemoine 1996). Elle fut nommée Superviseure générale des VSN le 29 juillet 1976, jour de l'anniversaire officiel de la milice, devenant ainsi le plus haut gradé de ce corps. Elle fut également députée à la Chambre législative.

Une autre femme cheffe, Sanette Balmir, régnait sur la région de la Grande Anse, dans le sud du pays. Elle exerçait son autorité sur les structures militaires, judiciaires, législatives et même ministérielles. Pourtant, ces femmes n'étaient pas désignées comme *tontons macoutes*. On les appelait plutôt *Fiyèt-Lalo* ou *Fillette-Lalo*, une dénomination aux connotations de diablerie ou de monstruosité — des diablesses, des loups-garous.

D'où un double standard dans la manière de nommer les membres d'un même corps armé.

Les miliciennes ont permis au régime duvaliériste de liquider les velléités de revendications politiques des féministes de la Ligue féminine d'action sociale. En bâillonnant toute forme de contestation, le régime a aussi imposé un mode d'accès des femmes au pouvoir fondé sur la volonté individuelle du chef. Il a transformé les instruments de la domination masculine traditionnelle en outils désirables pour certaines femmes, tout en montrant que leur présence dans l'espace politique pouvait être tolérée — mais de manière strictement contrôlée. Ces femmes restaient néanmoins des citoyennes de seconde zone, au même titre que les autres, à ceci près que leur appartenance à la milice leur conférait un statut particulier. Ainsi, l'idéologie du genre a joué un rôle central dans la mise en place du pouvoir dictatorial.

Toutefois, les miliciennes duvaliéristes ont été confrontées à deux stratégies de disqualification sociale de leur participation au terrorisme d'État, qui méritent attention : la diabolisation et la raillerie.

3. La diabolisation des miliciennes

Les stratégies collectives de disqualification renvoient aux moyens utilisés par la société pour écarter de la mémoire collective les individus jugés « indésirables », selon des normes dominantes tacitement admises, comme le sexe, l'âge, la classe sociale ou la couleur de peau. Ces mécanismes visent à banaliser les rôles et les actes des *Fiyèt-Lalo*

/ *Fillette-Lalo*, de manière à minimiser le caractère transgressif de leur présence dans la milice.

La diabolisation consiste ici à déresponsabiliser un groupe ou un individu de ses actes en les attribuant à des entités surnaturelles. Cette stratégie place les femmes concernées hors du temps et des événements, les rendant dès lors inaccessibles à une évaluation morale ou politique. Présentées comme des êtres surnaturels, ces femmes forment une minorité distincte au sein des VSN, à la différence de leurs homologues masculins. Elles sont perçues non comme des agentes actives du système répressif, mais comme des diablesses ou des loups-garous. Les rares traces de leur présence sont de nature orale : des témoignages, des récits anecdotiques, des surnoms. L'appellation *Fiyèt-Lalo / Fillette-Lalo* reflète ainsi leur perception dans la mémoire collective haïtienne — une mémoire qui les dote d'un statut exceptionnel d'êtres maléfiques.

Ce que révèle une comptine populaire :

« *Ti Zwazo kote ou prale ?*
Mwen prale kay Fiyèt-Lalo
Fiyèt-Lalo konn manje timoun
Si ou ale, la manje ou tou. »

[« *Petit oiseau, où t'en vas-tu ?*
Je m'en vais chez Fiyèt-Lalo
Les Fiyèt-Lalo mangent les petits enfants
Si tu y vas, elle te mangera aussi.»]

L'analyse de cette comptine montre que le nom même des miliciennes les enferme dans un imaginaire considéré comme féminin. En Haïti, les loups-garous sont très majoritairement des femmes, associées au diable. Ces figures d'inhumanité — mangeuses d'humains, particulièrement d'enfants — sont perçues comme des exceptions. Leur violence serait donc « accidentelle », anormale. La stratégie consiste à recadrer les faits pour en amoindrir la portée : la participation de certaines femmes à la violence d'État est dissimulée sous une enveloppe d'anomalie.

Ce phénomène révèle une certaine schizophrénie sociale, face à la difficulté de classer ces femmes dans un ordre social genré. En tant que *mangeuses d'enfants*, les *Fiyèt-Lalo* ne peuvent plus être perçues comme de « vraies » femmes : elles sont réassignées à une catégorie malfaisante. La désignation fonctionne alors comme un cordon sanitaire, empêchant la « contamination » de ces femmes par un attribut supposé masculin : la violence. L'autonomie des femmes à l'égard de la violence se trouve ainsi strictement contrôlée.

Dans une société où le féminin est associé à l'éthique du soin — la femme comme source de vie, gardienne, *poto mitan* —, les miliciennes incarnent une déviance, car elles se mettent au service d'un régime plutôt qu'au service de leur famille ou de la communauté. Cette allégeance à un homme tout-puissant — François Duvalier, puis Jean-Claude Duvalier — constitue une rupture avec les attentes sociales. Comme l'a également observé Carolle Charles (1995):

> The Duvalierist state also targeted women in a systematic way, redefining forms of gender oppression. In contrast to other dictatorial regimes of Latin America that appeal to the image of the suffering, self-sacrificing, patriotic mother who has no place in the political arena, the Duvalierist state focused on a "patriotic woman" whose allegiance was first to Duvalier's nation and state. (p. 139)

Au regard de ce constat, l'effacement des miliciennes peut être interprété comme un moyen, pour la mémoire collective, de contester les redéfinitions du genre opérées par l'ancien régime. Cette opération permet de réaffirmer la règle de l'exclusion des femmes de la sphère politique et de leur distorsion dans la mémoire sociale. L'appellation *Fiyèt-Lalo* permet ainsi à la mémoire collective de reféminiser les miliciennes, en donnant une signification surnaturelle à leur participation à la violence d'État, dans un contexte où les femmes sont socialement construites comme non violentes.

Cette stratégie n'est pas sans précédent : on la retrouve déjà dans la désignation des femmes issues des classes populaires qui avaient soutenu le président Sylvain Salnave (1867-1870) pendant la crise de 1867. Les documents d'époque les décrivent comme des *brigands en jupe* (Gilbert 2001). En leur accolant ce qualificatif, les auteurs soulignaient qu'elles avaient outrepassé les rôles sociaux traditionnellement assignés à leur sexe. Le mot agit ici comme un stigmate, dont la fonction est de souligner l'incongruité de leurs actions. Comme le notent Coline Cardi et Geneviève Pruvost :

« [Elles] contribuent ainsi à brouiller les frontières, à instaurer un trouble qui est bien social et non pas seulement de l'ordre de l'exceptionnalité historique ou clinique. Le défi est double. Non seulement il s'agit de s'attaquer à une notion – la violence – définie par les anthropologues et les philosophes comme ce résidu impensable, irrationnel, intolérable [...], mais il faut en plus la décliner au féminin – alors même que l'ordre des sexes et des genres et, au-delà, l'ordre social, fait de la violence un attribut du masculin viril (Pruvost et Cardi 2012). »

À terme, la diabolisation des miliciennes montre le caractère sexué de la mémoire collective et souligne que ces femmes forment un groupe marginalisé au sein du corps macoute. Leur image sociale est ainsi tue, permettant d'effacer le déplacement symbolique des rapports entre les sexes qu'elles ont provoqué, en agissant d'une manière jugée masculine. La diabolisation devient un dispositif de re-sacralisation de la violence d'État, qui demeure soustraite à l'usage commun des femmes. C'est précisément cette logique qui conduit à la raillerie et au sarcasme, utilisés par le chanteur Coupé Cloué pour signifier que les miliciennes sont des cheffes manquées.

4. La raillerie envers les miliciennes

La disqualification des miliciennes dans le cadre de la dictature passe également par la raillerie et le sarcasme, destinés à les ridiculiser. L'un des exemples les plus aboutis de cette stratégie est la chanson *Madan Masèl / Madame Marcel*, de Jean Gesner Henri, alias

Coupé Cloué. Elle relate les mésaventures d'un homme devenu, contre son gré, l'amant d'une milicienne.

Alors que, dans la norme sociale, les femmes en union sont désignées par *Madame* suivi du prénom de leur conjoint, ici le titre de *Madame Marcel* est attribué à une milicienne non mariée. Marcel, l'amant, se trouve embrigadé, volontairement ou non, dans une relation dominée par la milicienne. Celle-ci n'hésite pas à utiliser un philtre d'amour pour l'assujettir, alors qu'il souhaitait rompre après avoir découvert son appartenance à la milice.

Le seul espace de repli pour cet amant terrorisé est de tenter de « se comporter comme un véritable homme », c'est-à-dire d'exercer un pouvoir sexuel — ne serait-ce que momentanément — sur la femme. Mais ce pouvoir masculin, valorisé socialement, est rapidement contesté : la milicienne fait arrêter Marcel, après des ébats torrides où elle a pourtant pris plaisir. En conduisant son amant au poste de police et en l'inculpant, elle se positionne comme cheffe capable de mobiliser le pouvoir. Elle efface ainsi l'image de faiblesse associée à son abandon sexuel, pour réaffirmer sa maîtrise de l'ordre social. La posture de Madame Marcel renvoie donc d'abord à la figure de la cheffe, bien avant celle de l'amante.

Sous des dehors grivois et dégradants, la chanson reproduit une image caricaturale des miliciennes et exprime un profond mépris à leur égard. Même lorsqu'elles occupent des positions de pouvoir, les miliciennes sont représentées comme des femmes dépourvues de virilité, incapables de se passer des hommes. Gesner Henri réaffirme ainsi les hiérarchies sexuelles en montrant que, contrairement à celle des hommes, la sexualité féminine serait passive.

La raillerie atteint son point culminant lorsque le chanteur suggère que les miliciennes utilisent mal le pouvoir dont elles disposent : elles ne sauraient faire la distinction entre espace public et espace privé. Ici, la ridiculisation contribue à préserver l'ordre sexuel établi et à souligner l'incongruité de la catégorie historique des miliciennes duvaliéristes. Ces cheffes, d'ailleurs, n'ont pas été la cible de représailles populaires après la chute de la dictature en 1986, contrairement à leurs homologues masculins. On pourrait même dire que le discours de Gesner Henri sonne comme un règlement de comptes entre civils masculins, autrefois soumis à la toute-puissance des macoutes, et les miliciens.

La chanson se termine ainsi : « Hier tu m'avais arrêté [lire injustement], aujourd'hui je te pourchasse [dechouke]. » La virilité y est présentée comme une évidence biologique justifiant le pouvoir des hommes. Le discours véhicule également l'idée que les femmes hétérosexuelles peuvent être dominées sexuellement, ce qui les rend, en dernière instance, maîtrisables.

Madame Marcel offre une orientation particulière de la mémoire dictatoriale : elle ne questionne pas le macoutisme en tant que régime, mais l'implication des femmes dans la terreur. Pour ce faire, la chanson recourt à un langage grivois et sarcastique, véhiculant une image problématique des miliciennes tout en développant une réflexion ambiguë sur leur posture paradoxale. Elle participe à la subalternisation de ces femmes en les rapprochant des autres femmes, tout en banalisant les violences qu'elles ont perpétrées. Cette forme d'« épuration sexuelle » du macoutisme (Mihaely 2005) implique que les femmes devraient rester à l'écart des sphères conventionnellement masculines. En caricaturant leur incursion dans la violence d'État, la fiction de Gesner Henri participe à une stratégie de discrimination et d'exclusion mémorielle, à une virilisation du macoutisme, et à une réaffirmation de la supériorité masculine par le biais de la sexualité.

Ce procédé devient problématique lorsqu'il est dirigé contre des femmes miliciennes déjà marginalisées au sein du corps paramilitaire. Il participe pleinement aux rituels sociaux d'infériorisation des femmes (Héas et al. 2009). Cela dit, *Madame Marcel* déstabilise aussi, dans une certaine mesure, les rapports de genre. La chanson se joue également sur le terrain de la confrontation entre civil subalterne et force armée. Par ce biais, le chanteur s'inscrit dans une stratégie de disqualification des miliciennes et suggère leur réassignation à des rôles traditionnels, révélant en creux la fragilité des comportements attendus d'elles.

5. Les effets de la disqualification des miliciennes dans la mémoire de la dictature

Les stratégies de diabolisation et de dérision, qui présentent les miliciennes comme des incongruités sociales, ne sont pas sans effet sur la mémoire collective, notamment dans sa fonction sélective. À ce titre, on peut affirmer que la dictature révèle l'extranéité des femmes vis-à-vis du lien social, du fait qu'elles sont perçues comme étant *hors droits* et *hors institutions*. Le statut d'outsider des femmes miliciennes s'accentue, en particulier par contraste avec les hommes, dans l'oblitération mémorielle qui les touche.

Or, c'est dans les cadres reconnus du droit et de la justice que se construisent la citoyenneté et le récit national, garants de l'inscription de chacun et chacune dans le social. La lecture qu'Askofaré Sidi (2004) propose du concept d'état d'exception d'Agamben permet de mieux comprendre les enjeux politiques de cet effacement. Appliqué aux miliciennes, ce concept éclaire non seulement leur effacement de la mémoire dictatoriale, mais aussi le statut général des femmes dans la société haïtienne. L'oblitération mémorielle des miliciennes témoigne de leur position marginale, qui justifie, dans leur cas spécifique, une suspension implicite des normes de justice applicables aux autres citoyens et citoyennes.

N'étant pas justiciables de la société en tant que miliciennes, les actes de ces femmes relèvent de souvenirs individuels ; ils ne parviennent pas à acquérir le statut de mémoire collective. Ce traitement mémoriel instaure une zone d'anomie, induisant une suspension implicite de la loi, et donnant à voir ces femmes comme situées au-dessus de l'ordre juridique et en dehors de l'ordre social. La nécessité politique de maintenir, entre autres, une police de genre conduit à la construction d'une exception juridique : ces femmes ne peuvent être traduites en justice, car elles sont censées partager la condition subalterne des femmes dans la société haïtienne.

Ainsi, les rapports inégalitaires de genre agissent comme garants d'un statut d'exception applicable à toutes les femmes, ce qui confère à la défaillance judiciaire une dimension structurelle. Malgré les carences systémiques du système judiciaire haïtien, où l'impunité est une norme, on peut affirmer que l'effacement des miliciennes révèle la réalité nue des rapports hommes/femmes. Il met en lumière les impasses éthiques d'une justice incapable de transcender les préjugés de genre. Cette nudité permet de voir comment les inégalités de genre sont élevées au rang de paradigme de gouvernement, définissant un état où certaines femmes apparaissent comme au-dessus de la loi.

Les Haïtiens doivent rompre avec cette exceptionnalisation pour inscrire les miliciennes dans la mémoire de la dictature — afin d'éviter que leur oubli ne devienne un alibi justifiant l'impunité pour l'ensemble des *Macoutes*, comme c'est actuellement le cas.

Sur le plan matériel, l'impensé entourant les miliciennes favorise la réhabilitation implicite du macoutisme, par l'oubli des victimes et la tolérance de l'impunité. Un exemple éloquent : un hommage a été rendu à Mme Max Adolphe, la plus célèbre des miliciennes, dans le Plateau Central, où son nom civil, Rosalie Bosquet, a été attribué à la bibliothèque de la ville de Mirebalais (Gilbert 2010). Cette initiative banalise les crimes de la dictature et ouvre la voie à une réécriture historique conduisant à une réhabilitation sociale et politique des *Macoutes*. La construction d'un État démocratique en Haïti ne peut se faire en occultant un pan aussi décisif de la mémoire duvaliériste, d'autant plus que ce régime a profondément perturbé les rapports de genre jusque-là admis.

6. L'inhabituel érigé en principe

En matière de genre, le pouvoir duvaliériste a érigé deux faits inhabituels en principes : la systématisation de la violence d'État envers les femmes, et la création de la figure de la milicienne. Les femmes sont devenues à la fois cibles de la violence et agentes de celle-ci. Michel-Rolph Trouillot (1986) souligne une innovation propre au duvaliérisme en matière de traitement des femmes : « *L'inhabituel devient principe* » à travers la systématisation de la violence publique contre les femmes et les enfants.

L'attaque du Bureau politique féminin de Louis Déjoie, le 7 août 1957, indique déjà que l'appartenance au sexe féminin ne constituera pas une garantie contre la violence politique [...] Le code traditionnel de l'État dictatorial avait toujours protégé les femmes et les enfants [...] Ce qui caractérise la violence duvaliériste, ce n'est pas le fait qu'elle toucha aussi les femmes, c'est plutôt la disparition complète de la protection traditionnellement conférée par l'âge et le sexe. (Trouillot 1986, 163 et 177)

L'inhabituel tient aussi au fait que la violence d'État frappait des catégories de femmes qui, jusque-là, en avaient été relativement épargnées. Par exemple, Yvonne Hakim-Rimpel[1], journaliste féministe, fut l'une des premières victimes connues de la dictature duvaliériste. Elle fut torturée par des *cagoulards* pour ses écrits critiques. En s'attaquant à Hakim-Rimpel, Duvalier adressait un message clair aux femmes, en particulier aux militantes engagées, depuis l'Occupation étatsunienne de 1915, dans la lutte pour leur pleine citoyenneté. La torture de cette femme visait à anéantir le projet féministe[2] et sa potentialité subversive.

À l'inverse, le régime mobilisait aussi des femmes comme main-d'œuvre de la répression. D'où le double aspect de la violence, révélant des vécus féminins contrastés : victimes et bourreaux.

La singularité des figures de miliciennes tient ici au fait que ces femmes, intégrées à l'appareil répressif, devaient néanmoins se plier au cadre normatif prescrit aux personnes de sexe féminin. D'où le paradoxe de leur statut : elles intégraient les forces paramilitaires

---

1. Yvonne Hakim-Rimpel, journaliste et militante, fondatrice avec d'autres de la Ligue Féminine d'Action Sociale et rédactrice dans le journal *La Voix des femmes*, est connue pour être la première victime de la terreur duvaliériste. Elle fut torturée pour avoir dénoncé les actions frauduleuses de Duvalier lors des élections de septembre 1957, dans un article publié dans *L'Escade* : « À moi général... deux mots ». Ces informations sont tirées du site http://www.haitiluttecontre-impunite.org/index_by_tag/18, article *1958 : la première victime du duvaliérisme*, consulté en ligne le 11 octobre 2014.
2. À noter que cette époque coïncide avec les luttes menées par le mouvement féministe haïtien après le départ des marines américains (1934), pour accéder à l'espace politique.

comme *filles de la révolution*, tout en étant assimilées à des *Marie-Jeanne*, symbole de la rébellion féminine dans la guerre anti-esclavagiste (Charles 1995).

Leur double appellation mobilise ainsi à la fois l'obéissance et la désobéissance, contribuant à forger une identité ambivalente de femmes miliciennes au service du régime. Par ce procédé, François Duvalier a partiellement déréglé[3] les cadres traditionnels des rapports de genre. En nommant les miliciennes *filles* d'une révolution dont il se proclamait *père et chef suprême*, il indiquait l'absolu de l'allégeance attendue de leur part. Les intérêts du *père de la révolution* — puis de son héritier — devenaient supérieurs à ceux du mari ou de la famille. Les femmes qui contestaient l'orientation politique du régime étaient dès lors perçues comme *non naturelles* et *déloyales*, et à ce titre, pouvaient être arrêtées, battues, violées, voire tuées (Charles 199).

La résistance féminine était donc maîtrisée par la soumission au guide suprême.

C'est donc à juste titre que Carolle Charles (1995, p. 141) souligne :

The relationship of the Duvalierist state to gender relations shows how gender role and identity is not static in its social production and representation. What is also important to note is how the state could use gender symbols and discourses as a central element in asserting power and domination[4].

En affirmant que les intérêts de la révolution primaient sur ceux de la famille ou du mari, la dictature s'arrogeait le pouvoir de rendre

3. La référence au « déréglement » des normes de genre par le duvaliérisme ne signifie pas que ce pouvoir était *pro-femmes*, mais qu'il a paradoxalement mobilisé des femmes pour brutaliser des hommes, les plaçant ainsi hors des cadres traditionnels de leur genre.
4. « La relation de l'État duvaliériste aux rapports de genre montre comment le rôle et l'identité de genre ne sont pas statiques dans leur production et représentation sociales. Il est également important de noter comment l'État pouvait utiliser les symboles et les discours de genre comme élément central dans l'affirmation du pouvoir et de la domination. »

une femme respectable — ou non — en fonction de ses propres intérêts, au détriment des règles patriarcales traditionnellement admises
dans la société. Ainsi, les femmes faisant allégeance au régime
pouvaient bénéficier d'une certaine protection, tant que leur fidélité
n'était pas remise en question. En revanche, celles qui n'y adhéraient
pas, ou qui étaient simplement soupçonnées de ne pas y adhérer,
pouvaient être violentées à tout moment.

Il s'agissait aussi, je le présume, d'un autre moyen de contrôler les
hommes : les forcer à se courber devant la toute-puissance du régime,
et les confronter à leur incapacité à protéger « leurs femmes ».

Par extrapolation, on peut admettre que François Duvalier ne se
concevait pas seulement comme le chef suprême, mais comme le seul
homme véritable de la République. Dans ce contexte, les miliciens
apparaissent comme les figures incarnées de la virilité. La dictature
rend ainsi dérisoire la figure du père nourricier ou du mari protecteur, déconstruisant les fondements de l'autorité masculine dans les
familles de la classe moyenne et de la bourgeoisie.

De même, l'embrigadement de certaines femmes des classes
populaires dans la milice reconfigure les rapports de genre qui préva-
laient dans cette catégorie sociale. La dictature mobilise des techniques d'avilissement novatrices (Charles 1995.) qui ont
profondément affecté les relations entre les sexes. Dès lors, le rapport
au chef n'est plus médiatisé : il devient direct, un lien de fidélité
personnelle entre le président et ses disciples — qu'ils soient
hommes ou femmes.

La respectabilité des femmes ne résidait plus dans leur statut de
mères ou d'épouses (légitimes ou non), mais dans la manière dont
elles manifestaient leur allégeance au président *à vie*.

En guise de conclusion

L'analyse du silence entourant les miliciennes a permis de mettre
en lumière le sens du *dit* autant que du *non-dit* dans la production de
la mémoire. L'absence des femmes-macoutes dans les récits dominants de la dictature relève d'un choix mémoriel : celui d'une

construction partielle et située. La mémoire duvaliériste peut ainsi être comprise comme une mémoire partiellement genrée, piégée dans les cadres réducteurs de la hiérarchisation du genre. Le silence entourant ces femmes n'est donc pas neutre : il est au service d'un *ordre du monde* et participe à l'arraisonnement du social (Trouillot 1995).

Cette réflexion a également montré que les miliciennes ont intégré les règles du duvaliérisme et, à l'instar de *Madame Marcel*, ont manié les ressorts abusifs et triviaux du pouvoir. En ce sens, leur oblitération les expulse du temps et des événements. Les stratégies de disqualification évoquées plus haut — diabolisation et ridiculisation — ne font pas que les effacer : elles désactivent socialement et politiquement le sens de leurs actes. Dans ce cadre, l'imbrication entre rapports de genre et travail de mémoire ouvre des pistes essentielles pour repenser le rôle des miliciennes dans la dictature et les replacer au cœur des débats sur le macoutisme.

Il est crucial de rappeler que l'implication des femmes dans des groupes militaires, qu'ils soient de contestation ou de répression, est loin d'être une anomalie : c'est une constante géographique et historique (Felices-Luna 2008). En Haïti, de nombreuses femmes ont combattu le régime dictatorial, tandis que d'autres ont été enrôlées dans ses forces armées paramilitaires. Or, les discours construits autour de cette participation tendent à contourner les contradictions entourant le statut des femmes miliciennes. Ils cherchent à résoudre une équation impossible : un pouvoir fondé sur la force brute et la virilité qui délègue cette force à certaines femmes.

Ces discours recourent à des formes de sexisme hostile[5], qui essentialisent et homogénéisent les femmes, confondant bourreaux et victimes. Ils contribuent à occulter le caractère historique et changeant des normes de genre.

L'impense des miliciennes empêche de saisir pleinement l'ensemble des dimensions symboliques et matérielles de la dictature,

---

5. Par *sexisme hostile*, j'entends, suivant ces auteurs, une forme de sexisme qui recourt notamment au dénigrement des femmes comme moyen de réaffirmer les logiques sociales de genre.

notamment ses effets sur les rapports entre hommes et femmes, et plus largement sur les rapports de genre post-dictature. En ce sens, faire silence sur la position des miliciennes revient à confirmer la marginalité structurelle des femmes dans le lien social. Pour dépasser ce silence, il faut « profaner » (Agamben cité par Sidi 2004) les cadres hégémoniques de la mémoire dictatoriale, afin de neutraliser les effets d'un tabou social fondamental : celui des rapports de genre. C'est à cette condition qu'il sera possible d'interroger le rôle des miliciennes, de rendre ces femmes justiciables de leurs actes, et de construire une mémoire inclusive.

Travailler contre l'oblitération des miliciennes dans la mémoire du duvaliérisme constitue, à ce titre, une démarche féministe, au même titre que celle qui lutte pour la reconnaissance des violences spécifiques subies par les femmes sous la dictature. Ces deux luttes interrogent la place des femmes dans le lien social.

Il est essentiel de déconstruire la figure de la milicienne comme trouble dans le genre, afin de comprendre le sens de son engagement. Cela implique de dépasser les prismes réducteurs de la *Fiyèt-Lalo / Fillette-Lalo* ou de *Madame Marcel*, pour appréhender la milicienne comme une figure historique et politique, ancrée dans une période déterminée de la vie nationale. Tant que ces femmes seront perçues à travers ces images caricaturales, elles resteront déresponsabilisées et refoulées de la mémoire collective.

Dans cette optique, la société civile haïtienne doit œuvrer pour que les méfaits commis par les miliciens — sans distinction de sexe — soient rendus audibles, jugés et dépassés.

Chapitre 8

L'héritage politique de Marie Sainte Dédée Bazile, dite Défilée

Défilée-La-Folle portant le corps de Dessalibes, huile sur toile, 2005 (Ulrick, Jean-Pierre)

L e 31 janvier 2020, des membres des familles des victimes du massacre de La Saline des 13 et 14 novembre 2018[1], des

---

1.   La Saline est le deuxième plus gros bidonville de la capitale haïtienne.

personnes représentant la société civile haïtienne ainsi que des militants et des militantes d'organisations de droits de la personne et des féministes se sont invités à une activité intitulée *Ann Refè Jès Défilée a!* (« Refaisons le geste de Défilée »)[2]. Ces citoyennes et citoyens ont organisé une cérémonie symbolique pour honorer la mémoire des victimes du massacre qui ont été pour la plupart portées disparues ou abandonnées sur la voie publique. Selon le rapport de 2018 du Réseau national de défense des droits humains (RNDDH), une organisation de droits de la personne, plusieurs dignitaires de l'État avaient participé à la préparation du carnage. La cérémonie a su rappeler le geste civilisationnel commandant aux personnes toujours en vie le devoir d'enterrer celles qui étaient mortes et de leur donner une sépulture, devoir que Défilée avait accompli en 1806 lorsqu'elle avait rassemblé, ramassé et enseveli les restes de l'empereur Jean-Jacques Dessalines et lui avait donné une sépulture après son assassinat, le 17 octobre 1806. Défilée a ainsi pu éviter que le corps de celui qui est considéré comme le fondateur de la nation haïtienne ne soit dévoré par les bêtes.

L'historiographie haïtienne évite de parler de la dimension politique de l'acte civilisationnel et de respect des droits de la personne que Défilée a accompli. En général, elle considère que les actes des femmes dans l'histoire d'Haïti sont peu significatifs ; ils ont une valeur historique mineure et ne donnent pas suffisamment d'information sur les dynamiques collectives au même titre que ceux des hommes qui sont, au contraire, vénérés comme les pères de la nation. Les études qui citent l'action des femmes et relatent leur vie[3] pendant l'épopée nationale sont quasi inexistantes, car les spécialistes de l'histoire haïtienne consacrent surtout leurs études aux faits et à la pensée

---

2. Cette activité a été lancée par la *Solidarite Fanm Ayisyèn* (SOFA), organisation féministe haïtienne qui existe depuis 1986 et qui prend part à toutes les luttes politiques et sociales majeures du pays.

3. Par exemple, peu d'éléments circulent sur la vie de Sanite Bélair, seule lieutenante connue dans l'histoire d'Haïti. Elle est reconnue dans l'histoire comme la femme de Charles Bélair et vue telle une intrigante qui a poussé son mari à la sédition, ou encore une femme brave qui a refusé que ses yeux soient bandés au moment de monter à l'échafaud avec son mari.

des Toussaint, Dessalines, Pétion et Christophe. Installés dans leur rôle d'ancêtres et élevés au rang des pères de la nation, ces quatre hommes occupent les premières places dans les célébrations mémorielles haïtiennes. Leurs actes, faits et gestes sont analysés et décortiqués par des universitaires en poste à Haïti ou à l'étranger.

Pour leur part, les femmes n'ont pas le statut de mères de la nation haïtienne[4] ni ne sont considérées comme des ancêtres dont les actes méritent d'être répétés. Quand elles apparaissent dans les récits de l'histoire d'Haïti, leurs actions figurent dans des notes de bas de page ; leurs prises de position sont souvent rattachées à celles des hommes ou vues comme ayant influencé leurs décisions. Disqualifiés, les paroles et les actes des femmes parviennent aux générations contemporaines sous la forme d'anecdotes, de blagues dont la valeur historique est minorée. Inconnues ou parfois nommées à partir de sobriquets, les femmes sont déconsidérées à titre d'ancêtres, et leur apport se trouve dévalorisé. Tributaire des dynamiques épistémologiques des Nords, l'historiographie haïtienne tend à oblitérer les rapports de genre.

Le présent article est basé sur des « subjectivités niées » et oblitérées (Luste Boulbina, 2015 ; Chancy, 1997 ; Trouillot, 1995) : son objet consiste à faire connaître une figure de femme de l'histoire d'Haïti. J'entends ainsi lever le voile que l'historiographie androcentrée jette sur des figures féminines fondatrices de cette société. Exposer leurs actions revient à revisiter l'histoire nationale en mobilisant la marge pour lire le centre. J'ai pris le parti d'assumer dans mon article une posture féministe réflexive et relative à Haïti en tentant d'éclairer l'angle mort du genre. Partant d'une analyse sociologique, je rappelle les actes de certaines femmes dans la vie politique de ce pays afin de restaurer le poids et la valeur historique de leurs gestes.

Une telle démarche servira à rompre la tendance à produire une

---

4. Dans leur bataille pour la représentation publique et politique en Haïti, les féministes ont lutté au cours des années 2000 pour qu'une partie du Champ-de-Mars, place principale du pays, soit reconnue en tant que « place Catherine Flon ». Cette femme a cousu le drapeau après le congrès de l'Arcahaie en 1803 annonçant l'indépendance du pays en 1804.

historicité du politique présentée comme neutre, en réalité centrée sur les hommes, et consacrée à naturaliser l'invisibilisation politique des femmes. Selon une perspective pluridisciplinaire qui croise la science politique, l'histoire et l'anthropologie, j'ai fait le choix d'analyser le geste du 17 octobre 1806 de Marie Sainte Dédée Bazile, dite Défilée, que Massillon Coicou (1906) cite comme une des plus belles incarnations de conscience nationale haïtienne. En ramassant les restes de l'empereur Jacques Ier, Défilée a accompli un geste qui s'impose comme l'acte de fondation de la nouvelle société, qui propose un mode d'institutionnalisation du lien social en dehors de l'ordre nécropolitique (Mbembe, 2006) instauré depuis l'époque coloniale et reconduit en 1806. À noter que l'ordre nécropolitique renvoie aux mécanismes de domination et de pouvoir dictant qui doit mourir et qui peut vivre. Je suggère d'appréhender le geste de Défilée sous l'angle anthropologique en considérant deux moments du contexte politique postcolonial : l'assassinat signifiant le rite de la mort ; la sépulture qui marque la rédemption de l'individu stoppant les rivalités qui opposaient les deux groupes de la nouvelle société. Pour montrer la portée politique et le sens symbolique de ce geste, je discuterai d'abord du rôle de l'ensevelissement des dépouilles mortelles dans les sociétés. Ensuite, je proposerai une analyse de la folie comme entreprise disqualificatrice du projet politique qu'elle soutient. En conclusion, j'aborderai l'actualité du geste de Défilée au sein du mouvement féministe haïtien.

1. Les sociétés et l'ensevelissement des dépouilles mortelles

Plusieurs auteurs et autrices ont montré l'importance de la sépulture donnée aux personnes décédées et des célébrations mémorielles comme des actes fondant les sociétés. La prise en charge du cadavre, à travers les rites funéraires, est l'acte par lequel on espère se rattacher à celles et ceux qui sont morts et les instituer en ancêtres, tout en fixant les filiations qui font perdurer la société, ce qui donne le sentiment d'accomplir ainsi le vœu des ancêtres. Cette proximité avec la mort permet aux individus de prescrire les dates de commémoration et aussi de repenser le lien social dans les moments de doute sous le regard des ancêtres.

Un tel rapport avec la mort, porteur d'une culture qui se bonifie, est coupé dans les sociétés où les individus ont subi l'esclavage ou la colonisation ; les personnes décédées sont souvent présentées tels des êtres sans importance ou bannis. Les travaux d'Achille Mbembe (2018) sur les sociétés décolonisées ont largement éclairé ces opérations d'avilissement des groupes autrefois dominés. Leurs ancêtres et leurs cultures sont considérés comme des faits indignes n'ayant aucune valeur à transmettre à leur descendance. Cette idéologie hante les sociétés postcoloniales jusqu'au point où une partie de leurs membres se mettent à s'inventer de nouveaux ancêtres et à rejeter leur propre patrimoine en prétendant que tous et toutes partagent les mêmes ancêtres et peuvent instaurer une filiation.

L'acte de Défilée participe de cette bataille des symboles qui oppose la culture dominante européenne aux velléités des « nouveaux libres » de fonder une société qui réaffirme son passé. À l'inverse, le refus d'une sépulture à Dessalines constitue non seulement une tentative de bannissement d'un chef, mais surtout le refus à l'échelle individuelle de se constituer un ancêtre commun. Dans ce contexte, en soustrayant le corps de l'empereur à la putréfaction publique, Défilée propose une humanisation de l'ordre politique qui éloigne la société des idées dominantes de l'époque coloniale dictant les luttes fratricides sur fond de colorisme divisant « anciens et nouveaux libres ». Elle requiert l'institutionnalisation d'un « nous » en dehors de la violence. Afin de poursuivre cette analyse, je présenterai Défilée dans le contexte de son époque.

2. Brève présentation de Défilée

Peu d'information circule sur la vie de Marie Sainte Dédée Bazile[5]. Selon Octave Petit (1932), elle serait née à Cap-Haïtien ou à

---

5. Dans l'univers des sociétés secrètes haïtiennes, la figure de Défilée, que Fouchard

Port-au-Prince. *Le Nouvelliste* du 5 janvier 1927 rapporte qu'elle serait originaire de Cap-Haïtien. Née de parents en captivité, Défilée aurait été violée par son maître à l'âge de 18 ans (Braziel, 2005). Captive insoumise, en 1794, elle a gagné les rangs de l'armée indigène en tant que vivandière. Pendant la guerre de l'indépendance, elle a été cantinière. Jasmine Claude-Narcisse et Pierre-Richard Narcisse (1997) rapportent que ses proches, ses fils et son frère ont été massacrés par les soldats du général français Rochambeau. Choquée par cet évènement, elle a continué de suivre l'armée indigène en vouant une grande admiration au commandant de la 4e demi-brigade, le général Dessalines. Les anecdotes rapportent qu'elle criait : « Défilez, défilez ! » dès que les soldats faisaient une halte. De là lui est resté le nom de « Défilée » qui est devenue « Défilée la folle». Après ces épisodes guerriers, elle s'installe à Port-au-Prince, plus précisément à Fort-Saint-Clair. Selon Petit (1932), elle a vécu dans la misère, et on l'a trouvée morte sur la voie publique en 1816. Sa tombe a disparu du cimetière intérieur de la ville de Port-au-Prince.

Défilée est une figure intersectionnelle, femme, captive, pauvre, cantinière, mère sans enfant, vieille, sœur sans frère, survivante de guerre. Pour saisir ce personnage, il faudra l'insérer dans la trame de la société esclavagiste où les hommes sont disqualifiés en tant que pères. Dans cette société qui détruit, les femmes captives sont placées de fait dans la position de gardiennes de la vie sur les plantations ;

Justinvil (2021) identifie sous le nom de Marie Line Dédé, occupe une place singulière. Marchande de profession, elle se distingue surtout comme une artisane d'exception, réputée pour sa maîtrise de l'art du nouage de parquets, ou *mare pakèt* en créole haïtien. Ces objets revêtent à la fois une valeur décorative et une fonction hautement symbolique dans les pratiques rituelles vaudous. Leur confection obéit à des codes stricts, mêlant esthétique, intention spirituelle et pouvoir de protection. Le surnom de « Marie Line » fut associé à ce savoir-faire des *pakèt* chargés de sens, souvent utilisés dans les rituels de protection, d'initiation ou de passage. Cette reconnaissance s'est également inscrite dans la tradition orale et musicale du vaudou haïtien. Un chant rituel, toujours vivant dans les cérémonies, lui rend hommage : « *Marie Line Dédé elan ye* » (bis) / « *Manzè Marie Line mare pake a pou n ale* » Aujourd'hui, dans le vaudou, elle incarne l'esprit Guédé Ramasè, entité qui fait le lien avec les morts et, plus largement, de celui qui recueille, protège et guide les âmes. Symboliquement, le « ramasseur » est chargé de rassembler les fragments de vies brisées, de relier les vivants aux défunts, et de préserver les traces du passé dans le présent.

elles y assurent la reproduction de la vie. Être une esclave implique déjà un sens du collectif. Être cantinière de l'armée, préparant à manger pour des milliers de soldats, suppose sa mise au service d'une cause qui transcende les processus individuels. Ces espaces multiples tendent à enrichir le sens du collectif de cette femme. Les étapes de son parcours suffisent pour apprécier son engagement dans une dynamique collective. Elle est socialement outillée pour comprendre le cataclysme que représentait la souillure des restes de Dessalines et disposée moralement pour accomplir le geste qui a été le sien en 1806. À ce sujet, Suzy Castor, Monique Brisson et Morna McLeod (1987, p. 10) expliquent :

> Lorsque la femme se convertit en agente de changement, et justement à cause de sa position et de sa fonction dans la famille, elle se transforme en élément hautement subversif et efficace, capable de dynamiser les processus de mutation et de transformation à l'échelle de la société.

Défilée suivait un parcours où elle ne devait qu'accomplir ce qu'elle a fait. Ses multiples positionnalités ont engendré une forme de « subjectivité spécifique » (Mahmood, 2009, p. 37) qui rend aujourd'hui son geste intelligible.

3. Le contexte historique du geste de Défilée

Le contexte historique permet d'expliquer le geste de Défilée. En 1806, deux années après l'indépendance, les luttes divisant les fractions des classes dirigeantes font rage dans la nouvelle société haïtienne. Selon la terminologie consacrée, ces luttes opposent les « anciens » et les « nouveaux » libres. Les « anciens » sont parfois métissés, fils et filles d'anciens colons qui cherchent à récupérer leurs plantations qu'ils auraient abandonnées. Ces prétendus héritiers et héritières entendent s'adjuger les terres et les privilèges de l'Ancien Régime et transformer les « nouveaux » libres en paysannes et paysans attachés à leurs plantations, soit « 80 % de la population de l'époque » (Pierre-Louis, 2009).

Le projet des anciens libres annonce le maintien de la grande plantation et suppose que les nouveaux libres prennent le statut de serfs. Ce modèle veut ressusciter la grande plantation esclavagiste et faire du cultivateur et de la cultivatrice une rente qui sert à l'enrichissement des anciens libres. À l'inverse, les nouveaux libres souhaitent recouvrer leur autonomie dans la petite propriété paysanne, idée qui suppose l'accès à la terre. Toutes les catégories de la société peuvent alors avoir accès à la terre.

Après l'indépendance, Dessalines conçoit le territoire comme un empire. Selon Vertus Saint-Louis (2015), l'empereur Jacques Ier a toujours professé un grand mépris à l'égard du colonat. Jean Fouchard (2017) note que le général s'oppose à l'accaparement des terres laissées à l'abandon. Les anciens libres se sont sentis frustrés quand Dessalines a décidé de vérifier les titres de propriété, car il entendait annexer leurs terres au domaine de l'État. Parlant de la situation, Saint-Louis (2015, p. 102-103) explique ce qui suit :

> Durant la fin de la guerre contre les Français, nombre d'indigènes riches ont acquis des baux à ferme, des actes de vente de la part des colons en voie de départ. Au fur et à mesure que l'armée indigène rentre dans les villes, ces indigènes qui faisaient partie de la garde nationale au service de la France, passent du camp de la défaite dans celui de la victoire qu'ils viennent gonfler et dominer. C'est la base d'un conflit social et politique avec Dessalines qui entend que toutes les propriétés des colons partis rentrent dans le domaine de l'État. Lui, Dessalines, il se chargera de les adjuger aux grands dignitaires comme fermiers de l'État.

En août 1806, ces mesures ont été à l'origine d'un mouvement insurrectionnel déclenché dans le sud du pays, qui a culminé avec l'assassinat de l'empereur le 17 octobre à Pont-Rouge, à l'entrée de Port-au-Prince[6]. Zavitz (2019, p. 383) décrit la scène :

> Après l'embuscade de Pont-Rouge, les restes de Dessalines furent rapportés puis traînés dans les rues de Port-au-Prince. En route [...], le cortège du défunt fut attaqué par une foule, mutilant le corps au point qu'il fut méconnaissable. Interrompant cette scène macabre, une femme âgée nommée Défilée recueillit la dépouille de l'empereur et la porta au cimetière. [...] Défilée assuma plutôt un devoir émotionnel en portant le deuil et en plaçant des fleurs sur la tombe au fil des ans. [...] Quoi qu'il en soit, si comprise telle qu'une représentante des classes populaires d'Haïti, Défilée et son attention à l'égard de Dessalines suggèrent que celui-ci continua d'être une figure conséquente dans la mémoire populaire.

Le 18 octobre 1806, un *Te Deum* est chanté à la cathédrale de Port-au-Prince, consacrant un acte signé le 16 octobre et intitulé « Résistance à l'oppression ». Après ces évènements, un rituel punitif est exécuté : on ordonne le bannissement de l'empereur de la vie politique nationale jusqu'en 1843 (Zavitz, 2019). Ainsi, Dessalines est présenté sous les traits hideux d'un tyran et radié du panthéon national. Son nom est alors banni dans l'Ouest et le Sud. Les anciens libres tentent de conjurer les mots de Dessalines qui se condensent dans cette phrase : « Ceux dont les pères sont restés en Afrique n'auront-ils rien ? »

Selon Petit (1932), Défilée continue malgré tout d'aller au cimetière en jetant des fleurs sur la fosse où se trouvent les restes de l'empereur. On rapporte une situation de chaos signant un rite mortifère qui prolonge l'iniquité et l'avilissement de l'individu de la société esclavagiste. L'attribution d'une sépulture à Dessalines constituera un contre-rite dont l'importance sera discutée plus bas.

---

6. Pont-Rouge est reconnu comme le lieu de l'assassinat de Dessalines.

4. Le geste politique de Défilée : un contre-rite

L'acte de Défilée peut être décortiqué et appréhendé au même titre que celui d'Antigone, qui a défié le roi Créon en assurant une sépulture à son frère Polynice. À ce sujet, Ndiaye (2012, p. 52) précise ceci :

> [P]our éviter qu'un ennemi puisse « profiter » des honneurs de la « belle mort », *kalos thanatos*, selon l'expression grecque, possible que pour le jeune guerrier, son cadavre « insulté » est amputé et les morceaux jetés dans tous les sens. Il peut arriver aussi que sa dépouille soit, tout simplement, abandonnée et laissée aux animaux en vue de sa disparition éternelle. La mort est affreusement scénarisée, le défunt, ainsi privé de sépulture et son corps anéanti, entre, par le biais d'une décision sociale, dans le spectre de l'innommable.

Cette citation permet de situer le sens du geste de Défilée. L'ensevelissement s'oppose au refus de sépulture de Dessalines et incarne le contre-rite du bannissement. Le « devoir de sépulture » (Gilbert, 2008) reprend la symbolique universelle de ritualité funéraire. Voici ce que souligne Anne-Claire Bello (2016) à ce propos : « Le déni de sépulture participe des stratégies de déshumanisation pratiquées par les régimes totalitaires qui, quand ils ne le réifient pas, réduisent l'homme à une pure "vie nue" (*zoé*) dans une optique "biopolitique". »

Comme Antigone, Défilée reconduit le tabou universel des rites funéraires, ce geste fondationnel qui sert à prévenir la nudité politique des individus. L'enveloppe des restes dans un sac rappelle le fait de protéger et de préserver. Défilée prend ainsi la voix de la société qui refuse d'approuver, comme l'a dit Judith Butler, citée par Marlène Jouan (2017, p. 112), l'idée « que rien de tout cela n'a [eu] lieu », ce qu'aurait causé le non-ensevelissement. Elle fait appel au dépassement de la tentation au brutalisme de l'esclavage, dans le sens de Mbembe (2020), et suggère du même coup la reconnaissance de l'importance de la préservation de la vie et est un moyen de faire société.

Défilée entreprend dès lors un travail de re-signification des imaginaires devant contribuer à maîtriser l'aléatoire que l'assassinat de l'empereur laisse alors planer sur la société. Son geste donne du sens à l'existence des individus en tant que communauté de vie et se transforme en un acte politique radical qui constitue une forme d'auto-institutionnalisation du social. Elle devient l'emblème de la force morale qui rend toute véritable société capable de considérer et de traiter sa population avec humanité. Par là, Défilée ordonne le tragique grâce à la réalisation d'un geste « pertinent et complexe de symbole » (Thomas, 1972). Elle énonce le refus de l'horreur par la destruction du corps qui signe un moment insoutenable de haine dans l'exercice de la terreur. Elle invite la société à renoncer au mal comme mode de vie auquel les individus ont été réduits et habitués pendant l'esclavage, et à reconstruire le monde avec un regard différent. Les nouveaux acteurs et actrices devraient ainsi renoncer à une vie axée sur l'inimitié afin d'asseoir la nouvelle société.

L'assassinat de Dessalines est un moment de trivialisation prolongeant le dénigrement du corps de l'ordre colonial. Par contre, l'ensevelissement redonne à l'individu sa dimension humaine ; il sert à renforcer et à maintenir le lien social. La dotation d'une sépulture à Dessalines doit être considérée comme un rite différent de son assassinat. En ce sens, Défilée produit un contre-rite qui resignifie le moment où le corps a été dépecé. Ce rituel permet de circonscrire la mort et d'empêcher sa banalisation. Pour reprendre les mots de Muriel Gilbert (2008, p. 120), je dirai que Défilée fait en sorte de « mettre à mort la mort elle-même, pour la posséder et régner sur la vie ». Les croyances populaires haïtiennes vérifient cette assertion, car les personnes vivantes estiment que les morts qui ne sont pas enterrés peuvent revenir pour les hanter (Métraux, 1958).

Le geste de Défilée apparaît comme une attitude de bravoure devant l'ancienne société. Selon Giorgio Agamben (2002, p. 63), en politique, un geste « symbolise la volonté d'assumer et de supporter un ensemble de valeurs, une certaine vision du monde ». L'attribution d'une sépulture devient alors la base symbolique pour construire un « nous » collectif haïtien, véritable communauté politique dont les luttes de 1804 tiennent leurs promesses d'humanisation et de dignité. À ce sujet, Jean Alix René (2019, p. 21) mentionne ceci :

> La révolution haïtienne réclame non seulement la fin de cette institution et des conditions inhumaines qui la définissaient, mais aussi l'élargissement de la modernité pour inclure, au nombre des nouveaux droits, l'égalité raciale et la protection contre le renouvellement des menaces sur la vie.

Le rassemblement des restes rappelle un acte d'unification qui éloigne la dispersion et le démembrement annonçant la désintégration du lien social. Cet acte de langage suppose l'idée de refaire corps. L'ensevelissement incarne un lieu où l'hostilité est écartée : le cimetière. Ces gestes de re-consécration revêtent une efficacité symbolique : ils engagent une remise en ordre de l'humanité, une mise à l'écart de la « mort néantisation » (Ndiaye, 2012, p. 412) hantant la société. Défilée l'invite à « sortir de la grande nuit pour embrasser [...] une nouvelle logique du sens et de la vie » (Mbembe, 2010, p. 10). La nouvelle société doit faire le choix de l'hospitalité (Derrida, 1998) au détriment de l'inimitié (Mbembe, 2018). Chaque personne a l'obligation de se mettre à la place de l'autre afin d'établir une société fondée sur la reconnaissance au-delà des conflits qui divisent les anciens et les nouveaux libres. Défilée leur suggère la nécessité de déconstruire les frontières internes et de laisser l'état de guerre du monde colonial pour se rencontrer en vue de définir une dynamique sociale qui défait les structures de la corruption esclavagiste et coloniale. À la fraction qui a assassiné Dessalines, Défilée apporte un message qui la place dans une position radicale. Elle devient celle qui, dans le sens arendtien cité par Manuel Cervera-Marzal (2012), a bravé l'interdit avec courage et est allée à contresens de la foule qui rit, insulte, lapide et dépèce. À vrai dire, elle propose une communauté politique au sein de laquelle la responsabilité des uns et des unes à l'égard des autres demeure l'armature du vivre-ensemble.

Défilée invite les acteurs et les actrices à compter toutes les voix afin de construire la cité. Bref, elle suggère la déconstruction du colonialisme et de l'esclavage en laissant advenir d'autres pratiques régulatrices de la société. Elle souhaite rétablir la confiance dans la société en garantissant aux personnes vivantes que leurs dépouilles ne seront pas livrées aux chiens. Son intervention pose les conditions d'inauguration de l'autonomie comme projet politique. Elle prévient le projet d'effacement des initiatives de création d'une communauté nationale qu'interdit la colonie. En soutenant le passage de Dessalines du monde vivant à celui de la mort, Défilée le réintègre en tant que membre du groupe, rétablit le rapport de reconnaissance existant entre les êtres vivants et exigeant des deux groupes de dépasser le dissensus. Elle trace ainsi la ligne entre l'acceptable et l'inacceptable dans la perspective de construction de la nation haïtienne. En effet, l'acte délégitime le projet politique des anciens libres et propose un projet inédit à la société : la cessation de l'hostilité après la mort, démarche qui soumet une perspective biopolitique à la société haïtienne, soit ne pas faire mourir. Le geste de Défilée remet en question les processus d'inclusion et d'exclusion de toute la société.

5. La folie : une entreprise de disqualification

En son temps, Défilée a lancé un appel à la reconnaissance publique sur les évènements. Cependant, son geste a été associé à un comportement pathologique qui a prescrit sa mise hors jeu politique. La folie sert de prétexte pour organiser une entreprise de disqualification soutenue par les spécialistes de l'histoire. Défilée a ainsi été renvoyée du côté de l'infamie, déconsidérée en tant que sujet politique et interdite du devoir d'intervenir sur les questions relatives au collectif. Elle n'a plus accès à une parole crédible. Elle est donc marginalisée et placée dans une sorte de mort sociale. Le verdict de la folie produit un effet performatif, car la personne qui entend ce diagnostic est alors installée dans une sorte de déficience et se trouve éclipsée des catégories ordinaires de la normalité. En effet, l'enfermement dans la folie équivaut à un déni de compétence politique.

Sous ce prétexte, la démarche de Défilée a été déniée et sa capacité de sujet politique, déconsidérée. Son acte est invisibilisé et pensé comme une absence d'œuvre (Martelly, 2016). Défilée a ainsi été livrée à la postérité. Elle y est enfermée dans une altérité radicale qui empêche d'apprécier la dimension politique de sa proposition. De ce fait, la société haïtienne confirme que le geste de Défilée ne saurait être considéré comme digne. L'historiographie haïtienne a dépolitisé son geste. Sa figure n'est ni réellement acceptée ni vraiment éliminée. Cependant, même rejetée, Défilée en vient à occuper une place paradoxale dans l'histoire nationale. Elle est hors de la société par sa folie et en son centre par son geste. Pour reprendre les termes d'Étienne Balibar (2010), Défilée est exclue de l'intérieur, mais elle présente à sa société d'origine un projet politique novateur pour son époque.

6. Le projet politique du geste de Défilée

Les anthropologues ayant travaillé sur le sens collectif de la mort et du deuil permettent de mieux saisir le drame que vit la société haïtienne pendant ses premiers moments et aussi d'interpréter le sens politique de l'acte accompli par Défilée. Leurs travaux m'autorisent à dire que cette femme a tenté de restaurer dans l'espace haïtien des acquis civilisationnels qui s'opposaient à l'expérience de l'esclavage en engendrant des blessures profondes chez les individus. Parlant du devoir de sépulture, le philosophe Paul Ricœur, cité par Anne-Claire Bello (2016), considère que la « sépulture comme lieu matériel devient ainsi la marque durable du deuil, l'aide-mémoire du geste de sépulture [...] le geste d'inhumation est souvent l'ultime acte de dignité [...] A contrario, l'absence de tombe engendre une rupture et une discontinuité dans la relation entre les survivants et les défunts ».

En effet, le rite funéraire ramène la question de l'ancestralité que le régime esclavocrate avait rompue (Kadya Tall, 2014). Elle institue un ordre du politique qui suggère de dépasser la question posée par Dessalines : « Et ceux dont les pères sont restés en Afrique n'auront-ils donc rien ? » Elle invite à adopter un aïeul ou une aïeule, à institutionnaliser un passé pour construire un lieu mémoriel commun capable de servir de ciment à l'édification d'une nation.

La sépulture de Dessalines procure à la société haïtienne une ruine (Chivallon, 2014) au-delà de celles des plantations sucrières brûlées, laquelle permet d'instaurer la continuité, de fonder le durable du collectif dans la succession des vies individuelles (Chivallon, 2014). Le surgissement d'un ou d'une ancêtre en commun permet aux individus d'élaborer un récit postesclavagiste et contre-hégémonique faisant référence à l'ancêtre qui sert à combler le creux historique laissé par la colonisation, dont l'incertain des filiations générées par l'esclavage. Dessalines est passé à la postérité comme une figure mémorielle. Parmi les chefs de la révolution haïtienne, ce serait le seul dirigeant politique qui aurait intégré le panthéon du vaudou haïtien. Il est devenu un *loa* ; il est *Ogou Feray*, un esprit qui est identifié au Dieu du fer, le forgeron de la guerre (Saint-Louis, 2015 ; Milo, 1953 ; Zavitz, 2019)[7]. En devenant un esprit vénéré, l'empereur s'introduit dans un nouvel ordre statutaire, un invisible présent. Le contre-rituel de consécration lui permet d'échapper à la trivialité de son assassinat et de revenir comme un ancêtre[8]. Ainsi, Défilée dévie la néantisation et la malédiction de choir en tant que spectre essentiel[9]

---

7. Il convient de remarquer certaines ressemblances entre le mythe d'Osiris et d'Isis, selon la version rapportée par Youri Volokhine (2008) et le geste de Défilée. Dans le mythe d'Isis et d'Osiris, la mort du second, mari de la première, « marque mythologiquement l'irruption de la mort dans le monde. [...] Ce mythe [décrit] une victime (Osiris) et son meurtrier (Seth). [Le roi] Osiris est assassiné par son frère Seth, qui convoite le pouvoir. Isis, [épouse] éplorée, aura comme tâche de retrouver (et [de] reconstituer) le corps de son époux défunt, et de concevoir avec lui un héritier légitime (Horus), qui régnera sur le trône d'Égypte, tandis qu'Osiris, [quoiqu'il soit] "ressuscité", demeurera éternellement dans la Douat (= l'au-delà). [...] Trois étapes narratives se dégagent : la recomposition du corps (l'intégrité physique garantie par les soins funéraires que prodiguent Isis et Nephthys) ; la reconstitution de la connectivité sociale (Horus, le [fils], assure le culte funéraire et accède légitimement, par héritage, à la fonction royale) ; l'affrontement judiciaire (Seth est débouté de sa prétention au pouvoir à l'issue d'un procès qui sanctionne sa culpabilité) et la moralisation [finale] (la mort est un crime, une injustice). » À la différence du mythe d'Osiris, dans l'histoire d'Haïti, la culpabilité des assassins de Dessalines n'a jamais été établie.
8. Rituel de consécration qui se remarque au fait que Défilée réalise un ensemble de gestes qui traduit l'idée d'une consécration : le ramassage, l'ensevelissement, la création d'une complainte funéraire et le fait de revenir fleurir la tombe tous les matins.
9. Le « spectre essentiel » est « un mort qui clame l'horreur de sa mort non pas seule-

(Meillassoux, 2006) qui guettait l'empereur, pour reprendre Anne-Claire Bello citant l'auteur. Zavitz (2019, p. 372-373) l'exprime ainsi :

« Néanmoins, dès le milieu du XIXe siècle et avec comme point d'aboutissement le centenaire de 1904, Dessalines reprit sa place comme père de l'indépendance. Ce parcours exceptionnel durant lequel Dessalines passa du statut de créateur d'une mémoire officielle à celui du grand oublié des festivités officielles pour ensuite être réintégré à cette mémoire illustre la centralité des questions de couleur, de classe et de politiques régionales en Haïti au cours du XIXe siècle. Tant que l'unité nationale demeurait un objectif difficile à atteindre et que la souveraineté du pays était menacée de l'extérieur, les dirigeants de l'État haïtien de concert avec les élites utilisèrent le souvenir de Dessalines pour réanimer la fibre nationaliste à l'aube du centenaire. »

Sur le plan politique, Défilée se place dans une position de tiers : celle qui apporte la Loi au sein du chaos. Elle représente donc la voie de l'interdit dont le rôle est d'aider la société à surmonter son incapacité à se libérer de sa part maudite qu'a constituée l'esclavage en tant qu'entreprise déshumanisante qui installe le conflit entre les anciens et les nouveaux libres.

En citant Michel Leiris, qui montre l'importance du culte de la mort dans les sociétés antillaises comme moyen pour instaurer l'ancestralité, et en reprenant Christiane Bougerol, Christine Chivallon (2014) admet que la sépulture représente la preuve matérielle qui relie l'ancêtre au territoire et témoigne d'un acte de possession de la terre par les anciens libres commandant l'appropriation d'un patronyme et l'inscription des Haïtiens et des Haïtiennes dans une lignée pour assumer une identité citoyenne. L'idée était de dépasser le marronnage et la fuite comme forme de résistance devant l'oppression que le colonat avait instituée dans l'espace. En lieu et place d'un nom attribué, le collectif peut choisir un nom, s'autonommer, s'autodétermi-

ment à ses proches, à ses intimes, mais à tous ceux qui croisent la route de son histoire » parce que sa mort fut telle que « nous ne pouvons en faire le deuil » (Bello, 2016).

ner, se territorialiser en écartant les failles de l'incertain dans la généalogie.

Pour traduire Marie-Joseph Bertini, citée par Sarah-Anaïs Crevier Goulet (2016) parlant d'Antigone, je dirais que l'acte de Défilée ancre, d'une part, l'ordre social ailleurs que dans la violence originaire et fait de la *désobéissance* portée par le principe féminin, le moyen d'accès au monde des significations communes, donc au symbolique. Le geste permet de dépasser la vengeance et le ressentiment, tout en conjurant les conséquences anthropologiques et politiques de la malemort dont l'empereur a été victime. Dessalines devient alors une figure identificatoire collective, à même d'être récupérée en vue de construire du neuf sur le plan national.

En guise de conclusion

L'histoire de Défilée atteste la manière dont une société cherche, à travers une femme, à restaurer la dignité humaine que l'esclavage et la colonisation avaient détruite. La mort de Dessalines est le moment-évènement qui illustre cette utopie. Cependant, l'historiographie haïtienne tend à déprécier ce geste en montrant Défilée sous l'aspect d'une folle. Ce récit signale que ladite héroïne parvient à surmonter le travail déshumanisant de l'esclavage, car elle se construit un itinéraire personnel qui la place comme garante du social. C'est cette valeur que Défilée exprime lorsqu'elle ramasse les restes de l'empereur et leur donne une sépulture. Elle refait alors le geste fondateur de toute civilisation, à savoir le respect des dépouilles mortelles et la conservation de la vie. Par cet acte, elle somme les deux groupes de dépasser les pratiques avilissantes des sociétés esclavagistes. Contre cette catastrophe, Défilée fait une demande de protection et de maintien de la vie en proposant une « pratique de pensée maternelle » (Tronto, 2012) dans le politique. Elle a une conception de ce qu'est « une vie bonne » (Butler, 2014) et s'oppose à la terreur fraternelle dont témoigne l'assassinat de l'empereur. À l'instar de Butler (Alleau, 2020), elle proclame qu'aucune vie humaine n'est plus estimable qu'une autre. Cette condition radicale suffit pour lutter contre les violences.

L'analyse du geste de Défilée suggère de définir trois lignes politiques essentielles de la société : la reconnaissance de l'autre en tant que semblable au-delà du différend ; le devoir de sépulture enjoignant au groupe dominant de dépasser l'inimitié afin de construire la nation ; le devoir de responsabilité citoyenne à l'égard de la cité malgré l'indifférence de la classe dirigeante. À ce moment s'étale la dimension axée sur le soin (*care*) d'un projet qui invite les êtres humains en guerre à considérer leur propre vulnérabilité et celle des autres comme élément du politique. Cette philosophie suggère une forme inédite de symbolisation du pouvoir politique à qui l'on demande de dépasser ses pratiques carnassières, pour reprendre le titre de Marie-Célie Agnant (2015).

Défilée doit être considérée comme une figure postcoloniale magistrale dans sa lutte contre les violences d'État, une artisane de la mémoire et une défenseuse des droits de la personne, contre les logiques sociales mortifères dans les sociétés postesclavagistes. Elle impose dans la société haïtienne le principe selon lequel toutes les vies comptent et doivent être considérées comme des vies humaines. L'inimitié doit s'arrêter devant la mort, laquelle transcende les conflits et les luttes. Cette héroïne incite ses compatriotes à créer une ancestralité construite qui permet d'établir un pont entre les Haïtiens et les Haïtiennes. En invitant la société à l'ensevelissement collectif et au deuil de l'empereur, elle institutionnalise l'idée de condoléances publiques et le principe de la dignité en politique. Elle se met à l'avant-garde de la proposition d'une société sans impunité pour la reconnaissance des « effacés de l'histoire » (Blin, 2006). L'originalité de ce projet se remarque dans la capacité pour certains groupes de construire sur les failles en dépit des secousses incessantes de l'histoire. Toutefois, les récents massacres ordonnés par le pouvoir témoignent que le souhait de Défilée n'est pas encore accepté par le pouvoir politique en Haïti.

Chapitre 9

L'engagement féministe de Suzanne Comhaire-Sylvain (1898-1975)

Suzanne Comhaire-Sylvain, Comhaire de son nom d'épouse, est reconnue comme linguiste et anthropologue. Ses travaux les plus notoires concernent le créole et le folklore, qui constituent les champs de ses thèses doctorales (Comhaire-Sylvain, 1936, 1937 ; Maurel, 2022). Dans le réseau de ses collaborateurs, les rencontres et correspondances révèlent les historiens, anthropologues et linguistes les plus éminents de son époque, parmi lesquels Jean Price-Mars (1876-1969), Marcel Mauss (1872-1950), Bronislaw Malinowski (1884-1942), Edward E. Evans-Pritchard (1902-1973), Alfred Métraux (1902-1963), Melville Herskovits (1895-1963) et Carter G. Woodson (1875-1950). À une époque où les femmes fréquentaient peu les milieux scientifiques, elle s'y est imposée en contribuant de manière érudite au débat sur les langues créoles.

Comhaire-Sylvain est appréciée dans les Caraïbes, aux États-Unis et en France pour avoir révélé une continuité entre le *kreyòl ayisyen* et les langues d'Afrique de l'Ouest et du Centre. Selon certains, elle était « l'une des plus grandes personnalités intellectuelles d'Haïti » (Woodson, 1937, p. 369). Cependant, ses apports aux études féministes demeurent moins explorés ; ils sont surtout reconnus par les militantes de la Ligue féminine d'action sociale (1934-1957)[1] qui ont signalé l'importance de ses recherches pour le féminisme haïtien (*La Voix des femmes*, 1937)[2]. À travers ses écrits, notre autrice a fait des paysannes et des populations noires des sujets épistémiques – un choix intellectuel que Laënnec Hurbon a mis en lumière en soulignant, lors de son décès en 1975, le double intérêt que Comhaire-Sylvain avait manifesté pour l'étude des réalités des femmes et des liens entre l'Afrique et la Caraïbe (Hurbon, 1975).

La place qu'occupent les femmes et les filles dans ses œuvres de la première moitié du XXe siècle justifie notre réflexion sur son engagement féministe. Comhaire-Sylvain anticipe ainsi les théories sur la justice cognitive (Visvanathan, 2016) en considérant les savoirs comme des manières d'habiter le monde qui confèrent aux individus des compétences issues de leur culture et génèrent des dispositions spécifiques. Le présent article vise à retracer cette perspective théorique en soulignant comment s'est constituée une approche de recherche contre-hégémonique, revendiquant la justice sociale et mettant en évidence les populations et les objets négligés.

Je montrerai ici que Suzanne Comhaire-Sylvain a travaillé dans une perspective de crédibilisation des savoirs et des témoignages des Haïtiennes et des Africaines (Sullivan & Tuana, 2007 ; Vété-Congolo & Berthelot Raffard, 2021 ; Salla-Dieng, 2023 ; Joseph-Gabriel, 2023 ; Mormin-Chauvac, 2024) tout en proposant une phénoménologie[3] de la sensibilité et de l'attention aux femmes. Dans ce cadre, je soulignerai qu'elle a su produire une connaissance ancrée dans un écosystème de savoirs situés, reliés à des modes de subsistance, des styles et cycles de vie, des croyances et cosmogonies spécifiques, dont le

---

1. J'attire l'attention sur l'enchevêtrement entre militantisme féministe organisé et recherches féministes, une tendance caractéristique de la tradition féministe haïtienne depuis 1915. La Ligue féminine d'action sociale (LFAS) figure parmi les premières organisations se réclamant du féminisme en Haïti. Elle fut créée en 1934 sous l'impulsion de Madeleine Sylvain-Bouchereau et d'Alice Garoute.
2. *La Voix des femmes* constitue l'espace textuel de la LFAS.
3. Cette approche de la recherche rappelle celle développée par le sociologue Alfred Schutz (2007), qui s'est évertué à montrer que ce qui semble généralement aller de soi est beaucoup plus complexe qu'il n'y paraît.

vaudou haïtien. Plusieurs sources sont mobilisées ici pour établir le parcours intellectuel et politique de Comhaire-Sylvain : les textes sur le féminisme haïtien, les écrits des membres de la LFAS, *La Voix des femmes*, certains écrits de Comhaire-Sylvain, les travaux de penseurs haïtiens sur la période 1915-1934, et les archives concernant Comhaire-Sylvain disponibles sur le site de l'Université Stanford. Partant de là, j'introduirai le contexte de vie et la trajectoire de Comhaire-Sylvain en prenant en compte la présence constante des femmes sur les plans personnel et intellectuel. Enfin, j'étayerai son apport aux débats sur le féminisme haïtien et le féminisme noir.

1. Contexte de vie et trajectoire intellectuelle de Suzanne Comhaire-Sylvain

Née le 6 novembre 1898 à Port-au-Prince et décédée au Nigeria à Nsukka le 20 juin 1975, Comhaire-Sylvain était l'aînée des sept enfants du couple Georges et Eugénie Sylvain. Son père, Georges Sylvain (1866-1925), cofondateur avec Jean Price-Mars de l'Union patriotique, fut ancien ministre conseiller d'Haïti à Paris. Sa mère, Eugénie Malebranche-Sylvain (1876-1931), représentante de la Ligue pour la paix et la liberté, était membre de l'organisation précitée. Elle a grandi dans une famille catholique cultivée de Port-au-Prince au moment où l'occupation du pays par les États-Unis (1915-1934) produisait des changements majeurs dans cette capitale où elle évoluait au milieu de personnalités animant les sphères associative, intellectuelle, culturelle et politique d'Haïti[4].

Les bouleversements économiques causés par cet événement (Lucien, 2013, 2014 ; Corvington, 2007) ont provoqué l'entrée des femmes issues des classes aisées sur le marché du travail. En 1925, Comhaire-Sylvain compte parmi les premières femmes de sa condi

---

4. Georges Sylvain fut probablement pour elle une source d'inspiration au regard de l'attention qu'elle accorde au folklore et aux contes, sans oublier Normil Sylvain (1900-1929), son frère, qui fut l'un des théoriciens de l'indigénisme pendant l'occupation du pays. Son oncle Benito Sylvain (1868-1915) fut un pilier dans la mise en place d'une praxis panafricaniste.

tion à intégrer, à vingt-six ans, le marché du travail comme secrétaire chez Damiens, poste qu'elle occupa pendant huit ans avant de voyager en Europe pour ses études[5]. Selon Roger Gaillard (1983), les jeunes femmes de l'époque étaient sténographes dans les ministères ou institutrices dans les écoles privées et publiques. Témoin de ces changements, elle constate que les femmes de l'élite commencent à investir l'espace public, bien qu'elles demeurent privées de leurs droits civils et politiques.

Comhaire-Sylvain était la fondatrice et présidente d'une organisation, *Du Noël*, qui encourageait les jeunes filles à participer aux œuvres sociales et philanthropiques (Maurel, 2022). Première Haïtienne à détenir un baccalauréat, une licence, puis un doctorat qu'elle soutint à Paris dans les années 1930, elle devint assistante de recherche de B. Malinowski en 1935 à Londres. Dans les années 1940, elle épousa[6] le Belge Jean Comhaire, tout en menant ses recherches au British Museum. Durant ces études, elle mit en évidence les racines africaines du créole haïtien. Sa rencontre avec Lilias Homburger[7] fut déterminante pour la confirmation de ses intuitions théoriques inédites concernant les créoles.

Travaillant toute sa vie entre Haïti et l'étranger, parfois en collaboration avec Jean Comhaire, son conjoint, elle fut tour à tour membre du séminaire d'Evans-Pritchard à Oxford (1959), professeure d'université à Port-au-Prince, Washington, New York, Bruxelles et Addis-Abeba. Elle conduisit des recherches sur la culture orale à Kenscoff (Haïti), à Kinshasa (Congo), à Lomé (Togo) et à Nsukka (Nigeria). En 1946, elle travailla pour les Nations Unies en tant que membre de son Conseil de tutelle pour le Togo et le Cameroun, territoires placés sous administration française (Maurel, 2022). En 1947,

---

5. Selon le journal La Phalange, c'est avec l'argent de son travail, en donnant des leçons, que Suzanne paya ses études à Paris et put faire son doctorat (La Phalange, 1945).

6. Elle perdit sa nationalité haïtienne en vertu des lois en vigueur en Haïti à l'époque.

7. Missionnaire, linguiste et professeure, elle fut directrice d'études de linguistique africaine à l'École pratique des hautes études à Paris et membre de la Société de linguistique de Paris. Voir https://data.bnf.fr/14540589/lilias_homburger/

sous la direction d'Alfred Métraux, elle participa au projet de l'UNESCO mené en terre haïtienne, dans le village de Marbial. À l'instar de celle de Merze Tate (Savage, 2024), sa carrière intellectuelle fut une odyssée mondiale. Bien que ces éléments soient constitutifs de sa biographie sociale et intellectuelle, l'apport des femmes dans son engagement féministe demeure déterminant.

Affiche de l'exposition du 8 mars 2024, commémorant le cinquantième anniversaire de la mort de Suzanne Comhaire Sylvain. (Délégation permanente d'Haïti auprès de l'UNESCO)

2. Constellation féminine/féministe dans son engagement féministe

La lecture de ses « expériences socialisatrices » (Hedjerassi, 2016) laisse apparaître une communauté où les figures matricielles dominantes contribuent à former un réseau féminin complexe de relations au sein duquel les liens familiaux, de militance sororale et culturelle s'enchevêtrent avec des rapports de classe, de sexe et de colorisme. Nourrie intellectuellement, émotionnellement et politiquement par ces liens, Comhaire-Sylvain a baigné dans un environnement où les femmes constituaient des figures inspirantes. Parmi ces figures, je répertorie, entre autres, sa mère, sa nounou Amise[8], ses sœurs biologiques et ses sœurs militantes. Ces figures rappellent les « autrui significatifs » (Berger & Luckmann, 2018) qui ont su modeler son rapport à la connaissance tant dans les phases primaires que secondaires de sa socialisation. Comme le rappelle Nassira Hedjerassi à propos de la féministe bell hooks :

> Ses apprentissages de la résistance au système oppressif se font [aussi] par l'entremise de figures féminines, des savoirs d'expérience qu'elles lui transmettent par leurs paroles, leurs gestes et pratiques quotidiennes (Hedjerassi, 2016).

Eugénie Malebranche-Sylvain, sa mère, était parmi les Haïtiennes qui avaient lutté contre l'occupation en dénonçant les viols perpétrés par les Marines américains sur les Haïtiennes (Sanders Johnson, 2013 ; Lamour, 2015 ; Casey, 2019). En 1926, Malebranche-Sylvain avait conduit avec la Ligue pour la paix et la liberté (une organisation américaine) et avec d'autres une enquête nationale sur les violences commises par les occupants contre la population haïtienne. Dès lors, elle avait donné à ses filles des outils pour penser

---

8. Dans les sources consultées, Amise et Adelsia n'apparaissent que sous leurs prénoms, sans patronyme. Cette pratique de désignation par le seul prénom dans les documents officiels constitue, en Haïti, un indicateur fréquent du statut social subalterne de la personne ainsi nommée.

un féminisme dépassant les seuls intérêts des femmes de leur classe sociale, ainsi qu'un foyer où réflexions et stratégies politiques faisaient partie du quotidien. Comhaire-Sylvain fut ainsi témoin direct de la systématisation d'une conscience féministe organisée.

Ces faits témoignent de l'existence d'un capital militant féminin dont la transmission s'effectue d'une génération à l'autre. Eugénie Malebranche-Sylvain a fait un travail de « transmission vivante » (Molinier, 2022, p. 151) en léguant à ses filles l'idée qu'une femme peut vivre plusieurs aventures significatives en engageant sa puissance d'agir au service d'une cause. En participant au montage du dossier d'enquête sur les viols perpétrés par les Marines en Haïti, cette mère a montré à ses filles la force des outils intellectuels aidant à la production de contre-connaissances pour avoir droit de cité. Elle leur a ainsi légué des pratiques d'empouvoirement et inculqué la manière de créer un « espace à soi »[9] pour les femmes.

La nounou de Comhaire-Sylvain, Amise, en tant que travailleuse mobilisant l'émotion et les affects dans son travail, a joué un rôle clé dans son parcours intellectuel. Jean Comhaire, dans un texte intitulé « Hommage à ma femme », montre l'intérêt que Suzanne a nourri très tôt pour les contes sous l'influence de sa nounou. Il la cite à ce sujet :

> [...] À l'âge de seize mois, j'avais complètement perdu l'appétit et n'était le dévouement d'une petite bonne, Amise, qui avait eu l'idée de me raconter des histoires pour détourner mon attention tandis que la gouvernante introduisait dans ma bouche des cuillerées de bouillie [...]. (Comhaire, [1984] 2002)

Si nous admettons que les histoires racontées pendant l'enfance restent gravées en nous, Amise avait partagé avec Suzanne des émotions et des liens d'attachement inébranlables nourris par les contes. Aussi, le *care* et les affects (Hochschild, 2017) ont largement nourri son parcours intellectuel. Ces émotions de la petite enfance

---

9. Pour reprendre la formule de Virginia Woolf, qui recommande aux femmes d'avoir une « chambre à soi » pour écrire et créer.

attestent une pratique de politisation de l'intime où l'univers du peuple (chants, proverbes, contes, danses) est transmis depuis son jeune âge. Passeuse de culture, Amise a permis à Suzanne d'accéder à des croyances, des visions du monde, une cosmogonie, des formes d'ingéniosité et de résistance issues de la culture populaire, d'où son *Roman de Bouqui* ([1940] 1973) qui relate les aventures de deux person- nages clés du folklore national : Bouqui et Malice. Laënnec Hurbon, évoquant ses apports aux études sur le folklore (1975), souligne que la contribution de Comhaire-Sylvain à la connaissance de la culture populaire est indispensable et unique.

Les correspondances des sœurs Sylvain révèlent qu'elles entrete- naient des liens empreints d'affection, de tendresse et de camarade- rie. Avec sa sœur Jeanne, les mots échangés montraient des liens d'attention, de sollicitude et de bienveillance. Par exemple, dans une lettre écrite en octobre 1945, elle pressait Suzanne de rentrer en Haïti pour éviter la rudesse de l'hiver européen et probablement les priva- tions d'après-guerre (Sylvain, 1945). Les sœurs se surveillaient et se recadraient dans leur correspondance quand c'était nécessaire. Dans une lettre du 27 juin 1958, sa sœur Madeleine lui reproche de donner de la visibilité au dictateur François Duvalier, anthropologue comme elle, qui avait accédé au pouvoir (Sylvain-Bouchereau, 1958)[10]. Étant à l'étranger, elle ignorait les exactions de ce régime[11].

Les premiers moments du féminisme haïtien combinent une histoire familiale, amicale et d'affinité culturo-politique. Appuyée par les militantes de la LFAS, la structure féministe créée par sa sœur Madeleine Sylvain-Bouchereau, elle avait accès à une communauté épistémique (Meyer & Molyneux-Hodgson, 2011), un groupe de femmes qui avait créé son journal pour produire et diffuser la connaissance féministe. La communauté épistémique renvoie :

---

10. Pour un exemple de cette visibilité médiatique, voir (*La compatriote Sylvain*, s.d.).
11. Le 5 janvier 1958, Yvonne Hakim Rimpel, membre de la Ligue, fut attaquée par les cagoulards, partisans de Duvalier.

> [à] un collectif [...] ayant une expertise dans un domaine donné,
> [...] qui se traduit [...] par des compétences reconnues et par une légi-
> timité et une autorité en matière de production de connaissances.
> [Elles] sont une force motrice cruciale pour la production, la discus-
> sion et la diffusion des connaissances scientifiques. (Meyer & Moly-
> neux-Hodgson, 2011, p. 141)

Dans cet espace textuel où sœurs et autres intellectuelles de la
même classe sociale échangeaient leurs idées, Comhaire-Sylvain
publia dans les années 1930 une étude d'anthropologie de terrain. À
propos des écrits de la Ligue, Danièle Magloire souligne :

> Avec la création officielle de la première organisation féministe
> [la LFAS], les femmes se sont lancées dans une série d'études afin
> d'asseoir les plaidoyers pour l'obtention de leurs droits civils et poli-
> tiques et pour le changement des codes de lois [...]. Ces études ont
> généralement pu être réalisées grâce à la détermination des femmes
> concernées qui ont su mettre à profit leur formation universitaire et
> leur milieu de travail (Magloire, 2003).

Ces expériences socialisatrices l'ont gratifiée d'une dynamique
multiplexe (Palmiste, 2021) où s'imbriquent sexe, classe, colorisme et
cadre spatio-temporel. Les ressources multiples de ce capital[12] relationnel lui ont permis de construire une fluidité socioculturelle lui
assurant un double *passing*[13] (Larsen, 1929) dans les *lakou*[14] et les
salons de la haute bourgeoisie locale. Elle a su naviguer « entre les
mondes », définir sa militance et affiner ses intuitions intellectuelles.
C'est ainsi que Comhaire-Sylvain est devenue un personnage

---

12. Le capital est saisi dans une perspective bourdieusienne et désigne les profits et
privilèges qu'engendre l'appartenance à un groupe social, économique et culturel
(Bourdieu, 1980).
13. Sur le plan social, le *passing* renvoie au caractère poreux des frontières sociales facilitant les circulations d'un groupe à un autre.
14. Dans la paysannerie haïtienne, le *lakou* désigne un espace physique et spirituel
réunissant une famille élargie et multigénérationnelle travaillant en coopération et se
soutenant mutuellement, financièrement et sous d'autres formes.

marquant du XXe siècle mondial qui discute de la vie des femmes de deux continents.

3. L'engagement féministe de Suzanne Comhaire-Sylvain

Par « engagement féministe », j'entends la volonté de l'intellectuelle de dévoiler les mécanismes de domination, d'exclusion et d'exploitation frappant les femmes. Ce travail implique la mise en évidence, la construction et l'alimentation d'espaces agentifs par, pour et avec les femmes, dévoilant un enchevêtrement entre structuration, dénonciation et transformation tout en rejetant l'altérisation. L'objectif de cet engagement est l'humanisation des femmes par la célébration de leur agentivité, capacité et beauté. Théoriquement, l'engagement impose la mobilisation de la science au service de la production de contre-discours en vue de l'empouvoirement des communautés et des femmes. Le programme théorique de Comhaire-Sylvain incarne cet engagement à travers cette visée : réduire l'altérité en convoquant l'ordinaire et le quotidien. D'où la formation d'un programme de recherche centré sur les individus, ici les femmes.

Dans ses premiers travaux de recherche, Comhaire-Sylvain explore les réalités des fillettes en Haïti, dont celles qui vivent en domesticité. Après ses études en Europe, elle est nommée inspectrice scolaire. Elle profite de ce poste pour enquêter sur les loisirs des écolières et la place des femmes dans les proverbes. Cette recherche, publiée dans *La Voix des femmes* (1940a), est intitulée « Ce que font nos fillettes en dehors des heures de classe. Enquête parmi les élèves des écoles nationales de Port-au-Prince ». Elle observe la gestion de leurs loisirs et de leur temps libre en portant l'intuition que les loisirs sont des enjeux d'épanouissement pour les individus de sexe féminin et que, dès l'enfance, le temps est une ressource inégalement partagée entre les sexes. Son étude conclut que si les deux parents sont analphabètes et la famille nombreuse, les filles courent le risque de ne pas dépasser les deux premières années de scolarité. Sans nommer ce concept, l'intersectionnalité était déjà un prisme de ses recherches. En effet, Comhaire-Sylvain pointe la façon dont la classe, les rapports de sexe et les dynamiques spatiales s'imbriquent pour définir les opportunités éducatives des filles. Dans « Notre paysanne : Adelsia » (1939), ses réflexions accordent une attention soutenue à la condition féminine. Parlant des filles d'Adelsia, elle décrit la situation de Jeanne, âgée de sept ans et demi, qui est la *gadò*[15] de Lamercie, sa sœur d'un an. Elle est consciente que la garde complète de Lamercie constitue une contrainte concurrente, privant Jeanne du temps pour accéder à une scolarité normale. Les *gadò* sont souvent des filles (Sylvain-Bouchereau, 1957). Elle en retient les conséquences :

> [elle ne] saura lire que si sa mère s'arrête assez tôt d'avoir des enfants. La responsabilité de l'aînée est très pénible dans nos mornes. (Comhaire-Sylvain, 1939b, p. 2).

Cet extrait confirme le souci de la chercheure pour l'accès des filles à l'éducation, qui était un axe des interventions de la Ligue. En octobre 1943, sous l'impulsion de la LFAS, s'ouvre à Port-au-Prince le premier lycée de filles. Un an plus tard, les filles sont admises dans les lycées de province. La Ligue s'intéresse tant aux loisirs des filles des milieux défavorisés et aux contraintes auxquelles elles font face pour poursuivre leur scolarité qu'elle ouvrira deux bibliothèques dans des quartiers défavorisés de Port-au-Prince. Son travail montre une intrication originale entre cri et concepts, comme le montre Gago (2023) en parlant du désir de théorie des féministes.

Les réflexions de Comhaire-Sylvain ouvrent des pistes pour penser la reproduction des rapports sociaux entre les sexes débutant dès l'enfance en Haïti. Celle-ci soulève la question de la naturalisation des rôles sexués au sein des familles en mettant en exergue les pratiques de substitution maternelle, mobilisant les filles et les empêchant de jouir de leur temps et de leur enfance. Plus le cycle génésique de la vie d'Adelsia sera long, moins Jeanne aura de temps pour

---

15. « Gardienne » en créole haïtien.

accéder à l'éducation. Ces détails montrent un processus de socialisation des petites filles où le soin aux autres requiert d'elles une disponibilité perpétuelle pour répondre aux problèmes du collectif
(Lamour, 2017). Cette hypothèse porte un débat de fond : celui du
contrôle des femmes sur leur capacité génésique, un axe de lutte qui
annonce les luttes pour l'accès des femmes à la contraception.

Les travaux de Comhaire-Sylvain soulèvent aussi la question de la
garde des enfants dans le cadre des relations hétérosexuelles en
milieu rural. Malheureusement, je n'ai pas accès à d'autres études
montrant la manière dont les femmes des milieux aisés ont géré ce
besoin. Peut-être que les femmes haïtiennes de la haute bourgeoisie
et des classes moyennes délèguent ces tâches à d'autres afin de
dégager du temps pour s'adonner à d'autres activités. Suzanne et
Amise, sa nounou, en sont un parfait exemple.

4. Du travail des femmes et des filles

Le travail des femmes constitue l'un des sujets de réflexion de
Comhaire-Sylvain qui décrit le parcours d'Adelsia, travailleuse
depuis sa plus tendre enfance. Gran Yaya a effectué auprès d'elle le
travail de socialisation et de transmission des rouages du métier de
marchande ambulante, dont les compétences permettent de
construire une clientèle stable et de tisser des liens avec les citadines.

> Voilà Adelsia telle que je l'ai connue quand elle était une petite
> fille qui venait vendre chez nous des pêches et des artichauts en
> compagnie de sa grand-mère [...]. Vers douze ans, car elle était
> précoce [...] elle est descendue avec son petit panier dont le produit
> lui appartenait en propre. (Comhaire-Sylvain, 1939, p. 1-2)

Adelsia étonne. Ne sachant ni lire ni écrire, elle faisait montre
d'une capacité extraordinaire en matière de calcul mental. Sylvain-
Bouchereau généralise le cas d'Adelsia :

> À sept ou huit ans, une petite marchande sait déjà [...] calculer le prix de ses produits et reconnaître la valeur de la monnaie. Elle [...] sait très bien acheter, même si elle n'est pas marchande [...]. Dans notre enquête, 63 % des fillettes des bourgs et 82 % des fillettes des communautés rurales se livraient à des activités commerciales. Parmi elles, 44 % des fillettes des bourgs et 34 % des fillettes rurales disposaient du produit des ventes. (Sylvain-Bouchereau, 1957, p. 201)

Ces réflexions annoncent les travaux de Mireille Neptune-Anglade (1986) sur les femmes en tant que « gestionnaires de survie », ainsi que ceux d'autres autrices sur l'inculcation d'une éthique de la responsabilité aux filles dès leur enfance (Lamour, 2017, 2018).

5. Du couple et du contrat de sexe

Bien qu'elle ait su maintenir des liens avec Adelsia, la jeune fille devenue adulte, Comhaire-Sylvain affirme n'avoir jamais rencontré « son mari » Périlus. Il vivait déjà avec une concubine avec laquelle il avait deux fils. Adelsia ne sera jamais appelée madame Périlus. À chaque étape de sa vie, sa nomination sociale reflétera sa place dans la vie de Périlus. Elle sera ainsi tour à tour : Manzè Adelsia (jeune femme), Sòr[16] Adelsia (à l'âge mûr) et Gran Adelsia, au moment de la vieillesse. Ces faits témoignent de l'effectivité du contrat de sexe énoncé par Neptune-Anglade (1986), révélant une dynamique où les hommes exploitent le travail des femmes, notamment dans leurs champs, afin de s'enrichir sans fournir en retour les ressources et le statut social leur garantissant une reconnaissance sociale.

Adelsia s'esquinte à cultiver et à surveiller le champ de Périlus dont ses enfants n'hériteront pas. Elle économise et prive sa famille de confort afin de construire une maison paysanne moderne, une *caye tòl*, qui sera inscrite au nom de Périlus auprès de la commune. À son décès, cet espace reviendra finalement à sa remplaçante, une nouvelle surveillante qui devra le cultiver. En pointant ces injustices,

---

16. « Sœur ».

Comhaire-Sylvain invite les femmes à réfléchir à la manière dont leur force de travail est utilisée dans ces types d'unions[17]. Ces données sur les rapports de sexe seront au centre des combats menés par la Ligue, qui influera sur la promulgation du décret-loi de janvier 1944 autorisant une femme mariée à disposer librement de son salaire et des gains obtenus par son travail (Sylvain-Bouchereau, 1957). Le discours prononcé par Madeleine Sylvain-Bouchereau au moment de l'intégration de la Ligue au 16e congrès de l'Alliance internationale des femmes en 1953 est éloquent à ce titre :

> [...] le législateur établit une distinction entre l'Haïtienne mariée et célibataire. La femme non mariée est apte à accomplir tous les actes de la vie civile [...]. Si elle se marie, elle redevient mineure et ne peut accomplir aucun acte de la vie civile ou judiciaire sans l'autorisation de son mari [...]. Dans le régime de la communauté des biens [...] à défaut de contrat régissant 90 % des mariages, le mari administre seul les biens communs et la fortune personnelle de sa femme. (Sylvain-Bouchereau, 1953, p. 78)

Suzanne Comhaire-Sylvain décrit les mécanismes privatifs qui frappent les individus de sexe féminin tout en soulignant le continuum qui va des petites filles aux femmes adultes, et en montrant les processus de transmission de la pauvreté des femmes aux filles dans les milieux ruraux et au sein des familles pauvres des milieux urbains, avec le concours de la loi. L'analyse combinée de ses textes révèle des situations plurielles et une condition commune aux femmes. La pauvreté des femmes dépasse le cadre d'une simple pauvreté matérielle.

---

17. Les travaux actuels sur les rapports de sexe en Haïti montrent que tous les types d'union sont concernés par ce processus, incluant le mariage. Peut-être qu'à l'époque, les préjugés bourgeois vis-à-vis des autres relations avaient empêché les féministes de la Ligue féminine d'action sociale de saisir que tous les types d'unions étaient concernés par ces dynamiques.

6. De ses recherches à l'étranger

À partir de la société haïtienne, Comhaire-Sylvain (1939b) transpose et déploie son engouement pour l'étude de la condition des femmes dans un cadre intellectuel transatlantique, en menant des recherches dans plusieurs pays du continent africain. *Le Courrier d'Afrique* l'a reconnue comme étant la grande amie de la femme africaine (Sanders Johnson, 2018). Parlant de la place de Suzanne dans les études féministes en Afrique, Odile Goerg (2019) note que ses recherches sont charnières dans la compréhension de la place des femmes dans ces sociétés.

Dans *Femmes de Lomé* (1982), elle s'intéresse aux défauts et aux qualités des hommes togolais. Elle se préoccupe des modalités du choix d'un fiancé en suivant les perceptions des femmes sur le candidat idéal. Cette étude l'a amenée à dévoiler les liens entre les comportements des hommes dans leurs relations privées et leurs attitudes dans les espaces de pouvoir. Elle était à deux doigts de conclure que le privé est politique. *Femmes de Kinshasa* (1968) condense les résultats de deux recherches qu'elle a conduites entre 1943 et 1945, puis en 1965. La première fut menée sur le site de Léopoldville et porte sur l'éducation, la situation administrative, les conditions de vie et les relations sociales des femmes. La seconde, vingt ans après, observe la vie quotidienne de ces femmes à Kinshasa, jadis Léopoldville (Görög-Karady, 1969). Dans ces travaux, Comhaire-Sylvain examine les perceptions des deux sexes sur la division sexuelle du travail. Elle parle longuement des associations féminines et de leur rôle dans l'émancipation de la gent féminine. Parlant des femmes « évoluées », elle montre leur rejet de la dot et de la polygamie. À Lagos en 1949, elle a mené une recherche sur le statut des femmes. Elle a aussi observé l'activité des femmes commerçantes sur les marchés de Lagos.

SUZANNE COMHAIRE-SYLVAIN

FEMMES
DE KINSHASA
hier et aujourd'hui

MOUTON

Femmes de Kinshasa hier et aujourd'hui (page de
couverture du livre)

En revenant sur les recherches de Comhaire-Sylvain, Jean
Comhaire (1981) a montré la place du marché en tant qu'institution
clé largement dominée par les femmes dans la capitale nigériane. Ce
lieu s'inscrit dans un réseau complexe d'échanges basé sur les relations interpersonnelles ; il est alimenté par la venue incessante de
jeunes filles des provinces vers la capitale. Ces recherches résonnent
avec la réalité haïtienne, la figure nigériane de l'*Iyalode* rappelant
celle des *madan sara* et des *downtown ladies* décrites par Ulysse (2007).

7. Des contes et du folklore

Comhaire-Sylvain (1938) a aussi prêté attention à la condition des
femmes dans les proverbes haïtiens qui, en véhiculant la philosophie
populaire, invitent les sexes à se conformer aux prescrits sociaux.
Sans les commenter, elle les classe par thèmes afin de livrer une

compréhension du corpus communautaire. Les proverbes évoquent la consolation des parents qui ont des filles et la désolation de ceux qui n'ont que des garçons. Certains dictons suggèrent que les hommes doivent se méfier des belles femmes parce qu'elles sont rusées, vaniteuses, avides et paresseuses.

Ces énoncés du patrimoine populaire contribuent à saisir la manière dont les femmes sont vues, perçues et appréciées par le collectif. Par exemple, le proverbe *fanm se move machandiz* réaffirme une forme de dépréciation progressive dont elles font l'objet avec le temps. Les femmes mères sont glorifiées. Comhaire-Sylvain montre la manière dont la société utilise ces normes implicites pour punir ou récompenser la conduite des femmes. Pourtant, les proverbes constituent souvent des injonctions paradoxales, car un même comportement peut faire l'objet d'une réprobation ou d'une acclamation.

8. Féminisme noir et postérité intellectuelle de Suzanne Comhaire-Sylvain

Comhaire-Sylvain est habitée par le désir vital de raconter, d'expliquer et de dire l'expérience des femmes noires. La synthèse de ses recherches permet de relever une constante : le souci des femmes noires à travers les traitements auxquels elles ont droit, les discours les concernant, leur bien-être et leur agentivité. Les réalités de celles-ci sont saisies dans une perspective holistique construisant leurs expériences et réalités en objet de réflexion. L'autrice décrit avec la même intensité la beauté, la grâce et les talents de danseuse d'Adelsia que ses compétences de marchande. À propos des talents des femmes du peuple, elle écrit :

> Il n'est pas rare que des femmes du peuple refusent de chanter parce que simplement le premier tambour n'est pas tendu de façon à conserver l'intervalle voulu avec les deux autres, différence qui est presque imperceptible même pour un musicien exercé. (Comhaire-Sylvain, 1951, p. 61).

La chercheuse se préoccupe de lire les réalités des sociétés haïtiennes et africaines à travers des phénomènes généralement négligés par les paradigmes dominants : plaçage, défauts et qualités des hommes noirs, mondes imaginaires des pays noirs, garde des enfants, organisation des *lakou*, logiques de séduction dans le monde rural, agentivité des paysannes, folklore haïtien et africain. À travers ces objets méprisés par le savoir dominant, mais reconsidérés, Comhaire-Sylvain a pu ramener la marge au centre en annonçant la stratégie de recherche de la féministe bell hooks (2017).

Les passages relatifs à Gran[18] Yaya et à Adelsia, ainsi qu'aux questions posées aux femmes de Lomé relatives à leurs attentes dans leurs relations affectives avec les hommes, témoignent de sa sensibilité féministe. Elle inscrit les avis d'Adelsia dans sa recherche en observant son entourage. Elle présente les rapports d'Adelsia avec ses sœurs et ses cousines et restitue les contes qui traitent des femmes, dont Adelmise, Adelmonde et Loyse. En donnant la parole à ses personnages, notre chercheure prend le risque de l'alchimie (Preciado, 2005) en s'employant à coconstruire le savoir avec ses informatrices. Comme le souligne Grace Sanders Johnson (2018, p. 138) :

Of the many folktales Comhaire-Sylvain could have translated, she chose a narrative in which the cast of characters were women who negotiated relationships complicated by deep love, desire, sister-motherhood and meanings of separation and loss[19].

Ses écrits sur Haïti conduisent à une double possibilité : l'accès aux discours sur les femmes et l'accès aux discours des femmes. Les deux démarches permettent d'expliquer certaines logiques d'action ainsi que les processus collectifs qui sont à l'œuvre. Les réflexions rapportant les expériences individuelles et privées des femmes ont

---

18. « Grand-mère » en créole haïtien.
19. « Parmi les nombreux contes populaires que Comhaire-Sylvain aurait pu traduire, elle a choisi un récit dont les personnages étaient des femmes qui négociaient des relations compliquées par un amour profond, le désir, la sororité-maternité et les significations de la séparation et de la perte. »

inspiré des prises de conscience traduites en décisions au sein de la LFAS. Les études menées par Suzanne Comhaire-Sylvain et Madeleine Sylvain-Bouchereau sur le mariage et le plaçage en Haïti ont probablement inspiré la révision des lois relatives au statut de la femme mariée et des enfants nés hors mariage pendant les décennies 1940 et 1950. Ces acquis subsisteront jusqu'au début des années 1980 avec la publication du décret de 1982, qui reconnaît la majorité juridique des femmes mariées après la signature de la CEDEF[20] en 1981 par l'État haïtien, et la promulgation en 2014 de la loi sur la paternité, la maternité et la filiation.

Les travaux de Comhaire-Sylvain ont été menés à un moment où la question des femmes était marginale dans le monde académique. Pionnière, elle a osé questionner l'universalisme de l'époque en partageant l'expérience des femmes noires. Ces écrits ont permis d'ébranler l'idée selon laquelle toutes les femmes vivent les mêmes expériences et sont confrontées aux mêmes obstacles. Ses études sur la vie d'Adelsia et l'expérience des fillettes montrent que les femmes vivent leurs réalités selon la classe sociale à laquelle elles appartiennent. Pour avoir vécu dans des sociétés déstructurées par le colonialisme et l'impérialisme, à la sortie de la Première Guerre mondiale, elle a saisi les effets de ces chocs externes sur l'expérience de travail des femmes noires[21]. Consciente du poids de ces chocs dans la vie de ces populations, Comhaire-Sylvain a construit un capital expérientiel lié aux expériences déplorables. Elle a su mesurer l'intrication de ces multiples rapports dans la définition des vécus tant des paysannes que des fillettes des milieux ouvriers urbains en Haïti. Elle a su saisir les rapports de classe, de sexe et les processus spatiaux afin de lire ces réalités.

Sur un plan plus spécifique, ses études ont intuitivement saisi

20. CEDEF : Convention sur l'élimination de toutes les formes de discrimination à l'égard des femmes, adoptée par l'Assemblée générale des Nations Unies le 18 décembre 1979.
21. Les femmes de l'élite de Port-au-Prince ont fait l'expérience du travail hors du foyer depuis les années 1920, c'est-à-dire bien avant leurs pairs vivant dans les sociétés du Nord.

deux éléments clés de la vie des Haïtiennes. Les hommes sont libres de ne pas participer à la charge des ménages, et les femmes ont pour obligation de prendre en charge leur ménage. Sans le nommer, l'autrice pointe la construction du *poto-mitan* (Lamour, 2017). Le récit d'Adelsia rappelle autant *Germaine ou chercher la vie* (Claude-Narcisse, 1993) que *Marilisse* (Marcelin, 1903) et *Fils de misère* (Colimon Hall, 1974). Ces récits partagent la pauvreté des femmes, leur assignation sociale et leurs relations avec les hommes. Danièle Magloire (2003) a fait le même constat :

> Cette pauvreté, qui frappe tant les hommes que les femmes, s'accompagne dans le cas des [femmes] de l'obligation de faire face, généralement seules, aux responsabilités matérielles et éducationnelles des enfants. (Magloire, 2003)

La biographie d'une femme montre la façon dont les rapports sociaux inégalitaires entre les sexes poussent les femmes dans un processus contradictoire d'engagement vis-à-vis des autres, couplé à un désengagement des hommes (Lamour, 2009). « Notre paysanne Adelsia » narre les privations d'Adelsia et les trésors d'ingéniosité qu'elle développe pour garantir la survie familiale. L'autrice écrit :

> Il y a beaucoup de sage-femmes à Kenscoff et leur tarif est assez modeste [...]. Cependant l'année dernière Adelsia a mis au monde toute seule la petite Lamercie afin d'économiser un peu [...]. (Comhaire-Sylvain, 1939, p. 4).

Outre l'évocation du *poto-mitan*, ce passage restitue ce que les féministes haïtiennes nomment *ladrès fanm*, débrouillardise en français, soit des compétences qui sont transmises aux filles via la socialisation par la réplication (Lamour, 2018) et se déploient notamment en situation. Elles suggèrent des formes d'agentivité les incitant à faire face aux adversités de la vie avec bravoure. *Ladrès fanm* renvoie à l'infra-politique, « une grande variété de formes discrètes de résistance n'osant pas dire leur nom » (Scott, 2009, p. 33) et « qui se développent

faute de pouvoir agir de manière visible à l'encontre des dominants »
(Cleuziou, 2010). *Ladrès fanm* est un art de la résistance servant au
maintien des familles et des communautés. Le conte Adelmonde
illustre *ladrès* d'une fille capturée par les esprits de l'eau qui a su
mobiliser des connaissances transmises dans un conte pour se tirer
d'affaire.

Ses études sur le plaçage, la garde des enfants, les pratiques de
calcul et de vente des paysannes, leurs rêves et aspirations s'intègrent
dans un système complexe de sens où les liens entre urbain et rural,
spiritualité, travail, danses, contes, proverbes et chants s'entrecroisent
pour former un ensemble cohérent. Son épistémologie ancrée dans
la vie quotidienne des Haïtiennes permet de problématiser des
enjeux importants de la réalité des Haïtiennes, dont la reconnaissance sociale, les inégalités et l'accès au droit. Les femmes deviennent
des êtres sachants qui contribuent au savoir sur Haïti et sur leurs
conditions.

Comhaire-Sylvain a posé l'un des nœuds de définition de la
praxis féministe haïtienne : l'intersection entre luttes nationales et
celles des femmes. Son travail, qui s'inscrit aussi dans la perspective
de justice sociale, laisse entrevoir les liens associant injustices épistémiques et non-accès aux droits. Entre expérience, pensée et action,
les recherches de Comhaire-Sylvain annoncent les deux questions
fondamentales du féminisme noir d'après Patricia Hill Collins (2015) :
« Que faudra-t-il pour libérer les femmes noires [haïtiennes] ? [et]
pour qui travaillons-nous ? »

En guise de conclusion

Cet article a montré l'itinéraire de l'engagement féministe de
Suzanne Comhaire-Sylvain, qui est nourri autant par les savoirs
populaires que par les sciences sociales dominantes de son époque.
Inspirée par la philosophie indigéniste prônant un retour à ce qui est
propre à Haïti, elle installe les bases d'un féminisme qui visibilise
plusieurs réalités concernant les Haïtiennes. Notre autrice, qui admet
que la connaissance est avant tout située, accorde une place centrale

aux subjectivités et aux expériences des Haïtiennes, d'où la connexion qu'elle a établie entre savoirs, recherches et lieux de la production d'une connaissance localisable.

La sororité constituant l'espace matriciel de son féminisme est à la fois inclusive, interclasse et intergénérationnelle. Sans nier les rapports de pouvoir traversant les positions de chaque femme, son féminisme laisse entrevoir un espace où sa mère, Amise et les Africaines contribuent à la construction des idées et de l'action féministe. Son engagement dessine une forme de reliance féminine pour créer un espace de sens aidant à penser la condition féminine et à lutter contre les situations délétères frappant cette catégorie. La question de l'intersectionnalité et le féminisme transnational étaient en germe dans son travail qui offre, dans le contexte post-1945, des pistes pour penser une sororité incarnée et transnationale. Elle a posé les jalons théoriques pour faciliter le développement progressif du féminisme noir et haïtien. D'ailleurs, certaines réalités qu'elle avait visibilisées et touchées continuent d'être des thématiques clés du féminisme haïtien. Par exemple, elle a ouvert les perspectives facilitant la reconnaissance de l'agentivité des femmes (ladrès fanm).

Chercheuse autonome, Comhaire-Sylvain a fait de l'indocilité dans le choix des thématiques une marque de son travail et de la recherche féministe haïtienne. En témoigne le travail de Neptune-Anglade (1986) sur l'hypothèse d'un contrat de sexe inédit en Haïti, dans un contexte où le patriarcat était le concept maître des études féministes internationales. Fidèle à cette autonomie, Comhaire-Sylvain a travaillé dans une logique de rasanblaj (Ulysse, 2015a), en fédérant des traditions de pensées, des lieux et des individus pour exposer les réalités réduites au silence du fait des stéréotypes et des préjugés. En d'autres termes, sa démarche induit une alchimie entre les mondes intellectuel, politique et associatif.

Elle a construit l'inattendu et l'improbable comme démarche méthodologique privilégiant une approche inductive. En témoignent le recueil de contes, de proverbes et les récits qui font des femmes et des filles des protagonistes clés. En témoigne également sa réflexion sur la transmission intergénérationnelle de la pauvreté en établissant un lien entre la longueur du cycle génésique des femmes et l'obligation pour leurs aînées de jouer le rôle de *gadò* de la fratrie.

Son engagement intellectuel a fait corps avec son engagement féministe pour fonder une approche entre « le cri et le concept » (Gago, 2023). Cette dynamique définit un engagement féministe en faveur d'une société juste dans le contexte des années post-occupation en Haïti. En témoignent les nombreux acquis politiques engrangés par les Haïtiennes sous l'impulsion des mobilisations et des réflexions des membres de la LFAS, dont Comhaire-Sylvain. Ses écrits transpirent une tradition où des femmes évoluant dans des sociétés traversées par de multiples dominations s'arrangent pour dire leur réalité.

Bien qu'elle ait pris le soin de travailler sur les femmes des milieux défavorisés et sur les « évoluées », il n'est pas prouvé, selon les documents auxquels j'ai eu accès, que Comhaire-Sylvain aurait questionné ses privilèges. Ses études sur les Africaines n'attestent pas qu'elle aurait interrogé le cadre colonial[22] dans lequel elle avait construit ses informations. Malgré ces réserves, ses écrits proposent une approche dynamique des réalités des Haïtiennes et des Africaines, invitant à comprendre la manière de créer, d'agir et de transformer les rapports de pouvoir. Son féminisme revendique une émancipation globale. Comhaire-Sylvain a légué un matrimoine réflexif précieux tant pour le féminisme haïtien que pour le féminisme noir en général.

---

22. Jean Comhaire, le mari de Suzanne Comhaire-Sylvain, était membre de l'armée d'occupation coloniale au Congo belge durant la Seconde Guerre mondiale.

Partie IV

Impérialisme

Chapitre 10

Violences sexuelles et impérialisme

Le courage politique des Haïtiennes contre l'occupation de 1915

E n Haïti, l'historiographie est encore marquée par un biais androcentrique profond. Pourtant, les femmes haïtiennes ont toujours joué un rôle important dans la société. Sabine Manigat (2001) et Evelyne Trouillot (2001) ont déjà constaté l'oblitération des femmes dans l'histoire de l'esclavage et de la révolution de 1804. En se concentrant uniquement sur les hommes et les événements les concernant, l'historiographie haïtienne néglige l'impact de certains événements sur les rapports de genre au sein de la société haïtienne. Par ces choix, elle propose un schéma de pensée qui considère l'expérience des hommes comme la seule valable pour comprendre l'histoire nationale. Les historien·ne·s ont également établi une distinction entre les « savoirs dignes » de compréhension et ceux qui ne le sont pas, créant ainsi une frontière épistémologique entre ceux et celles considérés comme sujets d'histoire et ceux qui ne le sont pas. Cette situation engendre un épistémocentrisme (Bourdieu, 1997), où l'interprétation des événements se fait uniquement à partir de catégories de pensée et de critères d'analyse propres au groupe dominant. Dans ce contexte, les réflexions de Michel-Rolph Trouillot (1995) et de Saidiya Hartman (2019) sur le sens du silence dans l'histoire prennent tout leur sens.

Ce constat s'applique également à l'occupation étatsunienne d'Haïti de 1915. En effet, que ce soit chez les spécialistes de cette période, Roger Gaillard (1983), Georges Eddy Lucien (2013-2014), Raoul Altidor (2019), ou chez les historiens étudiant les liens entre cet événement et d'autres réalités, peu d'attention est accordée aux effets de l'occupation sur les rapports de genre, aussi bien entre les occupants et les occupées qu'entre les natifs eux-mêmes. Ce faisant, ils ont négligé les influences de ces rapports sur l'occupation, alors que le genre, pour reprendre Joan Scott (1988), est « une façon première de signifier les rapports de pouvoir ».

Selon Cynthia Enloe (2019), toute situation de politique internationale entraîne des conséquences sur le genre. En faisant ces choix normatifs d'écriture, les historiens ont oblitéré la manière dont certains éléments, comme les viols des femmes haïtiennes par les Marines, ont contribué à la contestation du processus d'occupation. Ces chercheurs ont donc posé un déni structurel sur le « caractère d'événement » (Farge, 2006) que représente l'accès des bourgeoises à l'espace public dans le contexte de l'occupation. Ils ont ainsi neutralisé la voix de ces femmes dans la lutte contre l'occupation (Ménard, 2024).

Analyser l'occupation à travers les violences subies par les Haïtiennes revient à considérer l'événement sous l'angle de l'imbrication entre le genre, la race, la classe et les dynamiques géopolitiques continentales. Cela s'explique par le fait que l'occupation impose sa domination en régulant et en renforçant les lignes de classe, de race et de sexe tant entre les occupants qu'entre les natifs. En ce sens, les viols des femmes haïtiennes par les Marines sont des traces (Ginzburg, 1989) de la politique, c'est-à-dire des indices subtils permettant de relier les éléments épars de l'événement occupationnel afin de déjouer les silences de l'histoire (Célestine, 2019 ; Lamour, 2018). Cette démarche est d'autant plus cruciale qu'en temps de conflit, les violences sexuelles, notamment le viol, sont souvent utilisées pour poursuivre la guerre et détruire les adversaires (Nahoum-Grappe, 1997). Les événements des années 1990 en Bosnie, au Rwanda, ainsi que les situations actuelles au Congo et en Haïti, illustrent ces dynamiques avec les forces de la MINUSTAH[1]. Dans ces contextes, les viols de femmes, de jeunes et d'enfants des deux sexes deviennent des outils de terreur pour atteindre l'honneur des hommes des pays défavorisés dans les rapports de force, leur prouvant ainsi leur incapacité à protéger les leurs, ici les femmes (Daniel-Genc, 2015 ; Ismé et Lamour, 2023). Les comportements des Marines envers les populations occupées étaient généralement offensants et inappropriés. Les archives témoignent de ces violences, notamment dans le cas de deux femmes dominicaines, Ana Julia Peña et Guzmán Pérez, qui furent agressées par deux marines en état d'ébriété[2].

Les viols de Haïtiennes par les Marines représentent à la fois des héritages de la domination étatsunienne, porteurs de compréhensions politiques de l'histoire nationale, et des faits considérés comme des enjeux de haute politique. L'étude de ce phénomène permet d'appréhender, sous un angle genré, le continuum des rapports inégalitaires établis entre Haïti et les États-Unis depuis la période de l'occupation jusqu'à aujourd'hui. En effet, les viols témoignent des formes de « partage du sensible » (Rancière, 2000) entre l'occupant et les occupés sur le territoire haïtien. L'enjeu d'une entreprise comme l'occupation est souvent lié à l'expropriation des terres, des ressources et des possessions[3]. Par conséquent, ces violences constituent une continuation de l'expropriation par l'exercice d'une souveraineté sur les corps (par l'appropriation du corps de l'occupé). À ce titre, les viols des femmes pendant l'occupation méritent d'être étudiés pour saisir l'occupation dans sa totalité, comme une stratégie politique de dénuement. Sous cet angle, ces violences font partie des « technologies d'avilissement » (Chamayou, 2014) consubstantielles à

---

1. La MINUSTAH a été établie le 1er juin 2004 par la résolution 1542 du Conseil de sécurité des Nations Unies. https://reliefweb.int/report/haiti/ha%C3%AFti-droits humains%C2%A0-des-organisations-de-femmes-exigent-le-ch%C3%A2timent-de-soldats-sri
2. Ce type d'incident était récurrent durant l'occupation américaine (1915-1934), comme en témoignent les archives militaires et les rapports contemporains.
3. Sous prétexte de protéger les actifs financiers d'Haïti, les États-Unis ont saisi 500 000 dollars de la Banque nationale d'Haïti en décembre 1914, somme équivalant à environ 15,35 millions de dollars actuels (Mathelier et Montoya, 2023).

l'occupation, c'est-à-dire un ensemble de techniques qui appellent la constitution d'une grammaire de domination et d'exploitation, imposant un règne ininterrompu de la violence et de la terreur.

| Ouvrières SAAFICO, 1953. (CIDIHCA)

Partant d'une perspective féministe et sociologique, l'objectif de cet cette réflexion est de discuter des conséquences de ce « moment événement » (Farge, 2002) sur le genre, en prenant les viols des femmes par les Marines comme point d'analyse. Plus précisément, il s'agit de réfléchir sur le lien étroit entre ces viols et l'émergence d'un tissu associatif féminin organisé en Haïti. Le défi consiste à percevoir ces agressions comme des techniques d'avilissement et les luttes des femmes comme des contre-techniques d'avilissement.

Mon propos est nourri de nombreuses recherches sociologiques menées en Haïti depuis 2006, portant sur l'éducation, les rapports de sexe, le mouvement féministe haïtien, ainsi que les dynamiques politiques et culturelles du pays. J'y ai également contribué en tant que coordonnatrice de la *Solidarite Fanm Ayisyèn* (SOFA) de 2017 à 2021. En plus de ce bagage, l'argumentaire développé dans ici s'appuie sur plusieurs sources historiques secondaires. D'abord, les travaux réalisés par des historien·ne·s étatsunien·ne·s et haïtien·ne·s sur l'occupation de 1915, puis ceux concernant les viols de guerre et les traces de l'occupation dans « les diverses manières de parler de la société » (Becker, 2009). De plus, je m'appuie sur un corpus varié mêlant littérature, articles scientifiques et écrits féministes. À partir de là, mon argumentaire s'articule autour de quatre points.

Le premier point aborde l'occupation comme une exceptionnalisation des Haïtien·ne·s, mobilisant des rapports de sexe, de race et de classe. Le deuxième évoque les implications sociopolitiques de l'occupation sur les rapports de genre en Haïti, en se concentrant sur les configurations du viol en tant que technologie d'avilissement des femmes haïtiennes par les Marines. Le troisième examine les luttes des femmes pour faire face à la menace que représente le viol et construire un contre-dispositif à travers des alliances politiques nationales et internationales. Enfin, j'analyse la manière dont les femmes se sont constituées en tant que sujets politiques dans le cadre de ces luttes.

1. L'Occupation et mise en place de politique d'exception

Selon Suzy Castor (1988), l'occupation étatsunienne d'Haïti s'est déployée dans un contexte interne où, plus de cent ans après l'indépendance, le pays faisait face à une crise politique profonde. Profitant de cette situation, les États-Unis, sous prétexte de rétablir l'ordre, déclarent l'état d'urgence pour envahir Haïti. Le régime instauré par les États-Unis prend tout son sens à la lumière de la doctrine de Monroe (1823), qui légitime les interventions des États-Unis dans le reste de l'Amérique par un droit d'ingérence auto-octroyé. D'abord souple, l'occupation s'est durcie face à la volonté des Haïtiens de mettre un terme aux ingérences de l'envahisseur dans les affaires internes du pays (Lucien, 2013). Ces intrusions allaient du contrôle de la douane au contrôle de l'agriculture, de la presse, de l'éducation, de la monnaie nationale et du transport (Castor, 1988 ; Lucien, 2013, 2014). Les croyances et les modes de vie des natifs furent rejetés. Selon Clorméus (2015), à Port-de-Paix, certains prêtres, dans leurs sermons, comparaient les femmes placées[4] à des porcs et les hommes dans la même situation à des bourriques libres. Dans le processus de délégitimation des mœurs des Haïtien·ne·s, la collaboration entre l'Église catholique et l'occupant américain joue un rôle clé (Clorméus, 2015).

L'occupation a enfermé le pays pendant 19 ans dans une situation d'exception. Cette exceptionnalité se manifestait par l'imposition des normes et règles de l'occupant comme seules légitimes. Pour maintenir cette situation, l'occupant n'hésitait pas à mépriser tout ce qui constituait « l'âme haïtienne ». La terreur était devenue norme de gouvernement, visant n'importe qui à n'importe quel moment, comme en témoignent les assassinats et emprisonnements arbitraires des opposants à l'occupation (Alexis, 2021). L'indistinction entre la violence aveugle et le droit était ainsi perçue comme une normalité. L'occupation, sous prétexte de rétablir l'ordre, chamboulait les repères et instaurait la peur dans l'esprit collectif. Dans ce cadre, la question de la normalité et de l'anormalité devenait insignifiante.

Par exemple, le mépris affiché par les Marines envers les élites haïtiennes, qui les avaient accueillis à bras ouverts, les a renvoyées à une indifférenciation avec les masses qu'elles méprisaient elles-mêmes (Sanders Johnson, 2023). Les Marines apportaient dans la société haïtienne des idées racistes rétrogrades du vieux Sud des États-Unis, considérant tous les Haïtiens et toutes les Haïtiennes comme des Noir·e·s, ignorant les nuances de complexion établies par les élites haïtiennes (Renda, 2001). Dans ce contexte, les Haïtiens et les Haïtiennes tombaient dans une indifférenciation créant une forme de massification des conditions. Les Marines souillaient les

---

4. Les expressions « femmes placées » et « hommes placés » font références à ceux et celles qui vivent maritalement en dehors des liens du mariage.

identités des élites, qui utilisaient les mêmes stratégies envers les paysans et les classes laborieuses.

Dans ce cadre, les frontières traditionnelles de race/couleur et classe, établies entre masses et élites en Haïti, perdaient tout sens dans le schéma de l'occupant. L'appauvrissement des élites traditionnelles rendait insignifiants les critères de cette différenciation. La vie des Haïtien·ne·s, toutes catégories confondues, devenait négligeable ; ils et elles pouvaient être insulté·e·s, méprisé·e·s et brutalisé·e·s, leurs biens pouvaient être saisis à n'importe quel moment pour un usage militaire (Gaillard, 1983). Sur le plan discursif, les Marines traitaient les Haïtiens de « Gook » (Gaillard, 1983, p. 188), un terme désignant une substance gluante, puante, boueuse et sale. Ce mot condensait une politique discursive qui installait un ordre linguistique, traduisant un « discours de haine » (Butler, 2004) visant à répandre et à renforcer une vision inférioriée des Haïtien·ne·s, les fragilisant tant sur le plan individuel (intériorisation de la norme et haine de soi) que social (sentiment d'impunité des auteurs de violences physiques).

Ces situations enfermaient les Haïtien·ne·s dans une nudité politique, suscitant leur vulnérabilité face aux oppressions de l'occupant. Le dispositif mis en place par l'occupant s'articulait autour de six types de violences : verbale (insultes), physique (emprisonnements et assassinats), psychologique (séparation des espaces et racisme), sexuelle (viols), économique (vol des ressources nationales et corvée) et symbolique (dénigrement culturel). L'occupant a ainsi créé les conditions d'une emprise politique sur l'occupé·e, remettant en question la souveraineté des individus et du territoire national. Ces différentes formes de violence rappellent le schéma explicatif développé par les féministes pour expliquer le cycle de violence dans les cas de violences conjugales.

2. Les implications socio-politiques de l'occupation sur le genre (conditions et situations des femmes)

Si tous les Haïtiens subissaient le dénuement et la vulnérabilité imposés par l'occupant, les couches les plus défavorisées et les femmes étaient les plus durement touchées par ces processus (Sanders Johnson, 2013 ; Renda, 2001). Elles étaient particulièrement vulnérables, devant sortir chaque jour pour gagner leur pain quotidien tout en s'exposant aux agressions violentes des Marines. Comme le notent nos autrices, au fur et à mesure que les cadres de l'occupation se durcissaient, les viols des femmes par les Marines devenaient de plus en plus fréquents dans le paysage social. Pour Renda (2001), le viol était l'une des marques de fabrique de l'occupation de 1915. Citant Renda, Sanders Johnson (2013, p. 55-56) argue : « Historian Mary Renda maintains that after 1915, violence against Haitian women characterized the occupation. Renda further explains that the 'routine of violence' meant that few cases of assault of women were prosecuted by U.S court martial[5]. »

Matthew Casey (2015), dans son texte sur le travail domestique en Haïti durant cette période, explique que les employées de maison, notamment les femmes, étaient particulièrement vulnérables aux agressions sexuelles, menaçant les Haïtiennes de toutes les classes sociales. Les espaces domestiques étaient des lieux d'interactions interclasses et interraciales, liés à des processus occupationnels plus vastes dépassant le cadre des relations géopolitiques. Les femmes des classes défavorisées travaillant chez les Marines pouvaient être battues par les femmes blanches américaines sous de faux prétextes de vol, comme le montre Annie Desroy[6] dans son roman. Matthew Casey (2015) rapporte le cas du harcèlement sexuel subi par la lavandière d'Antoinette Titus sur son lieu de travail.

Outre ces deux autrices, Annie Desroy, auteure du roman *Le Joug* (1934) dont l'intrigue se déroule pendant l'occupation, décrit la brutalité avec laquelle un Marine a battu une femme haïtienne jusqu'à ce

---

5. « L'historienne Mary Renda soutient qu'après 1915, la violence contre les femmes haïtiennes caractérisait l'occupation. Renda explique que cette "routine de la violence" signifiait que peu de cas d'agressions contre les femmes étaient poursuivis devant la cour martiale américaine. »
6. Annie Desroy, pseudonyme d'Anne-Marie Bourand née Lerebours (1893-1948), était une écrivaine et membre active de la Ligue Féminine d'Action Sociale, organisation féministe fondée en 1934 en Haïti.

que mort s'ensuive sous les yeux de ses deux fillettes. Le roman examine les effets de l'occupation sur la psyché haïtienne. À travers la vie de deux couples, l'un américain et l'autre haïtien, Desroy illustre la dynamique de l'oppression raciale, sexuelle et de classe pendant l'occupation (Ménard, 2002).

L'historien Georges Corvington (2007) rapporte le viol d'une fillette par un Marine, et Sanders Johnson (2013) cite celui d'une adolescente, Eleanor, par un soldat américain. Citant le *Chicago Defender*, Nordman (2021, p. 28) écrit : « En une seule nuit, dans le quartier "Bisquet" de Port-au-Prince, neuf petites filles de 8 à 12 ans sont mortes des suites du viol de soldats américains. » Les femmes haïtiennes et dominicaines craignaient les Marines, et pourtant le viol était l'un des délits les moins punis. Le futur dictateur domini-cain Rafael Trujillo a commencé son ascension vers la notoriété au sein de la force constabulaire dominicaine lorsqu'une commission de Marines l'a acquitté des accusations de viol (González et al., 2014). Le viol s'était routinisé et banalisé pendant l'occupation de 1915. À ce sujet, Duvivier (2008) souligne que le viol des femmes et des jeunes hommes par les Marines faisait partie d'un cadre politique et écono-mique global, impliquant la dévaluation raciale, économique, poli-tique et sexuelle des corps noirs du tiers-monde[7].

De plus, Gaillard souligne que les Marines avaient l'habitude de mener des fouilles dans les marchés contre les Cacos, molestant et dévalisant au passage les vendeuses et les cultivateurs venus vendre leurs produits. Ils pillaient et brûlaient les maisons des paysans. Les violences contre les paysans, y compris les femmes, étaient donc un élément clé dans le processus occupationnel. Ces violences montrent que si les Haïtiennes, en tant que natives, étaient concernées au même titre que tous par l'occupation, en tant que femmes, elles étaient frappées de manière spécifique : elles pouvaient être violées

---

7. Les violences sexuelles subies par les hommes en contexte de conflits armés demeurent généralement taboues (Le Pape, 2013). En Haïti comme ailleurs, ces cas sont rarement signalés aux organisations de défense des droits humains. Les rapports de genre inégalitaires constituent probablement l'un des obstacles à la dénonciation de ces abus.

en plus d'être arrêtées, torturées, battues, brûlées et assassinées par les Marines (Castor, 1988 ; Gaillard, 1983 ; Renda, 2001 ; Sanders Johnson, 2013 ; Casey, 2019). En outre, Castor rapporte le cas de femmes qui, en raison de la spoliation des terres des paysans par les Marines, étaient contraintes de se rendre à Cuba pour se prostituer.

Il est également important de noter que la paupérisation de la paysannerie résultant du processus de spoliation des terres n'affectait pas de la même manière les deux sexes. L'occupation a renforcé de manière spécifique la vulnérabilité économique des femmes, en particulier les plus pauvres (Lamour, 2025b). Elles avaient plus de difficultés à accéder aux ressources que les hommes. À ce titre, Castor note que sur les plantations tenues par les Marines, les hommes étaient payés 20 à 30 centimes de dollars, tandis que les femmes et les enfants n'en recevaient que 10 centimes pour le même travail (Castor, 1988).

Les modalités de construction de la force de travail pour la coupe de canne étaient également genrées. Les femmes ne pouvaient pas traverser les frontières en tant que coupeuses de canne (*braceras*) au même titre que les hommes en raison de la division sexuelle du travail. Dans un contexte où la même autrice rapportait le rôle actif des femmes « madan sara[8] » et commerçantes ambulantes comme possibles agentes de liaison entre les différents groupes résistants à l'occupation, les viols de ces femmes pouvaient signifier une forme de contrôle politique sur ces groupes et d'accès via les corps de celles-ci.

Outre cette hypothèse, dans un contexte où l'occupation cherchait à transformer le paysan en travailleur colonial, la figure de la commerçante autonome vendeuse de vivres pouvait également incarner l'ennemi de l'ordre pour les Marines. Les viols de ces femmes constituaient un moyen de déstabiliser les résistants armés en brisant les solidarités intrasexes au sein des luttes armées des

---

8. Les « madan sara » sont des commerçantes itinérantes qui jouent un rôle économique essentiel en Haïti, assurant la distribution des produits agricoles entre zones rurales et urbaines.

paysans contre l'occupation. À ce titre, il convient de considérer les viols des femmes haïtiennes par les Marines comme une méthode de guerre, c'est-à-dire qu'ils pouvaient être utilisés « pour torturer, blesser, obtenir des renseignements, dégrader, menacer, intimider ou punir en liaison avec un conflit armé » (Daniel-Genc, 2015).

Outre les viols, les occupants avaient également dévalorisé la force de travail des femmes sur les plantations. Dans ce cadre, deux dynamiques concomitantes doivent être prises en compte concernant les répercussions pour les femmes paysannes durant l'occupation : un processus de communalisation de leur force de travail et un processus de communalisation de leurs corps par le biais de la prostitution, du viol et du travail domestique. Elles étaient enrôlées pour accompagner les hommes en tant que cuisinières et blanchisseuses.

La situation a pris une autre tournure lorsque les femmes des classes aisées ont commencé à sortir dans la rue pour travailler (Sylvain-Bouchereau, 1957). Les jeunes femmes devenaient dactylographes dans les ministères et institutrices (Gaillard, 1983, p. 270). En effet, l'appauvrissement des classes aisées a poussé les « bourgeoises » à chercher un emploi dans l'administration publique (Lucien, 2013, 2014). À ce sujet, cette citation de Suzanne Comhaire-Sylvain (1975, s.p.) illustre la situation des femmes des classes aisées sur le marché du travail :

> Seules les femmes du peuple, quelques femmes d'une classe moyenne embryonnaire et parmi les bourgeois, un petit nombre d'institutrices, infirmières et sages-femmes, de très rares commerçantes étaient au travail de 1900 à 1924, date d'entrée de deux jeunes Haïtiennes dans l'Administration comme sténo-dactylos, l'une dans un bureau public (Service Technique de l'Agriculture), l'autre dans une maison de commerce (Eugène Le Bosse et Cie). Il ne faut pas croire que tout ait été facile pour ces pionnières, l'une d'entre elles a vu s'évanouir des projets de mariage ébauchés de longue date (à cause du scandale ?), tandis que le père de l'autre devait subir les assauts répétés de ses amis qui ne comprenaient pas qu'il eût permis à sa fille "en tant que jeune fille de la société de donner le mauvais

exemple". L'exemple-mauvais ou non-a été suivi : les jeunes filles ont envahi l'administration, sont entrées à l'université et se sont installées dans les professions libérales [...].

Cependant, sachant que l'administration était contrôlée par les Marines, cette situation exposait également ces femmes à des dangers, car elles pouvaient être victimes de viols et de harcèlements sexuels, tout comme les femmes des classes défavorisées, dont les marchandes. L'accès des femmes de la bourgeoisie au marché du travail était un gain ambigu. La menace du viol ternissait cet acquis. Cela est d'autant plus vrai que Suzanne Comhaire-Sylvain (1975) mentionne qu'une des jeunes filles ayant intégré le marché du travail a vu ses projets de mariage s'effondrer. À ce stade, la société était consciente des risques encourus par les jeunes femmes entrant sur le marché du travail. Je suppose que c'est dans ce contexte que les femmes, notamment celles côtoyant l'Union patriotique[9], ont commencé à s'organiser et à mettre en place des stratégies pour dénoncer et lutter contre les viols et les harcèlements commis par les Marines.

3. Les luttes des femmes contre l'occupant (la respectabilité)

L'entrée des femmes des classes aisées sur le marché du travail formel et salarié au tournant des années 1920 a conduit ces femmes à s'intéresser aux viols et aux avilissements subis par les femmes de toutes les classes. En effet, leur intégration dans le monde professionnel a une fois de plus soulevé la question de l'indifférenciation. L'une des différences fondamentales entre les femmes, notamment celles des classes aisées, au cours de cette période résidait dans leur occupation différenciée des espaces publics et privés. D'ailleurs, la longue citation de Suzanne Comhaire-Sylvain témoigne de cette

---

9. L'Union patriotique était un mouvement de résistance à l'occupation américaine, fondé en 1920.

réalité. Ce nouveau pas franchi a permis à ces femmes de réaliser qu'elles étaient également concernées par les violences sexuelles. Elles n'étaient plus protégées par l'espace privé et devaient travailler pour subvenir aux besoins de leurs familles.

C'est dans ce contexte qu'a émergé une branche autonome de l'Union patriotique. L'Union patriotique est le groupe d'intellectuels qui luttaient avec leurs plumes contre l'occupation. Trois femmes se distinguent par leur dévouement dans cette lutte : Eugénie Malebranche Sylvain, Thérèse Hudicourt et Alice Garoute. Les militantes de cette période ont vécu leur engagement sous la bannière de l'Union patriotique, certaines d'entre elles aux côtés de leurs maris, eux-mêmes membres de cette structure. Sous cette organisation, elles ont organisé une levée de fonds pour se rendre à Washington afin d'expliquer aux autorités concernées les actes commis par les Marines et d'alerter l'opinion publique américaine sur la situation dans le pays. Elles ont constitué un dossier de plaidoyer, avec le soutien des femmes paysannes et des classes populaires victimes de violences sexuelles, pour se rendre à Washington (Sanders Johnson, 2013, 2023). Elles ont donc utilisé un élément social fédérateur, l'honneur des femmes haïtiennes, pour accroître leur visibilité et légitimer leur place dans l'espace public.

Ainsi, ces femmes ont réussi à collecter des fonds et à élaborer un document sur les violences subies par les victimes des Marines (Sanders Johnson, 2023). Une fois sur place, elles ont rencontré des membres de la *National Association for the Advancement of Colored People*[10] (NAACP). Elles ont établi des liens avec des structures de lutte aux États-Unis autour de la question du viol, car celle-ci, tout comme le lynchage des hommes noirs, était également d'actualité aux États-Unis à l'époque. C'est dans ce contexte que James Weldon Johnson est venu en Haïti et a produit des écrits dans lesquels il explique comment les viols subis par les femmes aux mains des Marines affectaient la consolidation des structures familiales dans la Caraïbe en général. Les écrits de ce philosophe ont permis la mise en

---

10. Association nationale pour l'avancement des personnes de couleur.

place d'une enquête sur les atrocités commises par les Marines en Haïti (Sanders Johnson, 2013, 2023).

Il convient de noter que dans d'autres pays de la Caraïbe francophone, notamment en Martinique, se mettait en place un tissu associatif féminin essentiellement composé de femmes instruites issues de la bourgeoisie de couleur de l'île. Parmi ces femmes, la mère de Paulette Nardal, Louise Nardal, était engagée dans presque toutes les associations de secours mutuels et de solidarité aux soldats (Palmiste, 2021). Palmiste montre également que depuis le début du siècle, les femmes guadeloupéennes participaient activement aux dynamiques politiques de l'île. Dans un autre texte publié antérieurement, elle met en lumière l'importance de ces réseaux dans la lutte des femmes pour accéder au droit de vote.

Elle note :

> [...] à travers leur implication sociale, elles investirent des domaines qui traditionnellement étaient réservés aux hommes. Aux associations de secours mutuel traditionnelles, dirigées par des hommes, viennent s'ajouter, au début du XXe siècle, de nouvelles sociétés dirigées et organisées par des femmes. Ces sociétés vont progressivement, et à des degrés différents, s'engager dans les débats publics, en réclamant l'amélioration des conditions sociales et juridiques des femmes. [...] L'émergence des femmes dans l'espace public, à travers les sociétés de prévoyance, est cependant circonscrite au cercle restreint des femmes instruites, faisant partie de l'élite de couleur. Ces femmes de l'élite, véritables dames patronnesses, se donnaient pour mission d'aider les femmes, les enfants et les personnes désœuvrées, et leur mission philanthropique était à la mesure des difficultés que rencontraient les femmes dans la société. Elles occupaient une place privilégiée, par rapport aux autres femmes. (Palmiste, 2009, p. 2)

Il est important de souligner que ces luttes pour obtenir des droits et préserver les acquis de classe en contexte de domination présentent des caractéristiques similaires : la mise en place d'un tissu associatif dirigé par des femmes de l'élite comme moyen d'accéder à l'espace public. Je suppose qu'à l'instar des « Antillaises », les bourgeoises haïtiennes ont également créé un tissu associatif structuré autour de la préoccupation pour autrui comme moyen pour les femmes de s'inscrire dans l'espace public. C'est à partir de ce lieu qu'elles ont également consolidé une approche de la respectabilité (Lamour, 2024). Cela signifie investir l'espace public avec les structures de sentiment[11] issues du monde domestique pour gagner en respectabilité et créer des situations qui les imposent comme interlocutrices légitimes.

Ces luttes ne concernaient pas uniquement les femmes des classes aisées. Matthew Casey (2015) rapporte des cas où des travailleuses domestiques ont traduit en justice des soldats américains pour préserver leur respectabilité[12]. Les sources judiciaires regorgent de cas, notamment des combats menés par des travailleuses domestiques contre le travail gratuit, les violences physiques et les agressions sexuelles. Les litiges portaient généralement sur des biens, des vols et des privilèges tacites. Casey (2015) expose le cas d'une jeune servante qui, avec l'aide d'un avocat, a intenté une action en dommages et intérêts, estimant que sa réputation avait été entachée suite à une accusation de vol par son employeur. À ce titre, les luttes des femmes pour leur respectabilité se jouaient à plusieurs niveaux. Casey évoque également le cas de Pélonne Neptune, employée de maison, qui en 1931 a dénoncé son employeur maritime à la police après qu'un conflit de travail se soit transformé en bagarre physique. Pour cet auteur, c'est dans ce

---

11. Cette expression désigne des atmosphères, des états d'esprit ou des attitudes comportementales difficiles à définir précisément : couleur, ton, rythme, pouls. Elle renvoie aux formes structurantes qui façonnent les croyances et comportements liés aux conditions émotionnelles et affectives sous-tendant les contenus manifestes d'une société (Highmore, 2022).

12. Par respectabilité, à la suite de Skeggs (2015), j'entends un marqueur de classe présent dans nos manières de parler, les gens à qui l'on parle, la façon dont nous classons les autres et dont nous savons qui nous sommes (ou ne sommes pas). Elle est un enjeu majeur pour ceux et celles qui sont dans des situations de domination, vu que ces gens sont souvent catégorisé·e·s comme irrespectueux·ses.

contexte que la classe laborieuse des villes émergera, jouant un rôle généralement négligé dans les luttes anti-occupationnelles. Casey met en lumière le poids potentiel de ce groupe dans la constitution de réseaux de résistance de soutien aux combattants Cacos. Alexis (2015), quant à lui, montre que les femmes paysannes ont utilisé le silence, exprimé par « *Mwen pa konnen*[13] », et l'ignorance pour protéger les Cacos.

Trieuses de café, 1919. (CIDIHCA)

Partant de là, la question de la préservation de la respectabilité (Skeggs, 2015) des femmes fut cruciale dans leurs luttes contre l'occupation. En effet, elles investirent la rue en tant que mères, épouses et sœurs, mais aussi pour veiller à maintenir un cadre moral capable de préserver l'honneur des jeunes femmes des classes défavorisées face aux agressions des Marines. À long terme, ces actions ont permis aux

---

13. « Mwen pa konnen » : expression créole haïtienne signifiant « Je ne sais pas ».

femmes de prendre des initiatives politiques qui facilitaient la définition d'un sujet politique féminin luttant contre la banalisation de la vie des Haïtiennes par les Marines. Par exemple, l'hommage national rendu à la mère de Charlemagne Péralte[14], Madame Masséna Péralte, en tant que mère du héros et « femme courage », qui suivait son fils de bourg en bourg dans chacune des prisons où il était enfermé, illustre ce point (Gaillard, 1983). À ce titre, il est important de noter qu'elle n'apparaît pas dans l'espace public en tant que femme caco, comme l'a souligné Gaillard. La reconnaissance de cette femme en tant que mère dans l'espace public a conduit à la récupération du corps de Charlemagne Péralte et à la reconnaissance des luttes menées par ce dernier contre l'occupant.

4. Les femmes comme sujet politique : une question de courage politique

Tout en se conformant aux normes sociales assignées aux femmes de leur rang, elles ont lutté contre leur anormalisation en tant que femmes d'un pays occupé. En ce sens, elles ont également combattu les lignes de partage entre les sexes et les races/couleurs. Elles ont mené leur combat sur un double front : contre les assignations internes et les dérives de l'occupant. Aux prises avec des systèmes d'oppression pluriels et concurrentiels, ces femmes ont fait des violences sexuelles un problème central, sans pour autant minimiser l'importance de la désoccupation du territoire. Les expériences de luttes issues de la contestation du viol et des agressions sexistes ont permis à ces femmes de sortir de l'espace privé et d'occuper l'espace public avec des revendications spécifiques à leur groupe et des revendications nationales globales. Tout en restant attachées aux problèmes nationaux, elles ont dégagé des voies pour développer leur agentivité (Pheterson, 2001), leur capacité d'agir : processions, documentation des faits, manifestations et alliances transnationales.

---

14. Charlemagne Péralte (1886-1919) fut l'un des principaux leaders de la résistance armée contre l'occupation américaine d'Haïti.

Les expériences politiques acquises leur ont permis de jouer avec les codes et les symboles, retournant certains handicaps sociaux à leur profit. À ce niveau, elles ont interpellé à la fois les hommes haïtiens et l'occupant. Elles ont fait preuve de courage (Arendt, 1995) en tant que vertu politique citoyenne pour dire non à l'occupation et à leur déshumanisation. Elles sont ainsi passées d'un processus de reconnaissance d'un problème de violences sexuelles à la mise en place d'une volonté d'action pour résoudre ce problème. Bien qu'étant considérées comme mineures, dénuées de droits politiques, elles ont déployé des formes de mobilisation rappelant celles des citoyens.

> Le citoyen est celui qui a le courage de transformer ses paroles en actes, ses pensées en engagement, sa position intellectuelle en conviction réelle. Bref, celui qui passe de l'indignation à la mobilisation [...]. Le courage, invitant ainsi à l'action, nous fait pénétrer dans l'espace public. Et c'est bien le propre du citoyen que d'inscrire son action dans cet espace public, de libérer ses convictions de la prison de sa pensée pour les laisser s'exposer à tous et s'incarner en actes. (Cervera-Marzal, 2012)

C'est sur ces bases normatives qu'elles ont patiemment élaboré un processus d'affirmation politique de leur groupe. C'est dans la continuité de ces luttes qu'émergera plus tard la Ligue Féminine d'Action Sociale en 1934. Sans s'affirmer féministes, l'engagement des femmes membres de l'Union patriotique a favorisé l'émergence d'un nouveau sujet politique dans l'arène politique haïtienne. De plus, l'Union patriotique a constitué un terreau fertile pour le développement d'une entraide féminine et d'une conscience féministe dans la société haïtienne. Jusqu'à présent, les femmes sont tributaires des héritages de ce mouvement, car les luttes contre les violences faites aux femmes constituent l'un des pivots du mouvement féministe haïtien, aux côtés de celles pour l'accès à l'arène politique. Les actions des pionnières méritent d'être analysées, fouillées et étudiées pour non seulement apprendre de leurs stratégies, mais aussi éviter leurs erreurs afin de construire un mouvement capable de répondre aux aspirations des femmes et de la société dans son ensemble.

Conclusion

Ce texte reconstitue les balbutiements du féminisme organisé en Haïti durant l'occupation par les États-Unis. Il montre le poids des viols des Haïtiennes par les Marines dans la mise en place de cette forme de militantisme. Ce texte offre des pistes pour appréhender la violence de l'occupant comme un élément clé de la domination sur le territoire haïtien. Il met également en évidence les stratégies mises en place par les femmes, qu'elles soient de la haute bourgeoisie port-au-princienne ou des classes laborieuses, pour contrer les effets de la domination américaine en Haïti. Cette réflexion souligne la place occupée par les femmes de la bourgeoisie au sein de l'Union patrio-tique, qui leur a permis de se rapprocher de la sphère politique, tout en montrant la mobilisation des outils juridiques par les femmes des classes laborieuses pour préserver leur honneur. Selon les classes sociales, les luttes pour la sauvegarde de la respectabilité présentent des configurations différentes. Si certaines ont tissé des liens avec le monde politique par la lutte contre les violences sexuelles, d'autres ont utilisé les dispositifs publics pour se frayer un chemin dans l'es-pace public. De manière inédite, ces femmes ont mobilisé les lectures traditionnelles des rapports entre les sexes pour conserver leur respectabilité de classe, tout en luttant pour la souveraineté natio-nale. Malgré ces différences, elles ont illustré que la voie commune vers la libération commence par la dénonciation publique et l'action contre l'oppression. Ces démarches ont favorisé la systématisation d'une conscience féministe annonçant l'apparition de la première organisation nationale se réclamant du féminisme en Haïti. Sur le plan de la pensée, les moyens de lutte mobilisés par les femmes de cette période préfigurent les luttes contre les violences sexuelles et celles contre l'impunité, qui sont deux combats structurants du fémi-nisme à la fin du vingtième siècle en Haïti.

Chapitre 11

Entre intersectionnalité et colonialité

Une relecture de la figure de femmes poto-mitan en Haïti

Ne me reproche pas ma trop grande lucidité.
Ne me tiens pas rigueur de refuser le rôle [...]
d'agneau sacrificiel. [...]
Je ne comprends pas que nous soyons si nombreux à
nous définir ainsi.
À nous approprier l'injure.
À prétendre l'investir d'une autre signification. [...]

— Leonora Miano, *Crépuscule du*
tourment (p. 40, 83)

L'objectif de cet article est de montrer les liens existant entre l'intersectionnalité et la colonialité en Haïti dans la production du phénomène de *poto-mitan*. Présent dans certaines sociétés post-esclavagistes de la Caraïbe, le *poto-mitan* renvoie aux réalités des femmes, souvent mères, travaillant hors de leur foyer pour assumer les besoins sociaux et affectifs de leur famille avec ou sans les hommes dans les rôles de maris/pères. Du fait de l'enchevêtrement des rapports de pouvoir issus de la colonisation et de l'esclavage, les femmes de ces sociétés occupent une position particulière dans les rapports de sexe médiatisés par la place occupée par leur pays à l'échelle mondiale[1]. Si, à des nuances près, le *poto-mitan* traduit ces réalités, en Haïti, les femmes doivent de plus compenser la défaillance d'un État qui se décharge du collectif sous l'impulsion d'organismes externes. Dans ce cadre, *poto-mitan* et féminisation de la pauvreté peuvent être considérés comme les deux faces d'une même réalité. Le *poto-mitan*, comme « figure de l'intersectionnalité » (Ezékiel, 2005), est traversé par les logiques sociopolitiques, économiques et culturelles de la colonialité.

Pour étayer cette proposition, je formule l'hypothèse que le *poto-mitan* conforte une hiérarchie de sexe construite au XVIIIe siècle à Saint-Domingue, portée par le statut, la classe et la race comme construction d'un rapport de pouvoir, resignifiée en Haïti après l'indépendance. Ainsi, le phénomène répond à la fois d'une dynamique de production de l'intersectionnalité et de logiques de production de la colonialité. Aussi, j'interroge la réalité de femmes *poto-mitan* comme un mode de faire humain relevant de l'ordre des possibles.

Mon argumentaire mobilise trois sources d'informations : des récits de vie conduits en France avec des migrantes haïtiennes ; des recherches établissant la sociogenèse du phénomène de Saint-Domingue à Haïti ; des observations menées en Haïti et en France. Ces données empiriques soutiennent un argumentaire articulé autour de plusieurs points. Tout d'abord, je présente les concepts d'intersectionnalité et de colonialité suivis d'une brève acception du terme *poto-mitan* ainsi que son historicité en Haïti. Ensuite, je discute de l'imbrication de l'intersectionnalité et de la colonialité dans la production du phénomène. Enfin, je conclurai en montrant que le *poto-mitan* participe de logiques complexes informant sur les rapports de pouvoir tant au niveau local qu'externe.

---

1. Selon Cruse (2014), « la Caraïbe fut l'espace colonisé par les Européens à partir du XVe siècle. La région s'est distinguée par l'établissement des plantations – principalement sucrières – qui nécessitèrent une main-d'œuvre servile pour son bon fonctionnement économique ».

Ouvrières de la Maison Vital, Jacmel. (CIDIHCA)

1. Des concepts d'intersectionnalité et de colonialité

Le concept d'intersectionnalité prend sa source dans les idées développées au XIXe siècle par des intellectuelles étasuniennes noires, dont Anna J. Cooper qui, dans *A Voice from the South* en 1892, montre la nécessité de penser de manière imbriquée les rapports de sexe et de race (Harper, 2012). Reprises par les féministes du *Combahee River Collective* (1977)[2], ces idées seront relancées au tournant des décennies 1980 et 1990 par Kimberley Crenshaw (1991) et Patricia Hill Collins (1991) en instruisant la manière dont le sexe, la « race » et la classe s'enchevêtrent dans leurs dimensions tant politiques que représentationnelles en formant une matrice structurelle de domination. Quant à Sirma Bilge (2015), elle définit l'intersectionnalité comme une *analytique du pouvoir* qui s'appuie sur un ensemble de *vecteurs de pouvoir* interactifs et coconstitutifs qui donnent forme à des *domaines de pouvoir* qui s'enchevêtrent. Par conséquent, l'intersectionnalité facilite l'analyse non seulement des relations d'interdépendance historiquement contingentes entre les vecteurs de pouvoir (race, sexe et classe), mais aussi de plusieurs domaines et de leurs

---

2. Une association féministe afro-américaine lesbienne et marxiste qui a admis la simultanéité des oppressions en dehors de toute hiérarchie entre elles. Écrite en 1977, la Déclaration du Combahee River Collective est un des textes fondamentaux du Black Feminism. Voir à ce sujet Eisenstein (1978). Sa traduction française est publiée dans Dorlin (2008).

corrélations, notamment : le structurel, le représentationnel, le disciplinaire, l'interpersonnel et le psychique incorporé.

Quant au concept de colonialité, il a d'abord été proposé, selon
Ochy Curiel (2007), par le groupe Modernité/Colonialité[3], en vue
d'asseoir un schéma de compréhension des rapports de domination
du monde contemporain. Anibal Quijano (1992) y voit déjà une
manière de s'instruire sur les séquelles et legs coloniaux, et de saisir
les dynamiques sociales, politiques, économiques et culturelles
contemporaines. D'où l'existence d'une matrice de pouvoir historique, à l'échelle planétaire, se basant sur l'infériorisation de certains
groupes et catégories en vue de reproduire les discriminations et les
stigmatisations sociales dans le temps et dans l'espace. La colonialité
relève alors de la construction d'un schéma planétaire de domination
opérant une classification ethnique et racialisée de la population
mondiale (Quijano, 1992 ; Curiel, 2007). Car, après la soi-disant déco-
lonisation, le colonialisme continue à organiser les rapports matériels
et discursifs dans les sociétés anciennement colonisées. En effet, l'exploitation de la force de travail, de la race et des rapports de sexe
coïncide avec son contrôle des subjectivités des individus (Quijano,
2007).

À la lumière des deux concepts mobilisés ici, on verra que le *poto-
mitan* est une figure d'intersectionnalité qui renvoie à un continuum
existant entre les rapports de pouvoir, dont ceux de sexe, de race et de
classe/statut, qui prend forme dans leur production intersécante
depuis l'époque coloniale. Ici, intersectionnalité et colonialité
permettent de mobiliser l'histoire pour, à la fois, saisir l'impact des
décisions coloniales dans la formation du phénomène ainsi que l'apparition de nouveaux acteurs en Haïti : ici, l'impérialisme étasunien,
des marques de la domination externe qui s'ajoutent aux relations
internes de pouvoir. Il en découle que le *poto-mitan* est une figure de
subalternisation construite historiquement au lieu d'être un espace
de pouvoir favorisant la toute-puissance des femmes comme tendent

3. Les figures les plus connues de cette approche sont : Walter Mignolo, Enrique
Dussel, Anibal Quijano, Maria Lugones.

à le présenter certains auteurs travaillant sur la centralité des femmes dans les familles dans les sociétés de la Caraïbe[4].

| Ouvrières de la Maison Vital, Jacmel. (CIDIHCA)

2. Une brève acception du *poto-mitan* en Haïti

Issu du créole haïtien, le terme *poto-mitan* est un composé de *poto* et *mitan*, signifiant pilier et centre. Précisément, le mot désigne un pilier central supportant une architecture. D'où ses significations

---

4. J'attire l'attention sur les lectures proposées dans la Caraïbe francophone sur les positions des femmes dans les familles « antillaises ». Ici, je retiens la thèse de Gracchus (1980) qui montre que les femmes noires avaient bénéficié de nombreux avantages durant l'esclavage du fait des relations qu'elles avaient entretenues avec les colons blancs. Ainsi, après l'esclavage, les familles sont bâties sur le modèle d'une femme mère, sans la présence d'hommes dans le rôle de maris et de pères. Selon cette idée, les hommes de ces sociétés sont victimes de la toute-puissance des femmes les empêchant de jouer leur rôle de pères et de maris, en considérant que l'espace psychique facilitant cette construction est déjà occupé par l'image idéalisée de l'homme blanc dans ces rôles.

symboliques, spirituelles, matérielles et politiques. Au niveau symbolique, le *poto-mitan* est le pilier supportant l'armature des temples du vaudou haïtien (Maximilien, 1945). Il matérialise la rencontre de deux mondes matériel/spirituel, le visible/l'invisible (Deren, 1953/2004). Il est le point d'articulation de la vie du temple (Métraux, 1958). Sur un plan matériel, le vocable est surtout associé aux femmes. Ainsi, le proverbe haïtien : « *Fanm se poto-mitan lavi* » traduit l'idée que les femmes sont indispensables au maintien de la vie dans la société. Ce sont les poutres autour desquelles s'articule la vie du groupe familial, et par extrapolation, celle de la société. Ainsi, dans le langage courant, une femme *poto-mitan* est avant tout une figure de l'adversité, de l'abnégation, de l'intuition, de l'empathie, de la générosité, de la ténacité, du courage, de la débrouillardise, du dévouement et du dépassement de soi, qui se sacrifie pour les siens[5].

Sur le plan politique, le *poto-mitan* est une figure sociale valorisante qui joue un rôle de protection et de prise en charge des autres par la mobilisation de ses propres moyens, en fonction de valeurs supposées intrinsèques aux femmes. Ainsi, les manifestations concrètes de la figure du *poto-mitan* remettent en question les rôles normatifs des sexes proposés dans d'autres contextes sociaux alors que le phénomène influence les rapports sociaux empreints de colorisme[6] en Haïti. De plus, plus on s'éloigne des couches aisées de la société haïtienne, plus cette figure est admise comme norme. Ainsi, n'importe quelle sœur, tante, grand-mère, nièce, cousine peut remplir

---

5. Ce fait retrouvé dans les discours de nos interlocutrices sur mon terrain de recherche est aussi souligné par Michel (2003) rapportant les propos de Cathy McCarthy Brown dans la présentation qu'elle fait d'Alourdes, une femme mambo haïtienne évoluant aux États-Unis.

6. Une des interlocutrices de mon terrain a fait valoir que la charge de sa famille lui incombe depuis son enfance : elle est moins claire de peau que sa grande sœur, la fille illégitime d'un bourgeois mulâtre. Cet aveu s'associe à l'image des deux esprits féminins du vaudou les plus connus : Erzulie Fréda et Erzulie Dantor. La première est décrite comme une mulâtresse amoureuse, désinvolte et habillée avec luxe (satin) qui mange des mets raffinés. L'autre est une femme noire portant un enfant sur le bras. Cette rude travailleuse mange les mets les moins appréciés en Haïti. Ces faits sont exposés avec plus de détails dans Deïta (1993).

de façon permanente ou sporadique ce rôle en l'absence, la « démission »[7] ou la mort des mères biologiques (Lahens, 1997-1998).

En Haïti, je décèle un certain consensus autour des significations
idéelles et matérielles du *poto-mitan*. Capitalisant sur ces diverses
acceptions, je présume que le *poto-mitan* est le point d'ordonnancement d'un monde. Ici, il est une disposition sociale sexuée prenant
corps dans une matrice de socialisation spécifique aux femmes les
portant à se soucier du bien-être des autres au détriment de leur
propre bien-être. Dans ce contexte, la division sociale raciale et
sexuelle du travail s'avère aussi un élément important dans le
déploiement de cette figure assurant l'équilibre du social. Le *poto-
mitan* est alors un legs partagé entre Haïti et d'autres sociétés façon-
nées par la colonisation, comme l'atteste la sociogenèse du fait.

3. Une sociogenèse du *poto-mitan*

Saisir le *poto-mitan* en Haïti suppose une observation des positions des femmes réduites en esclavage à Saint-Domingue. Unités de
travail ayant accessoirement une capacité reproductive, elles ont
comblé les besoins massifs de main-d'œuvre de la colonie (Neptune-
Anglade, 1986). Jusqu'en 1743, seule la traite servait à assurer le renouvellement de cette main-d'œuvre (Neptune-Anglade, 1986 ; Behanzin,
2003). Cependant, de 1743 à 1763, l'enchevêtrement de plusieurs
événements internationaux et locaux vont changer la donne pour ces
femmes. En effet, les guerres de succession d'Autriche (1743-1748) et la
guerre de Sept Ans (1756-1763) (Neptune-Anglade, 1986) ont provoqué
des blocus navals et contribué à exacerber le problème de faim[8] dans
la colonie. Les bateaux ne pouvaient pas approvisionner la colonie ni
en vivres ni en main-d'œuvre servile. Cet état de fait avait provoqué
une montée du marronnage, la mort par inanition des captifs et

---

7. En Haïti, la démission parentale n'est pas une chose aisée pour les femmes. Car les
proverbes et les dispositifs coercitifs ostracisent les femmes placées dans cette situation
et les portent à assumer la responsabilité de leurs enfants.
8. Pour saisir la question de la faim à Saint-Domingue, lire Bourdier (2011) et Saint-
Louis (1999).

captives et des petits blancs. En effet, si les individus réduits en esclavage sont de loin les plus concernés par les carences alimentaires, les
Blancs ne sont pas épargnés (Bourdier, 2011). Cette situation attisera,
entre autres, les conflits entre grands blancs et petits blancs (Frostin,
1975). En outre, les conflits opposant les blancs riches et pauvres
portaient sur les contradictions existantes entre le travail perçu
comme étant lié à la condition servile, et la possession de la richesse
associée de manière intrinsèque à la blancheur de la peau. Ainsi,
aussi pauvres qu'ils pouvaient être, les petits blancs ne pouvaient pas
travailler sans hypothéquer « la seule richesse » qu'ils possédaient
dans la hiérarchie coloniale : leur « blanchité »[9] (Cervulle, 2013).

Pour sortir de cette impasse, la société coloniale s'est attachée à
construire une catégorie sociale qui, tout en étant fixée à la marge de
la société, pouvait occuper de manière différentielle la marginalité
par rapport aux autres marginaux : blanches, mulâtresses, mulâtres,
petits blancs, hommes noirs captifs et non captifs. Les jardins-
nègres[10] s'édifient comme alternative à la faim. Par cette solution, les
colons agréent au principe ordonné par la métropole : la réservation
d'une partie des terres de la colonie à la culture de vivres (Saint-
Louis, 1999). Je présume que cette décision va impulser une construction complexe de la race et de la division sexuelle du travail dans le
groupe des captifs. En effet, les jardins-nègres induisent un agence-
ment inédit des positionnalités des différentes catégories sociales
dans la colonie, notamment celles des femmes captives. En effet, les
colons se désengagent de la gestion de la faim, élément central dans
le maintien de la reproduction et l'aménagement du vivre-ensemble
au sein de tout groupe social. Ils renvoient sur la population réduite
en esclavage « la responsabilité collective » (Rabatel & Koren, 2008)
de la colonie, donc la manière dont un groupe assume les problèmes
d'une communauté qui aspire à faire société. Dans le même temps,

---

9. Citant Judith Ezékiel, la blanchité, selon Cervulle (2013, p. 48), renvoie à « l'hégémonie sociale, culturelle et politique blanche à laquelle sont confrontées les minorités
ethnoraciales ».
10. Selon les explications fournies par Saint-Louis (1999), les jardins-nègres ou jardins-
cases émergent en même temps que les plantations sucrières.

les jardins-nègres impulsent un processus de distribution et d'organisation de l'espace qui assigne un rôle central aux rapports de sexe.

Conjointement à cette nouveauté, se mettent en place les politiques d'incitation à la grossesse des femmes noires (Behanzin, 2003 ;
Gautier, 1985). Ainsi prend forme un processus motivant la mise en
couple (hétérosexuel) des captifs (Gautier, 1985), autour des jardins-
nègres, pour certaines femmes réduites en esclavage. Ces politiques
impliquent une régulation de la capacité de grossesses des femmes
captives (Gautier, 1985). Car les captives peuvent se voir exemptées du
travail des champs à partir de 4 enfants et devenir libres de fait à
partir de 6 enfants vivants, si deux des enfants peuvent remplacer
leur mère dans les champs. Les hommes n'ont accès à ces droits que
si les compagnes sont mortes et leurs enfants en bas âge (Gautier,
1985). Donc, c'est moins la mère ou le père qui compte que la
personne qui s'occupe des enfants. Ainsi, cette politique facilite
l'émergence de deux phénomènes inédits : la genèse des pratiques
culturales parcellaires et le commerce des surplus vivriers [pratiques
marchandes mobiles] (Neptune-Anglade, 1986). Les femmes réduites
en esclavage assureront les tâches de reproduction et aussi de
commercialisation. Ce processus entraînera la communalisation de la
force de travail de ces femmes, entravera leur enfermement dans l'espace privé, et amènera une neutralisation de la puissance paternelle
des captifs. Cette pratique initie la sociogenèse de « l'autonomie
contrôlée » des femmes en lien avec leurs « mobilités restrictives » en
tant que marchandes, commerçantes de vivres et captives, en activant
le rejet des hommes captifs en dehors de la « masculinité hégémonique » (Connell, 2014).

Par ce processus, les femmes réduites en esclavage sont
construites comme des femmes fortes qui n'ont pas besoin, à l'inverse
des blanches, de la protection d'un homme. Un tel scénario brouille
les cadres des espaces privé et public. En effet, les captives ne sont ni
femmes de, ni mères de... Elles sont des travailleuses, ayant une capacité reproductrice, responsabilisées dans la prise en charge des
enfants : des besoins fondamentaux de la colonie, mais sans la reconnaissance sociopolitique subséquente. Elles sont des mères nourri-

cières. Ces éléments faciliteront l'utilisation outrancière du principe
d'attachement des enfants aux femmes. Cette fonction de productrices de vivres et de marchandes de surplus vivrier permet aux
captives d'aller donc au-devant des besoins de la colonie, de se placer
comme les fournisseurs clés des marchés de vivres de la colonie
(Saint-Louis, 1999). Ces rôles induisent une mutation des rapports de
sexe pour ces femmes, et signent finalement un remaniement des
logiques dominantes par rapport aux normes valides et valorisées
pour les femmes blanches dans le même cadre spatiotemporel.

4. Ce que le sexe fait à la race et au statut, et vice versa

Pour rendre cohérente la mutation des cadres normatifs régissant
les rapports entre les sexes pour les captives sera alors mobilisé le
cadre juridique antérieur aux places à vivres : le Code Noir de 1685
qui rappelle la règle du *Partus sequitur ventrem*, l'enfant suit la condition de sa mère[11]. De ce fait, le lien entre les femmes captives et leurs
enfants devient l'unique lien de reconnaissance à Saint-Domingue.
Cette loi légitime le principe sexiste qui veut que les individus de sexe
féminin sont plus à même de prendre en charge les enfants, parce
que produits de leur corps. Ce lien, qui n'est ni matrilinéaire ni
matriarcal, vise une essentialisation des femmes captives en tant
qu'instruments de reproduction, dont le produit du corps appartient
à leurs maîtres. Par ce principe, les enfants nés dans la condition
servile suivent la condition de leur mère, quelle que soit la position
sociale de leur père et/ou géniteur dans la hiérarchie coloniale. De ce
fait, aucun enfant non blanc ne peut être reconnu comme enfant légitime d'un homme blanc de la colonie (James, 2008) et aucun homme
noir captif ne peut être père d'un enfant. Ainsi, la transmission du
nom d'un blanc à son fils métis n'était pas toujours évidente. Et, quel
que soit l'angle de considération adopté pour le groupe des captifs et

---

11. « Les enfants qui naîtront [...] entre esclaves seront esclaves et appartiendront aux
maîtres des femmes esclaves et non à ceux de leurs maris, si le mari et la femme ont
des maîtres différents » (Sala-Molins, 1987, p. 114, article 12 du Code Noir).

captives, le couple femme/mère et enfant était la seule configuration légitime dans la colonie.

Dans ce cadre, la rencontre du Code noir, un instrument juridique métropolitain, et de la décision des colons de suivre la formule hollandaise des places à vivres annonce les liens ambigus entre Métropole et colonie dans la définition de la filiation. Ainsi, en stipulant que « l'enfant suit la condition de la mère », le Code Noir entrave la constitution d'un cadre familial nucléaire sanctionné par l'État et l'Église, même en exposant les femmes délibérément aux « risques de grossesse » (Tabet, 1998, p. 93)[12].

Ainsi, la tangibilité de la grossesse comme processus biologique sert de lien entre la femme et son enfant : entre le colon et son bien. L'enjeu était le maintien de ces femmes dans leur statut de travailleuses capables de porter des enfants, sans qu'elles ne soient considérées comme mères et épouses. Alors, le plaçage émergera comme mode d'union non institutionnel pour le groupe des captifs. À la longue, ce schéma construit une dynamique de responsabilité des femmes par rapport à leur progéniture, sans la présence d'un homme ni le cadre politique et institutionnel assumant les besoins collectifs. Sur un plan subjectif, les femmes noires sont désidentifiées des cadres subjectifs féminins de construction du soi valables pour les femmes blanches. D'où la place des femmes dans l'essor des marchés de vivres dans la colonie introduisant par là une économie parallèle de vivres distincte de l'économie de denrées (Trouillot, 1998 ; Saint-Louis, 1999). Il s'ensuit un positionnement des femmes captives comme élément central dans l'accès des siens et du groupe aux besoins primaires et fondamentaux. Je déduis pour les femmes la formation d'une éthique du travail (Robertson, 2003) liée à leur rôle de prise en charge des autres soutenant l'idée qu'une femme doit se « sacrifier » afin de trouver les ressources pour ses proches et son groupe. À terme, cette dynamique construit l'alliance du sexe, de la race, de la sexualité et du statut, et plus tard, de la classe dans la construction matérielle d'un type de responsabilité spécifique aux

---

12. Saint-Louis note que ces jardins étaient répartis par ménage par les maîtres.

femmes dans une société qui laisse aux affaiblis les activités inévi-
tables, mais dévalorisées et non rentables.

Cet ensemble facilitera l'émergence d'un nouveau sujet : femmes
noires piliers de société. Figure de la marge et du bord, le *poto-mitan*
est construit dans les interstices des normes hégémoniques de sexe et
de race, du statut, de la classe et de sexualité. Les femmes captives ont
la particularité d'être une catégorie dont le corps pouvait devenir un
bien public pour le bien-être de tous. Qu'en sera-t-il dans le passage
de Saint-Domingue à Haïti ?

5. Le *poto-mitan* : de Saint-Domingue à Haïti

Pour saisir le cheminement de cette figure, je souligne la manière
dont s'imbriquent de 1804 à 1915 les agressions postcoloniales, le
racisme et le sexisme en Haïti, et comment ces éléments interagissent
en engendrant la figure du *poto-mitan*. Entre 1791 et 1804, périodes de
guerre de libération, la division militaire du travail confine les
femmes dans le rôle de productrices de vivres, soutenant l'effort de
guerre (Neptune-Anglade, 1986). Avec l'indépendance, les luttes entre
anciens et nouveaux libres médiatisées par les conflits de race, autour
du mode de production et de distribution des richesses, vont redes-
siner de nombreuses divisions en Haïti. Durant cette période, les
luttes de classe sont instrumentalisées autour de la question de « la
couleur comme arme idéologique » pour accéder au pouvoir (Labelle,
1976). Elles décident des divisions : mulâtres/noirs, créole/français,
ville/campagne, mariage/plaçage, vaudou/catholique, proprié-
taires/non propriétaires, etc. Ces divisions et conflits alimenteront les
guerres civiles haïtiennes du XIXe siècle et des premières années du
XXe siècle (Hector, 2006). Puisque les hommes sont enrôlés dans les
conflits armés, les femmes seront mobilisées, notamment les
nouvelles paysannes, tant dans les champs qu'aux marchés, en inves-
tissant les routes insécuritaires pour les hommes (Neptune-Anglade,
1986). Dans ce cadre, le plaçage – mode d'union non institutionnalisé
– constitue le mode d'union de la minorité politique des paysans,
bien que majoritaires par le nombre. De plus, les femmes de ce

groupe conservent leur position antérieure de référentes dans la filiation et la prise en charge de leur progéniture. Dans ce cadre où le mariage, la famille nucléaire et le modèle de femmes au foyer devenaient les références pour les possédants et possédantes, les femmes seules, travailleuses et mobiles pour le commerce sont altérisées. D'autres formes d'hégémonies et de subalternités entre hommes, entre femmes et entre espaces émergeront, en suivant les lignes du sexe, de la race, de la classe, de la sexualité, sans éroder la figure du *poto-mitan*. De plus, dans un contexte où les conflits larvés entravent la construction des espaces collectifs, il se produit un surdéveloppement de l'espace domestique autour du *poto-mitan*, renforçant et resignifiant le phénomène en fonction des contextes, des situations.

Ainsi, à la fin du XIXe siècle, le cadre de vie de la paysannerie haïtienne commence à péricliter. Puis, l'Occupation étasunienne d'Haïti (1915-1934) entraînera la dépossession des paysans de leurs terres (Lucien, 2013) et provoquera l'émigration des hommes à Cuba et à Saint-Domingue pour la coupe de la canne (Castor, 1988). Il en découlera une reconfiguration du phénomène *poto-mitan*, car les cadres des rapports de sexe ont changé pour les femmes de la petite et de la grande bourgeoisie des villes. En effet, au lendemain de 1915, les bourgeoises et les femmes des classes moyennes urbaines sont obligées d'investir le marché du travail salarié en palliant les défaillances économiques des hommes de ces milieux (Bouchereau, 1957). De plus, les femmes des classes populaires urbaines, souvent des cuisinières et des domestiques, sont entraînées dans un mouvement de migrations internationales (Lucien, 2013). À ce sujet, Suzy Castor (1988) signale que bon nombre de femmes partaient dans ces dynamiques migratoires pour gagner leur vie par la prostitution[13]. Outre la charge des enfants, celles qui restaient étaient, selon la

---

13. Il faut d'ailleurs remarquer que dans le déploiement du *poto-mitan* les femmes, notamment celles des classes populaires, occupent des niches dévalorisées et mal considérées du travail telles que : la domesticité, le petit commerce et la prostitution. En outre, il faut aussi saisir que le *poto-mitan* est aussi au cœur de la division raciale et sexuelle du travail, liée de manière intime aux déplacements et migrations des femmes en Haïti.

même source, obligées d'accomplir les travaux qui incombaient traditionnellement aux hommes. En ce sens, la période de l'Occupation constitue un moment clé dans la consolidation du phénomène de femmes piliers de familles en Haïti. Dans ce cadre, l'entrée des femmes des classes aisées sur le marché haïtien du travail et les migrations internationales des femmes des classes populaires signent une forme de transcendance trompeuse du phénomène des clivages internes de race et de classe. Car, si, du fait des pressions externes, les cadres de l'accès à la force de travail des femmes des classes aisées et pauvres se sont reconfigurés, à l'interne, les divisions évoquant le sexe, la classe et la race se renforcent. Dans ce cadre, les logiques racistes de l'Occupant influent sur l'évolution du phénomène. En effet, les marines ont véhiculé dans la société haïtienne déjà traversée par le colorisme, les pratiques raciales rétrogrades du vieux Sud étasunien (Lucien, 2013).

Cet événement montre que femmes établies et *poto-mitan* subissent les mêmes effets quand les logiques de la colonialité ainsi que ses contradictions se déploient à l'interne et sont poussées jusqu'au bout.

6. Intersectionnalité et colonialité dans la production du *poto-mitan*

En évoquant l'intersectionnalité et la colonialité dans l'analyse du *poto-mitan*, il me faut souligner les points de jonction transversaux, contradictoires et paradoxaux qui évoluent au confluent de multiples systèmes de domination. L'articulation des deux niveaux de réalité permet de pointer des formes de hiérarchisation complexe des femmes entre elles, en fonction de la couleur de leur peau, selon leur nationalité et leur statut. Cela dit, le *poto-mitan*, construit pour les besoins du système esclavagiste traduisant un dispositif racisé organisant la force de travail féminine, a été récupéré et resignifié après l'indépendance. Ici, l'intersectionnalité des rapports de pouvoir s'allie dans leur configuration interne aux logiques sous-jacentes de la colonialité.

Dans ce cadre, le *poto-mitan* permet d'interconnecter le sexe, la race, la classe, la sexualité et les statuts des individus, en étant le lieu de rencontre des axes et des systèmes séparés qui s'entrecroisent (Crenshaw, 1991 ; Mohanty, 2003 ; Bachetta, 2009) en formant des points d'articulation (Hall, 2007 ; Bachetta, 2009). En effet, la position des femmes au sein du groupe est liée à un mode de gestion du social placé sous la contrainte de la colonialité. Ici, l'apport de Bachetta me permet d'articuler intersectionnalité et colonialisme, et aussi de penser le *poto-mitan* au détour de dimensions impliquant plusieurs échelles d'intérêts qui convoquent : l'économique, l'institutionnel, le social, le spatial, le temporel, l'affectif et le cognitif. Ces dimensions interagissent de manière constante et simultanée. Dans cette perspective, le *potomitanisme* des femmes haïtiennes s'inscrit dans des rapports de pouvoir qui peuvent à la fois, dans leurs co-formations, soutenir, maintenir, renforcer ou dissoudre le phénomène. En témoigne sa traduction en monoparentalité, dans certains contextes occidentaux et la manière dont le fait est mobilisé pour attiser la xénophobie sous le prétexte fallacieux que les femmes noires immigrées et mères isolées sont les « reines des allocations », ou en soutenant le faux argument selon lequel les « Antillaises » sont des profiteuses de la sécurité sociale en France.

Cela dit, le *poto-mitan* est un phénomène sous tension donnant à chaque moment des formes situées et contextuelles au sexe, à la race, au racisme, à la classe et au statut. Alors, je déduis que le *poto-mitan* n'a pas de forme et de signification définies dans le temps et l'espace. Car il est un phénomène innervé par de nombreux rapports de pouvoir au sein duquel des co-productions, dont le capitalisme, le colonialisme et l'Occupation se co-construisent pour donner de multiples figures de *poto-mitan*. En ce sens, le *poto-mitan* est une figure hybride de femmes, construite dans et hors de l'espace domestique au croisement de plusieurs « technologies d'avilissement » (Chamayou, 2014, p. 17) issues du processus colonial. Dans ce cadre, afin qu'elles ou que leur force de travail soient mieux contrôlées, ces femmes sont dérespectabilisées. D'où cette forme d'« autonomie contrôlée » particulière que nous retrouvons chez les femmes *poto-*

mitan en Haïti. Ainsi, ce rapprochement entre colonialité et intersectionnalité permet d'éviter l'écueil de la déhistoricisation du phénomène et favorise par là l'analyse de la réalité des femmes haïtiennes au sein du système-monde (Wallerstein, 2006). Par la même, les Haïtiennes se présentent comme des sujets historiques dont les réalités d'oppression sont autant parlantes que celles des femmes de la figure des blanches bourgeoises « femmes au foyer » sur lesquelles s'est construit le discours féministe occidental majoritaire. L'articulation de ces deux visions théoriques, à savoir intersectionnalité et colonialité, me donne l'opportunité de reconstituer une réalité avec son nom propre et de sortir ainsi des cadres réducteurs des Nords qui la présentent comme pathologique et déviante. J'en déduis que le *poto-mitan* vient à représenter un cadre d'analyse au sein de la théorie des rapports de pouvoir. Cela se justifie par le fait que le *poto-mitan* permet de comprendre que les femmes haïtiennes sont engagées dans une logique d'appropriation collective de leur corps, leur force de travail et leur capacité reproductive pour la production du vivre-ensemble à l'interne, tout en participant aussi du processus d'accumulation mondiale par leurs déplacements de travail pour « chercher la vie ». Et c'est justement ce dernier aspect du phénomène qui tend à diminuer la force de l'appropriation individuelle d'une femme par un homme dans la production interne du fait. Cet ensemble facilite la création d'une figure de femme pauvre, travailleuse privée de droits et de ressources, dont le travail assure l'équilibre fragile d'une société qui a fait le choix de ne pas protéger ses membres.

Conclusion

Dans cet article, j'ai tenté de questionner les acceptions premières du *poto-mitan* et de donner forme à une réalité dont la prégnance sociale entrave son questionnement en Haïti. Cela dit, à partir d'un travail initial de dévoilement, j'ai suivi les traces du phénomène depuis la promulgation du Code Noir en 1685, en passant par celle des guerres entre les empires et des conflits entre colonie et Métropole qui ont débouché sur l'organisation coloniale des places à vivres.

La nécessité de considérer les femmes réduites en esclavage comme de la main-d'œuvre, au même titre que les hommes, avait provoqué une réorganisation de la division sociale et sexuelle du travail au sein de la colonie, et favorisé le devenir femmes noires en tant que piliers de famille, de groupe et de société. Plus tard, cette figure s'est renforcée avec l'indépendance par la réappropriation et la resignification de cette dynamique tant au travers des luttes prévenant le retour à l'ordre colonial que pour celles des partages des richesses. Et c'est justement ce contexte qui favorisera en 1915, lors de l'Occupation, la réinvention du *poto-mitan* entre rapports de pouvoir internes et exigences externes du capitalisme.

Entre co-formations et co-productions, cet ensemble fait du *poto-mitan* une réalité complexe, enracinée dans le local et le global qui dévoile des logiques de domination associées à différents cadres spatiotemporels. Outre ces dimensions, l'analyse du *poto-mitan* au travers des grilles intersectionnelles et de celles de la colonialité permet d'appréhender les réalités qui rendent possible l'étude d'un groupe et la visibilisation de sa réalité. Articulées entre elles, ces deux dimensions permettent aussi de voir que le *poto-mitan* ne saurait être lu à la lumière des seuls rapports sociaux de sexe, ni à l'intérieur d'un cadre national fermé. En fait, le phénomène est marqué autant par les logiques de la colonialité que par les dynamiques intersectionnelles des rapports de pouvoir, enfermées dans des relations historiquement et constitutionnellement constituées. À ce titre, le *poto-mitan* fait partie d'une matrice de hiérarchisation et de dévaluation historiquement et institutionnellement constituées à l'intérieur d'un ensemble de contextes et d'échelles tant macro que micro-sociales. Dans ce cadre, il serait intéressant d'élever cette figure au rang de question sociale haïtienne méritant d'être considérée comme un nœud pour avancer sur l'analyse des rapports sociaux globaux en Haïti.

Chapitre 12

L'irresponsabilité, une compétence de dominant

Après le séisme qui a frappé Haïti en 2010, les acteurs et actrices étatiques et non étatiques laissent croire que les Haïtiennes seront au centre du processus de reconstruction du pays. Sous la houlette de la Mission des Nations unies pour la stabilisation en Haïti (MINUSTAH), du bureau de la première dame d'alors (Sophia Martelly), de la Bank of America, du Programme des Nations unies pour le développement (PNUD), de Femmes en démocratie (FED)/Vital Voices (FED est une branche de Vital Voices) et du Ministère à la Condition féminine et aux Droits des femmes (MCFDF), la réunion du 28 février 2012 confirme cette intention. S'ensuit alors une plateforme, dite nationale, visant la reconstruction, avec les femmes comme fer de lance. Son slogan précise : « *N ap vanse ! Fanm se poto mitan rekontriksyon Ayiti* » (« Nous avançons ! Les femmes sont les piliers de la reconstruction d'Haïti »). L'objectif déclaré est de renforcer la participation et le rôle des femmes à tous les niveaux de la vie nationale, ainsi que la prise en compte de leurs besoins spécifiques dans le processus de reconstruction du pays. La plateforme entend multiplier les opportunités économiques ouvertes aux femmes et promouvoir des investissements dans des infrastructures qui répondent aux besoins spécifiques de cette catégorie. Ces intentions ont alors un écho favorable auprès de la présidence et des organisations internationales.

Cet article démontre que la réunion des actrices et acteurs présentés plus haut participe d'une forme de gouvernementalité qui se manifeste par le transfert de la souveraineté de l'État haïtien à la communauté internationale pour la prise en charge des besoins surgissant à l'interne, tout en scellant la configuration d'un rapport de sexe : l'assignation des femmes au devoir de protection. Haïti institue alors ce mode d'organisation de la protection sociale assumée dans les familles, qui conduit à l'effritement de la responsabilité de ses dirigeants tout en renforçant sur divers plans les rapports de pouvoir tant internes qu'externes. Cette réalité contredit Chéry (2005), qui parle d'un manque de responsabilité du pouvoir, alors qu'il s'agit d'un dispositif que Saint-Louis (1999) avait relevé dans la crise alimentaire de la colonie esclavagiste de Saint-Domingue. Cet article suggère que l'irresponsabilité est plutôt un mode d'institution du pouvoir politique en Haïti. Il existe une connexion entre le mode de gouvernementalité impliquant des acteurs externes mobilisés par l'État pour gérer ses crises récurrentes et les dynamiques des rapports de sexe. Cette réalité invite à questionner l'usage du terme « *poto mitan* » (qui signifie « pilier ») dans le contexte post-séisme, où une forte présence d'acteurs et d'actrices externes est associée à des fonctions de souveraineté en Haïti.

1. Le budget de l'État haïtien

Pour situer le contexte de la prise en compte des besoins des femmes, il faut rappeler que celles-ci représentent 52 % de la population haïtienne, 42 % d'entre elles étant les pourvoyeuses principales des familles (MSPP, 2018). Les modèles de socialisation mettent les femmes dans l'obligation de travailler à l'extérieur, notamment dans le commerce, pour subvenir aux besoins de la famille. Il en découle un modèle de construction du couple où les femmes se retrouvent au centre de la reproduction des familles sans le soutien des hommes (Lamour, 2017, 2018). Les intentions des pouvoirs publics et des acteurs de la communauté internationale d'améliorer la situation des femmes devraient se matérialiser dans le budget national, qui comprend deux parties : le budget de fonctionnement, destiné aux besoins courants de l'administration, et le budget d'investissement, qui doit contribuer à renforcer la société. À travers le budget, l'État doit corriger certaines inégalités dans la redistribution des opportunités et des droits, dont celles qui sont liées au genre.

Selon les données du Trésor, les dépenses du MCFDF dédiées aux femmes ont augmenté entre 2010 et 2017. Ces dépenses, qui représentaient 0,22 % des dépenses publiques en 2011, sont passées à 0,29 % en 2012. Cependant, les dépenses destinées aux salaires et aux fournitures sont plus importantes que celles qui concernent les investissements destinés aux équipements ainsi qu'aux nouvelles réflexions visant à changer les conditions de vie des femmes. Ce tableau présente l'étendue des besoins des femmes dans le budget.

Tableau 3. Budgets de l'état haïtien et du MCFDF en millions de gourdes de 2011 à 2017

	Budget de l'État		Dépenses du MCFDF				
Années	État	Taux de croissance	Courantes	Inv.	Total	Taux de croissance	En % du budget
2010-2011	39 109,9		83,45	1,99	85,4		0,22
2011-2012	50 141,3	28,2 %	90,10	55,20	145,4	70,2 %	0,29
2012-2013	55 334,7	10,4 %	109,95	29,90	139,8	-3,8 %	0,25
2013-2014	55 577,4	0,4 %	112,11	24,68	136,8	-2,2 %	0,25
2014-2015	59 828,5	7,6 %	129,14	18,85	148,0	8,2 %	0,25
2015-2016	71 611,8	19,7 %	145,27	3,21	148,5	0,3 %	0,21
2016-2017	78 772,4	10,0 %	133,17	1,99	135,2	-9,0 %	0,17

Source : Ministère de l'Économie et des Finances (lois des finances publiques – exercices fiscaux 2010-2017).

Les dépenses engagées pour les femmes ont fortement augmenté après le séisme. Celles du MCFDF ont crû de 70,2 % en 2012, alors que le budget total n'a été majoré que de 28,2 %. À partir de 2013, les décaissements du MCFDF ont diminué tandis que les dépenses totales de l'État ont connu une hausse. En 2016 et 2017, les dépenses du MCFDF ont stagné puis diminué de 9 %, alors qu'à la même période, celles de l'État ont crû de 19,7 % et 10,0 %. Rappelons cet événement inédit dans l'histoire financière de l'État haïtien : entre septembre et décembre 2017, les citoyens ont manifesté dans les rues contre la répartition des crédits du budget au profit du Parlement, dont les crédits prévus avaient gonflé – de 78,0 % pour les députés et de 32,0 % pour le Sénat. Ces évolutions montrent que les besoins des femmes ne constituent plus un enjeu pour le gouvernement, qui priorise ceux des législateurs.

L'administration n'a pas révélé les mécanismes justifiant que ses dépenses auraient un impact sur les femmes. En effet, les autres lignes du budget certifiant le souci accordé à la santé des femmes, à l'éducation des filles et à la protection face aux violences n'ont pas reçu l'attention des pouvoirs publics. La mortalité maternelle haïtienne est la plus élevée de la région. Le pays compte 529 décès maternels pour 100 000 naissances vivantes ; l'avortement en est la troisième cause. Ces statistiques confirment que les filles n'ont pas accès aux informations sur la santé sexuelle et reproductive (MSPP, 2018). Elles signalent aussi le recul des femmes dans la vie publique et la sphère politique. En effet, le nombre de femmes élues au Parlement est passé de 6 entre 2011 et 2016 à 4 en 2016, soit 3 femmes pour 119 députés et 1 pour 30 sénateurs. La part du budget accordée aux femmes reflète autant les priorités de l'État que les rapports de sexe qui traversent cette société.

Les femmes sont confrontées à des problèmes structurels que les dépenses du MCFDF n'ont pas résolus. Par exemple, le rapport EMMUS-VI 2016-2017 (MSPP, 2018) montre que, six ans après la plateforme *N ap vanse* (« Nous avançons »), 24 % des Haïtiennes n'ont jamais fréquenté l'école contre 17 % des hommes. Face à ce constat, l'irresponsabilité apparaît comme une technique de gouvernement, et cet article propose d'analyser les dynamiques structurelles qui rendent possible l'indifférence des dirigeants face aux besoins de la population.

2. L'irresponsabilité : une technique de gouvernement qui alourdit la charge des femmes

La gouvernementalité, telle qu'elle est définie dans la pensée de Foucault (2004), concerne une société où l'État assure sa puissance par la normalisation des conduites individuelles. Dans cette entreprise, l'État se porte garant des risques sociaux en activant son rôle de protection des individus. Il ressort de ce schéma que l'État produit du social à partir d'un ensemble de régulations collectives et de supports négociables, lisibles et valides. Ses dispositifs lui permettent d'établir un lien avec l'individu par la prise en charge de son éducation, de sa sécurité, de sa santé et de son travail. En un mot, l'État se charge du bien commun.

Dans le cas d'Haïti, la gouvernementalité échappe à ce schéma. Aucune structure n'est proposée pour assumer les charges qui relèvent du domaine de l'État. En effet, la tradition politique haïtienne donnant forme au vivre-ensemble est plutôt axée sur le retrait de l'État et de ses élites de tout ce qui concerne le collectif, donc des besoins collectifs. L'État refuse ainsi de se porter garant du bien-être social. Le pouvoir ne vise ni le bien commun ni l'intérêt général, d'où la gouvernementalité par l'irresponsabilité, qui atteste que la connaissance de la population n'est pas une priorité pour les pouvoirs publics. Il en découle l'absence ou la faiblesse des politiques constitutives des grandes institutions intégratrices, telles que la famille, l'école et l'université, qui devraient connecter toutes les couches sociales et donner le ton à l'ensemble de la société. Dans ce cadre, chaque groupe social construit ses propres référents en fonction des moyens dont ses membres disposent. Il en résulte que « l'État ne s'étatise pas » (Hache, 2007), puisqu'il refuse de construire ses individus en population et de sauvegarder sa souveraineté sur son territoire.

Saisie sur le plan théorique, la gouvernementalité par l'irresponsabilité renvoie à une forme de rationalité politique. Cette technique de gouvernement révèle que l'État se désengage vis-à-vis des besoins sociaux vitaux, induisant l'existence d'une société qui érige le risque en mode de vie. Dès lors, la puissance publique se comporte en créancier d'une population qui se retrouve en situation de débitrice. Les dirigeants tirent plus de revenus qu'ils n'en rendent à la société, poussant les individus à mettre en place leurs propres recours face aux risques. Il s'ensuit l'émergence de dispositifs formels du pouvoir, qui ne sont jamais tout à fait clairs au regard des besoins du collectif, auxquels s'ajoutent des dispositifs parallèles émergeant au sein de la population, dont la fonction est de faire face aux défis du quotidien. Dans certaines situations, l'État apporte son concours à la fixation de dispositifs parallèles propres à garantir sa position de désengagement vis-à-vis de la population. C'est le cas du *poto mitan*, qui désigne une personne, souvent une femme, chargée d'assumer le rôle de protection au sein de sa famille. L'une des caractéristiques clés de ce modèle réside dans le fait que les risques sociaux sont reportés sur les individus les plus démunis et assumés par eux. Ces derniers ont l'obligation de rassurer le collectif face aux incertitudes sociales, en mettant leurs maigres ressources et leur travail à la disposition du bien commun. Ces individus, sommés d'être responsables, sont ceux qui ont le moins de possibilités de s'individualiser, donc d'être libres de profiter de leurs revenus. Il s'agit surtout de femmes et, dans une moindre mesure, de personnes des deux sexes issues de la paysannerie.

Ainsi se dessine une société décollectivisée (Castel, 2009) qui se reproduit en prônant le principe du « chacun pour soi ». La société ne crée pas de bien collectif, notamment de système de protection sociale. Dans ce contexte, chaque famille tente de construire un individu pilier, généralement une femme, dont la tâche consiste surtout à contribuer à la prise en charge des problèmes du groupe, puisque les besoins sociaux ne sont pas collectivisés. Cet individu, bien qu'apparaissant comme autonome, est celui qui a le moins de possibilités d'utiliser les ressources de son travail pour lui-même. Le délitement socio-économique actuel de la société tend à ébranler les assises de cet arrangement et à mettre à nu la décollectivisation de l'ensemble, étant donné que les catégories qui traditionnellement se chargeaient de la protection se recrutent désormais parmi les plus appauvries.

La gouvernementalité par l'irresponsabilité se capitalise sur les pratiques du laisser-faire et du laisser-mourir, en lieu et place du faire-vivre du gouvernement pastoral. Tronto (1993) associe cette incapacité de percevoir et de répondre aux besoins à une forme de mal qu'elle appelle « ignorance ». Les gouvernements haïtiens ont su cultiver cette ignorance des réalités. Ils n'ont ni su ni voulu prendre en compte certaines informations portant sur le collectif. Par exemple, le géologue Claude Prépetit avait averti les autorités de la probabilité d'un séisme majeur en rappelant les faits que l'historien Moreau de Saint-Méry (1750-1819) avait rapportés. Entre 1564 et 1789, l'île d'Haïti a connu dix-huit événements sismiques ; les deux plus importants, qui avaient totalement détruit la capitale, étaient ceux du 18 octobre 1751 et du 3 juin 1770. De même, en 2008, à la suite d'une série de cyclones, une responsable du Centre national de l'information géo-spatiale (CNIGS), Gina Porcéna[1], avait porté à l'attention des autorités la nécessité de prendre en compte les séismes dans la protection civile. Par ailleurs, le désengagement de l'État a un lien avec l'introduction du choléra en Haïti par les troupes de l'ONU ainsi qu'avec son extension, qui a provoqué la mort d'un nombre considérable d'Haïtiens et d'Haïtiennes des classes défavorisées[2]. La maladie se répand dans les zones où les infrastructures sanitaires de base sont presque inexistantes. Ce faisant, les gouvernants s'investissent dans une forme de « nécropolitique », pour reprendre le concept de Mbembe (2006), qui renvoie à une forme d'économie du pouvoir dont la caractéristique est le gaspillage de la vie et la production active de la mort à grande échelle.

Cette situation traduit une longue tradition d'inimitié de l'État envers sa population. Dans ce cas de figure, il cherche à éliminer sa propre population en se déchargeant de toute obligation envers celle-ci. Même les ressortissants du pays sont traités comme des personnes sans droits dans leur propre pays. Pour contourner sa responsabilité,

---

1. Décédée lors du séisme du 12 janvier 2010.
2. En Haïti, le choléra épouse les contours des « violences structurelles » (Farmer, 2003) de classe, de genre et de division territoriale (Lamour, 2018). Son expansion suit la courbe des « structures inégalitaires » (Farmer, 2003) propres à Haïti.

ce pouvoir anti-pastoral s'allie souvent à des groupes internes ou externes afin de se perpétuer. En témoignent, tout au long de notre histoire, la présence de groupes paramilitaires qui prêtent leurs services au pouvoir et celle d'élites traditionnelles qui s'allient avec des forces étrangères à l'encontre des intérêts nationaux. Pour fonctionner, le gouvernement axé sur l'irresponsabilité facilite la mise en place d'un dispositif de pouvoir clé : le dispositif étato-externe, qui sera défini plus loin. De plus, il glorifie et sollicite l'engagement économique des femmes.

3. L'engagement économique des femmes haïtiennes

Pour comprendre l'engagement économique des femmes, il nous faut considérer le mode de formation de la société haïtienne ainsi que les situations de déplacement des femmes, et aller au-delà des statistiques nationales de l'emploi. Le rapport EMMUS-VI 2016-2017 (MSPP, 2018) donne une idée de la situation des femmes face à l'emploi : 44 % des enquêtées affirment ne pas avoir travaillé pendant les douze derniers mois. Ce nombre descend à 26 % chez les hommes. Ces chiffres se rapprochent de ceux que l'Institut haïtien de statistique et d'informatique (IHSI, 2010) a publiés en juillet 2010 et qui montrent que le taux de chômage élargi concerne 48,7 % des femmes. En effet, l'IHSI révèle que 19,2 % des femmes font face au chômage ouvert, contre 14,9 % des hommes, et que 48,7 % d'entre elles sont frappées par le chômage élargi, contre 32,5 % pour l'autre sexe. Pourtant, les femmes haïtiennes sont souvent des commerçantes de rue et des travailleuses immigrées chargées de répondre aux besoins de leurs familles restées en Haïti (Lamour, 2017, 2018). L'histoire haïtienne permet de comprendre la situation des femmes. L'entité qui a émergé après l'indépendance d'Haïti, que les Haïtiens et Haïtiennes dénomment pompeusement « l'État », a toujours transféré sur les individus les charges sociales qui fondent ses fonctions régaliennes, dont la santé, l'emploi et l'éducation. Contrairement à l'État foucaldien fixant les normes disciplinaires de construction de sa population, l'État haïtien, ayant émergé de la matrice coloniale, n'a jamais assuré les besoins des populations esclaves. Il poursuit la tradition esclavagiste de non-responsabilité envers la nourriture des esclaves (Saint-Louis, 1999).

L'émergence de la petite exploitation paysanne, sur fond de rapports entre masses et élites durant le XIXe siècle, a fait surgir des dispositifs communautaires de solidarité et de survie dans notre société. Les individus ont su créer des « institutions » de proximité en dehors du politique. C'est le cas du *lakou*[3], que le milieu rural a produit durant le XIXe siècle, ou des unions consensuelles (*plaçage*, mariage traditionnel, *vivavèk* – « vivre avec », union n'impliquant pas de cohabitation durable). En dépit de leur emprise, ces institutions sont ignorées par l'État. Mais force est de constater que les femmes, toutes catégories confondues, constituent les piliers autour desquels s'articulent ces alternatives.

La solidarité s'exprime sous une forme « mécanique », pour reprendre Durkheim (2013), ce qui signifie que la société ne s'investit pas dans la production d'un savoir ni dans les mécanismes de prise en charge collective des risques. Les femmes sont alors à tout moment à l'initiative de la protection dans leurs familles. Dans les années 1930, Rezia Vincent, sœur du président Sténio Vincent (1930-1941), luttait pour l'accès à l'éducation des filles des classes défavorisées. Elle avait invité les religieuses de la congrégation salésienne à s'installer en Haïti. Cette femme avait initié une « politique du *care* » avec la création de structures comme l'Œuvre des enfants assistés ou la Caisse d'assistance sociale – qui existe encore. La sociologue Madeleine Sylvain-Bouchereau, pionnière du mouvement féministe haïtien, a montré que les femmes de la petite bourgeoisie urbaine

---

3. Le *lakou* vient du français « la cour ». Il renvoie à une unité d'habitat « centrale » autour de laquelle s'instaure un espace commun devenant un véritable lieu collectif et d'échanges sociaux. Selon Anglade, cité par Prophète (1999), le *lakou* constitue l'agglomération de base de la famille paysanne. Ce sont les survivances des gros hameaux de la paysannerie. Selon Prophète (1999), le *lakou* consiste en une agglomération de petites *kays* (« petites maisons ») serrées autour d'un espace en terre battue au milieu d'un enchevêtrement de jardins, régies par des liens tacites de parenté. Actuellement, le *lakou* sous sa forme traditionnelle a disparu en Haïti sous l'influence de divers facteurs (sociaux, économiques et politiques).

partaient travailler au début du XXe siècle ; elles secondaient leurs conjoints afin d'accroître les revenus en baisse du foyer à la suite de la dégradation de l'économie nationale lors de la première occupation du pays par les États-Unis en 1915.

Pendant cette même période, les femmes des classes aisées avaient accédé au marché du travail. Frappées par le délitement du cadre de vie national, elles étaient obligées d'investir le marché du travail. Ces mouvements sont contemporains de la crise économique de 1929 et de la Première Guerre mondiale. Il fallait déjà en Haïti deux salaires pour faire tourner les foyers des classes supérieures. S'amorce dès ce moment l'apparition des femmes de la haute bourgeoisie dans le commerce de détail hors de leurs foyers (Sylvain-Bouchereau, 1957).

En commentant la situation économique qu'Haïti a connue au début du XXe siècle, Lucien (2014) révèle le mouvement d'expulsion de la force de travail féminine des campagnes vers les villes. En 1940, selon cet auteur, plus de mille femmes sont ouvrières dans les ateliers Max Fussman qui produisent des sacs de jute. Elles seront près de cinq mille en 1941. Cet auteur affirme que le prolétariat urbain à Port-au-Prince est dominé par les ouvrières. Cela suppose le déplacement des femmes dans la ville et la féminisation progressive de la rue. Lors de l'occupation d'Haïti par les États-Unis en 1915, selon Castor (1989), les hommes et les femmes issus de la paysannerie commencent à émigrer vers Cuba et la République dominicaine. À ce moment, l'expropriation des familles paysannes par les grandes compagnies états-uniennes entraîne la formation d'un prolétariat rural[4]. Ces déplacements inédits inaugurent l'entrée des Haïtiennes, notamment celles qui sont appauvries, dans un courant migratoire international de travail. Entre-temps, les paysannes restées sur place suppléent, avec leurs enfants, à la force de travail masculine manquante (Castor,

---

4. Au cours de cette période, entre 300 000 et 800 000 Haïtiens et Haïtiennes ont officiellement quitté le pays pour Cuba et la République dominicaine. Les paysans et les paysannes sont devenus des journaliers vivant de salaires de misère. Les hommes gagnaient entre 0,20 et 0,30 USD par jour contre 0,10 USD pour les femmes et les enfants (Castor, 1989).

1989). Toutefois, la décennie suivante amène un changement notable dans les activités économiques des femmes. Dans un contexte de crise économique, celles-ci s'organisent pour assumer des responsabilités qui reviennent en principe à l'État et aux élites.

Face à la dégradation du cadre de vie et à l'essoufflement des mécanismes de solidarité, de nouveaux acteurs apparaissent sur le terrain haïtien. En effet, les premières organisations non gouvernementales (ONG), dont CARE[5], s'installent en 1954 à la suite du cyclone Hazel[6], dévoilant ainsi l'autre face du pouvoir axé sur l'irresponsabilité, ce dernier renvoyant la charge des besoins de protection à des structures externes. Cette évolution signale que les dispositifs déployés par les familles et les femmes sont insuffisants pour répondre aux risques collectifs. Alors, d'autres instances d'origine externe peuvent se proposer pour compenser l'irresponsabilité du pouvoir.

4. Le dispositif état-externe

Après la chute de la dictature (1957-1986), les ONG sont de plus en plus présentes en Haïti, où se renforce cet « art de gouverner » (Foucault, 2004 ; Lascoumes, 2004) articulé autour de l'irresponsabilité. Par là, l'État reporte la prise en charge des risques sociaux sur les femmes et les acteurs externes se proposant d'assumer l'humanitaire. Il en découle une forme d'exercice du pouvoir diluant le processus de centralisation de l'État, une certaine rationalité politique impliquant des formes spécifiques de technicisation et désignée ici par le concept de dispositif état-externe. En termes de technicisation, on note deux modes de faire : le quadrillage du territoire en fonction des compétences que s'auto-attribuent les ONG et l'imposition de l'urgence par ces acteurs non étatiques comme mode de gestion managériale de problèmes sociopolitiques. Les techniques de ces acteurs facilitent l'imposition du conjoncturel au mépris du structurel au sein du poli-

---

5. Voir www.care.org/country/haiti (consulté en mai 2019).
6. Pour plus de détails sur cette période, voir Cédras (2015).

tique. Ce dispositif suggère des pratiques qui associent plusieurs groupes d'intérêts : ceux des tenants de l'État, des élites dirigeantes et des actrices et acteurs institutionnels internationaux.

Ces groupes ont la capacité de capturer, d'orienter, de déterminer, de modeler et de contrôler les gestes, les ressources, les conduites, les opinions et les discours, assurant ainsi le gouvernement de la société haïtienne, d'où une machine contextualisée et située de gouvernance impliquant une relation étroite entre ces trois entités (État, élite et communauté internationale). Le pouvoir, servant à assurer le maintien de la domination de l'État et de ses alliés organiques sur le pays et les individus y vivant, n'est pas nécessairement localisé dans l'appareil d'État ; il est redistribué entre les acteurs étatiques, non gouvernementaux et les organismes internationaux d'aide.

En se donnant pour perspective de répondre aux besoins des familles, les ONG étayent la tradition haïtienne de l'irresponsabilité étatique. Elles soutiennent un discours d'*empowerment* auprès des populations. Elles mobilisent la figure du *poto mitan* au service des acteurs du dispositif de pouvoir. Le *poto mitan* devient une technologie de pouvoir, car il est au centre de la structuration de rapports sociaux de pouvoir internes et externes. Dans ce cadre, le discours d'*empowerment* qui s'aligne sur les cadres sexistes traversant la société rend l'irresponsabilité de l'État désirable. Ce discours se déguise à l'occasion sous les faux habits du féminisme, en occultant une compréhension réelle des rapports de sexe. Si, à l'interne, le *poto mitan* apparaît comme un dispositif, face à l'externe, il devient une technologie. En effet, il est phagocyté par le dispositif état-externe présenté plus haut, qui en a fait un auxiliaire.

De 1986 jusqu'aux catastrophes naturelles récurrentes de ces dernières années, le dispositif de pouvoir prend forme et se renforce dans les moments de crise en installant un mode de fonctionnement particulier du politique. De 1900 à 2008, le pays a connu soixante catastrophes majeures, dont vingt-trois cyclones et tempêtes tropicales, vingt-huit inondations majeures et sept sécheresses (Pierre-Louis, 2016). Le séisme de 2010 s'ajoute à cette liste. En 2016, le cyclone Matthew a ravagé le sud du pays. Ces catastrophes de la deuxième moitié du XXe siècle ont permis aux ONG d'acquérir un poids important dans l'orientation de la vie de la société. Le réalisateur Raoul Peck, dans *Assistance mortelle* (2013), illustre ces propos pour l'année 2010. Le pays se construit un dispositif pernicieux favorisant le maintien de la gouvernementalité par l'irresponsabilité, soudant la complicité entre les acteurs internes et externes du dispositif.

L'analyse du *poto mitan* comme technologie de pouvoir suffit pour montrer les liens associant ce mode de gouvernementalité, le dispositif politique et le *poto mitan*. Les dispositifs familiaux et étato-externes révèlent un mode d'action montrant que l'État laisse des acteurs externes occuper des espaces de la vie collective qui relèvent en général de son champ d'intervention.

4.1. Le poto mitan : *une technologie de conduite des femmes*

De l'indépendance d'Haïti en 1804 jusqu'aux années 1950, les problèmes collectifs sont traités par le recours à trois solutions : les initiatives familiales demandant aux femmes de s'investir face aux risques, la charité sociale et l'aide externe. À l'inverse de la figure des femmes au foyer observée dans d'autres contextes sociaux, le *poto mitan* vient à représenter le modèle hégémonique de féminité dans la société haïtienne. Il en résulte une reconfiguration particulière des rapports État/société impactant la vie privée et domestique des femmes. En tant qu'instrument de pouvoir, le *poto mitan* s'appuie sur trois composantes favorisant l'autonomie contrôlée des femmes : un substrat technique (la marchande ; une organisation familiale spécifique, la femme responsable de ses enfants qui n'est pas en union ou qui évolue dans une famille de type monoparental) ; et une philosophie gestionnaire du sacrifice de soi pour les autres (« En dehors de nous, personne ne peut faire ce que nous faisons », « C'est notre tâche en tant que femmes » – « *se travay nou kòm fanm* »).

Néanmoins, les femmes sont sommées d'assumer la prise en charge des autres pendant que l'État et les hommes n'y sont pas astreints. Ce dispositif soutient le déploiement et le maintien des rapports de sexe fondant l'ordinaire de la domination des hommes sur les femmes. Il en découle un gouvernement des comportements des femmes réactualisant le discours autour de deux éléments essentiels : l'autonomie et la débrouille. Quand les femmes disposent de moyens pour résoudre leurs problèmes familiaux en dehors de l'État et des hommes, il se perpétue un modèle disciplinaire où celles-ci apprennent à ne compter que sur elles-mêmes et leurs proches, en priorité d'autres femmes. Ainsi, la figure de femme *poto mitan* assumant seule des responsabilités est la figure idéale de ce modèle de gouvernementalité qui s'allie au dispositif étato-externe. Sous cet angle, la technologie du *poto mitan* facilite le contrôle du corps, de la force de travail et de la conscience. Elle agit tant sur le plan symbolique que sur le plan matériel.

Dans ce cadre, l'éloge public des Haïtiennes dans leur rôle de *poto mitan* est un discours factice qui véhicule une fausse promesse d'émancipation. Les artifices des ONG souhaitant l'*empowerment* des femmes tendent à naturaliser et à déshistoriciser les rapports intimes que le *poto mitan* partage avec l'esclavage, ainsi que sa contribution à la reproduction des rapports de pouvoir en Haïti. Le site de l'ONG Caritas International après le séisme de 2010 présente ainsi la situation : sur le terrain, Caritas International continue de fournir aux démunis « les moyens, les connaissances et le soutien nécessaires afin qu'ils puissent, eux-mêmes, reprendre leur vie en main » (Belga News, 2015). La Croix-Rouge de Belgique s'active pour développer des programmes favorisant l'accès aux microcrédits pour les jeunes femmes. Dans un documentaire sur un groupe de femmes appuyé par CARE, la responsable du groupe de crédit des femmes, Micheline Exantus Hilaire, explique : « Il faut que nous nous prenions en charge sans déranger ni l'État, ni les banques » (Le Tourneur d'Ison & Bonnemazou, s. d.).

Dès 2008, CARE réalise son programme d'Associations villageoises d'épargne et de crédit (AVEC). Les groupements constitués comptent 14 146 membres, dont 72 % sont des femmes qui appartiennent aux catégories les plus vulnérables. Selon CARE, ces associations offrent aux femmes et aux jeunes filles disposant de faibles revenus l'opportunité d'améliorer leurs capacités afin de sortir de la pauvreté. Les AVEC leur permettent d'accéder à l'épargne-crédit, à petite échelle et à moindre risque, et d'atteindre un niveau de compétence en matière de « gestion financière ». Ici, les problèmes sociaux et de gestion de la vulnérabilité sont reportés sur la famille, où les femmes jouent un rôle de premier plan.

Entre 2010 et 2013, le PNUD, allié au gouvernement du président Michel Martelly, modélise une stratégie de création d'emplois adaptée aux besoins des femmes et des jeunes filles des quartiers populaires. Cette stratégie vise alors l'amélioration des conditions économiques des familles les plus démunies. Dans ce cadre, le Championnat des jeunes femmes entrepreneures est lancé en 2012. Trente et une championnes, âgées de 18 à 34 ans, concourent sur le territoire et sont récompensées par le PNUD. Les championnes reçoivent une subvention de 500 USD afin de lancer leur commerce. Ces entrepreneures ont droit à un accompagnement technique pour développer leurs entreprises. Elles profitent aussi des opportunités de mise en réseau et de partenariats avec d'autres femmes commerçantes (PNUD, 2012). Ces stratégies font écho aux déclarations du 8 mars 2010 de Nigel Fisher, représentant spécial par intérim en Haïti du Secrétaire général des Nations unies, chef de la mission onusienne : « Face aux difficultés économiques, face aux catastrophes naturelles, face aux violences dont elles sont encore trop souvent les victimes, elles [les femmes] font toujours preuve d'une force et d'une résistance hors du commun. » Ainsi, celles qui représentent plus de la moitié de la population haïtienne sont « l'une des principales richesses d'Haïti » et doivent être soutenues, rendues autonomes économiquement, afin de leur « permettre de jouer pleinement le rôle central qui est le leur dans le développement durable d'Haïti » (PNUD, 2012).

Discours et faits illustrent le mode de gouvernementalité par l'irresponsabilité et le dispositif étato-externe. En agissant de la sorte, les agences internationales et les ONG présentes en Haïti récupèrent des techniques de gouvernement du soi qui sont déjà à l'œuvre dans le pays. Elles en profitent pour construire un discours ambigu autour de l'image du *poto mitan*, dont l'objectif est d'inciter les femmes et leurs proches à se solidariser avec ces manières de faire, d'où des formes d'essentialisation qui enferment les individus dans des positionna-lités subalternes. En procédant ainsi, les ONG réactualisent la dépoli-tisation des risques sociaux ; elles réaffirment la position de pilier des femmes dans les familles. Les modes d'action présents en Haïti après le séisme de 2010 permettent d'illustrer nos propos.

4.2. La société civile haïtienne face au dispositif états-externe

Le dispositif états-externe avait énormément freiné le déploie-ment du mouvement féministe haïtien après le séisme de 2010. C'est ce qui ressort des témoignages des luttes des féministes après cet événement. À ce moment, ces dernières avaient dénoncé les moyens utilisés par la plupart des organisations internationales et des ONG travaillant sur le genre en vue d'atteindre les femmes, au mépris des protocoles endogènes déjà éprouvés sur le terrain, notamment en ce qui concerne la prise en charge des violences sexuelles. En réaction, les actrices locales avaient lutté contre le traitement international de la catastrophe en montrant que les femmes haïtiennes n'ont pas vocation à devenir de petites commerçantes ou des *poto mitan* pour répondre aux stéréotypes construits à l'échelle internationale sur les Haïtiennes. En se positionnant sur ces questions, elles ont combattu les programmes que défendaient certaines ONG, lesquels voulaient faire des femmes des championnes dans la gestion de la survie. Pour écarter le contre-discours endogène, des acteurs internationaux et des ONG ont fait circuler à l'échelle mondiale la rumeur de la déroute du mouvement féministe haïtien ainsi que de la « mort du mouvement » (Côté, 2018, p. 254), étant donné que trois de ses leaders avaient péri dans la catastrophe.

Il en a résulté une évaluation négative du féminisme haïtien, qui était alors disqualifié en tant qu'interlocuteur dans la résolution de la crise nationale après la catastrophe. La circulation de cette rumeur a facilité la montée d'un discours victimisant visant à nier toute forme de reconnaissance vis-à-vis du travail déjà effectué par les féministes depuis la fin de la dictature en Haïti. La parole des féministes survivantes de la catastrophe a aussi été délégitimée. Dans cette lutte, l'accès des féministes aux plateformes discursives avait été soumis à restriction ; leur visibilité avait été réduite au profit d'organisations de femmes créées dans la suite du cataclysme. Dans cette lutte qui prétendait écarter les acteurs et actrices organisés sur le terrain, les ONG avaient soit cessé de financer les programmes des organisations, soit proposé à ces dernières des sommes exagérées qu'elles devaient dépenser dans un temps record sous prétexte d'urgence (l'État haïtien ne finance pas sa société civile). Les organisations qui avaient refusé ces conditions ont subi une baisse drastique de leur financement durant les premières années post-séisme, en dépit de la poursuite de leur travail politique d'accompagnement des femmes. À ce titre, il n'est pas abusif de pointer du doigt le poids de la corruption, des abus, des violations et du chantage comme dérives constitutives du dispositif.

En outre, les ONG actives sur le terrain ont récupéré l'un des piliers stratégiques du mouvement féministe haïtien, la lutte contre les violences faites aux femmes en Haïti, en construisant un discours autour du viol qui était à l'occasion considéré comme une épidémie méritant un traitement thérapeutique (Romulus, 2018). Il en est ressorti un propos dépolitisant sur le viol et les violences sexuelles qui a donné lieu à des dérives après le séisme. Par ce traitement du viol, les acteurs externes ont exprimé la prétention de réécrire le récit sur les violences sexuelles subies par les femmes haïtiennes en 1915, lors de la première occupation du pays par les États-Unis. Or, la construction politique du viol constitue un pan structurel du mouvement féministe. En sus, les acteurs externes avaient oblitéré la dynamique complexe des rapports de sexe internes et externes qui structure le travail de l'humanitaire en relation avec les violences sexuelles, notamment sur mineures, dans les pays du Sud. Le scandale qui a éclaté en 2018 sur les dérives de l'ONG Oxfam GB (Alterpresse, 2018 ; Parkin Daniels, 2018) en Haïti après le séisme témoigne de cet aspect du problème. L'une des conséquences de ces pratiques est la mise au ban de la société civile haïtienne organisée. Il en découle que le dispositif étato-externe est de nature totalitaire ; il tend à disqualifier les discours, à affaiblir, à dévitaliser et à étouffer les espaces de revendications qui vont à l'encontre de ses intérêts et de ses logiques. En définitive, ce dispositif est porteur de pratiques antiféministes qui empêchent les militantes d'accéder à l'espace public. En passant par cette voie, il réaffirme la subordination des femmes dans le débat sur la reconstruction du pays et dans celle-ci. À ce stade, ce dispositif facilite la domestication de la société civile en quadrillant les espaces discursifs disponibles et en contrôlant les ressources disponibles : d'une part, il énonce le principe discursif de reconnaissance des droits des femmes ; d'autre part, il empêche l'accès des féministes aux arènes discursives et aux ressources pour continuer cette même lutte. Ce type de discours fonctionne en deux temps : une affirmation sur quelque chose, et une seconde qui dit le contraire, dessinant ainsi une stratégie discursive perverse.

Cette double contrainte traduit le mode de fonctionnement du dispositif, qui s'appuie sur des injonctions paradoxales (Bateson et al., 1956) manipulant l'opinion internationale et nationale et validant le discours international de l'inexistence de la société civile en Haïti. Ce message facilite la circulation du discours qui présente Haïti comme un État failli au niveau international. Dans sa marche, ce dispositif s'assure que la société civile et ses organisations apparaissent et restent comme des objets plutôt que des sujets d'un discours construit au niveau interne.

Conclusion

Cet article analyse la manière dont les décideurs des deux sexes ont utilisé le mot « *poto mitan* » pour construire un discours biaisé sur la reconstruction d'Haïti après le séisme du 12 janvier 2010. Les faits attestent que le MCFDF n'a pas utilisé son budget pour montrer que l'État a inséré les femmes dans ce processus, car, entre discours et faits, s'interpose un modèle inédit de gestion de la chose publique : la gouvernementalité par l'irresponsabilité. Dans ce modèle, l'État se décharge de ses fonctions de protection sur les individus les plus vulnérables, particulièrement les femmes, dont les actions de protec-

tion facilitent le maintien et la reproduction d'un mode de gouvernement. Partant de là, il devient possible de souligner l'engagement
économique des femmes et de montrer le poids du *poto mitan* dans
notre société. Cette forme de gouvernementalité explique aussi le
surgissement du dispositif état-externe sur lequel s'appuient les
ONG en poussant les femmes à céder leur force de travail afin d'assurer un équilibre précaire du social. En faisant appel au *poto mitan*,
les acteurs étatiques et non gouvernementaux peuvent mobiliser une
technologie endogène de conduite des femmes pour garantir une
forme de protection sociale qui va de pair avec un *empowerment* fictif
de ces dernières.

Discours et actes construits à l'interne enferment les Haïtiennes
dans des rôles de *poto mitan*, des « gestionnaires de survie » (Neptune-
Anglade, 1986). Clichés et stéréotypes de femmes résilientes et fortes
se forgent à l'interne, facilitant l'enracinement des idées que les
autres sociétés se font d'Haïti et des Haïtiennes. Autour des stratégies
de survie des femmes, la communauté internationale prend la lati-
tude d'organiser un discours essentialiste de résilience qui crée une
forme d'exceptionnalisation de ce groupe.

Ce mélange sert d'écran aux acteurs et actrices du dispositif étato-
externe qui voient augmenter leur capital de sympathie internationale. Le discours soutient le dispositif humanitaire ; il dispense de
questionner l'État. Les élites haïtiennes peuvent alors maintenir leurs
positions en jouant le rôle d'intermédiaires entre l'interne et l'externe
et en tirant des avantages en termes de revenus et de bien-être. Les
parties trouvent chacune un avantage dans la construction du
discours de résilience. Ce discours paraît crédible d'autant qu'il est
édifié en connexion avec la notion de résilience qui est attribuée à
une population.

La résilience devient alors une essence caractérisant une population et ordonnant les attitudes, car celles et ceux qui ne peuvent
suivre, ni être résilients comme on veut qu'ils le soient, sont des
oubliés. Ainsi, le discours de la résilience est devenu un pendant
sournois de l'injonction à l'auto-responsabilisation sans compter sur
l'intervention de l'État ni l'exiger. Ces analyses invitent à reconsidérer

le mot « irresponsabilité », qui est une catégorie de la domination. En cessant d'être une catégorie morale, l'irresponsabilité devient une des formes possibles de la gouvernementalité.

En définitive, les femmes sont soumises à des injonctions paradoxales. Elles se doivent d'être autonomes, tout en restant à l'intérieur d'un rapport de sexe que le dispositif étato-externe vient structurer et renforcer. L'international occupe auprès de l'État l'espace de dialogue que les dirigés devraient occuper. Cette situation empêche que les revendications des dirigés, notamment celles des Haïtiennes, deviennent audibles. Si l'État ne prend pas ses responsabilités vis-à-vis de sa population, les femmes ne sauront se décharger de leur rôle de « gestionnaires de survie ». Sans une réponse à ces questions, les femmes ne pourront ni se réapproprier elles-mêmes ni se construire un espace de bien-être où elles pourront être autonomes de manière pleine et entière.

Pour ne pas conclure

Les femmes comme lento pour penser le réel haïtien

Les douze articles réunis dans cet ouvrage s'inscrivent dans la continuité de mes réflexions sur la figure du *poto mitan* – incarnation d'une dette invisibilisée liée à la captation de la force de travail des femmes haïtiennes (Lamour, 2017) et révélatrice des séquelles coloniales qui traversent notre société. Si cette figure est bien présente dans les discours ordinaires, elle constitue néanmoins une catégorie sociale longtemps reléguée à l'impensé. Son analyse ouvre cependant un nouvel horizon d'intelligibilité, en me permettant d'accéder à des dimensions du réel négligées par les cadres épistémiques dominants.

Elle ouvre aussi la voie à une relecture située dans la tradition de l'épistémologie du sensible, portée par les premières féministes haïtiennes, pour qui l'impensé et le silencé ne sont pas des absences, mais des matériaux de pensée. Gestes, chants, rythmes, danses, tambours, jeux, proverbes, contes, expériences d'accouchement ou vécu corporel deviennent ici autant de faits sociologiques dignes d'attention. Ces formes culturelles rendent possible une exploration du sensible qui débouche sur une pensée située aux marges : une pensée du bord. Penser depuis le bord, c'est réfléchir à partir d'un lieu instable, mouvant. C'est se placer à la limite des cadres institués, ni pleinement dedans ni résolument dehors. C'est dans cette logique de dépassement que je propose de franchir la limite en allant dans le sens d'une philosophie du *lento*, notion proposée par le vaudou haïtien pour penser les seuils[1].

Dans cette perspective, reprendre le fil du discours sur le féminisme haïtien m'a permis d'affirmer l'existence d'une pensée longtemps tenue pour inexistante. Le féminisme haïtien, que les textes réunis dans cet ouvrage explorent depuis près de dix ans, apparaît ici comme un champ de réflexion fécond et encore trop peu reconnu. Plusieurs contributions prolongent cette interrogation en abordant des thématiques liées au lien social, aux responsabilités partagées entre femmes et hommes, aux modalités de construction des subjectivités dans des contextes coloniaux et postcoloniaux, à la vulnérabilité des femmes dans une société traversée par des agressions extérieures, aux formes d'appropriation du sensible par les femmes en temps de crise, ainsi qu'aux processus d'invisibilisation et aux logiques de production des savoirs.

Cette vérité simple mais décisive invite à interroger les points de vue dominants et les régimes d'interprétation qui les sous-tendent. Qui parle ? Qui voit ? Qui est autorisé à nommer ? Prendre appui sur les femmes en tant qu'actrices pour penser le réel ne se réduit pas à leur redonner une voix. C'est aussi reconnaître que leur position, leur expérience, leurs savoirs peuvent ouvrir d'autres voies de compréhension. Porteuses de mémoire, de visions du monde et de formes de résistance souvent invisibilisées par les cadres coloniaux, impériaux et patriarcaux, les femmes deviennent ici des passeuses et des productrices de sens.

Franchir le *lento* avec elles, c'est accomplir un geste politique.

---

1. Dans la cosmologie vaudou, le *lento* désigne un seuil à franchir, un passage d'un monde à un autre, d'un état de conscience à un autre, d'un rapport à la réalité à un autre. Cet espace liminaire est à la fois frontière et ouverture, où coexistent les opposés : le visible et l'invisible, le profane et le sacré, le matériel et le spirituel. Franchir le *lento*, c'est accepter le déplacement, le décentrement, et se rendre disponible à une lecture autre du réel. Ce que l'on voit, comprend et pense dépend toujours de l'endroit depuis lequel on regarde. Selon qu'on soit d'un côté ou de l'autre, on n'aperçoit pas la même chose.

Cela implique de traverser les seuils imposés pour accéder à une réalité qui ne se lit plus uniquement depuis les hauteurs du pouvoir, mais aussi depuis les marges, les luttes et les corps en mouvement. C'est reconnaître dans le vaudou une épistémologie vivante, un mode de lecture du monde qui échappe aux logiques dominantes. C'est reconnaître dans les femmes des interprètes du réel et des créatrices d'avenir. La traversée du *lento* n'appelle pas seulement à voir autrement. Elle engage à transformer le réel en réintégrant les subjectivités niées, effacées ou méprisées. Elle ouvre une lecture incarnée et plurielle du monde, dans laquelle les luttes, les récits et la spiritualité des femmes participent activement à la fabrique d'un autre possible.

Dans le prolongement des douze chapitres, l'ouvrage montre comment le geste d'une femme peut devenir le lieu d'incarnation d'un projet politique. L'héritage de Marie Sainte Dédée Bazile, dite Défilée, exploré dans un texte initialement publié dans *Recherches féministes* (2021) sur la pensée féministe noire francophone, s'inscrit dans cette dynamique. Ce travail propose une reconstruction d'un discours centré sur soi, articulé à une conception située du politique. Il constitue également une démarche épistémologique, une tentative de production de contre-narrations aptes à échapper aux impasses dans lesquelles certaines approches décoloniales s'enferment, notamment lorsqu'elles cherchent à répondre à la question cruciale : comment s'approprier le langage sans reproduire les narratifs dégradants de l'autre ?

Ce positionnement permet à la chercheure d'identifier des voies de sortie du piège de la validation externe et de la légitimation imposée. Il s'agit de refuser une pensée dictée par l'autre, façonnée par son refus ou ses absences. Car les catégories d'évaluation, les normes interprétatives, les critères de légitimité ne coïncident pas nécessairement entre les mondes. Dès lors, s'extraire du cadre où seul l'autre détient le pouvoir de dire ce qui a valeur de vérité devient un geste fondamental. Cette rupture crée une brèche dans l'ordre discursif établi, ouvrant la possibilité d'un sujet qui érige son expérience en lieu légitime de savoir. C'est à partir de là qu'émergent de nouveaux modes de pensée.

Ce geste d'affranchissement ouvre sur les fondements d'une sociologie de l'impensé, capable de nommer les ignorances instituées et de rendre visibles les propositions portées par les femmes concernant l'organisation du politique et la production de la parole. Il révèle aussi les mécanismes d'effacement à l'œuvre dans divers champs de la vie sociale : les pratiques d'invisibilisation dans les espaces universitaires, la place des femmes dans l'urbain et dans les dynamiques de pouvoir, ou encore les formes de solidarité sororale qui acquièrent consistance politique (Lamour, 2025c).

Dans cette perspective, les douze textes permettent de cerner plusieurs modalités de l'invisibilisation des femmes, tant dans le champ académique que dans les sphères de décision. L'une de ces pratiques concerne les femmes investies de pouvoir, souvent maintenues dans l'angle mort des récits dominants. Le texte « Les fiyèt-lalo, femmes macoutes : impensé de la mémoire de la dictature » en témoigne. Si les femmes sont porteuses de projets politiques, elles doivent être reconnues comme citoyennes à part entière, et les règles communes doivent s'appliquer lorsque leurs actions entrent en contradiction avec l'intérêt collectif. C'est à ce titre que la demande de redevabilité adressée aux femmes macoutes s'inscrit dans une démarche légitime de réintégration dans l'espace politique.

À l'instar de celles qui reconnaissent dans la pensée spéculative une ressource épistémologique à part entière, cet ouvrage invite à repenser les *fabulations politiques de soi*. Il propose de se détacher des narrations centrées sur la figure du père pour faire émerger des imaginaires politiques plus ajustés aux réalités haïtiennes.

Ces déplacements conceptuels permettent de questionner le patriarcat comme seuil d'analyse des rapports de pouvoir entre les sexes. Ils ouvrent la possibilité d'envisager les frères, et non plus les pères, comme figures tutélaires du pouvoir. Ce glissement suggère la nécessité de faire dans certaines sociétés le deuil de la paternité comme espace symbolique hégémonique.

Dans cette optique, la catégorie de *fratriarcat* offre un nouvel angle critique. Elle rend possible l'habilitation des mères comme figures centrales de transmission et actrices politiques radicales. Elle permet aussi de rompre avec les lectures victimaires du masculin, notamment celles qui attribuent à la colonisation un processus de dévirilisation.

Ce déplacement, que nous pouvons qualifier de passage du patriarcat au *fratriarcat*, nous conduit à renoncer à la centralité du père comme repère d'autorité, pour mieux penser l'habilitation des mères. Ces dernières apparaissent alors comme figures politiques radicales et actrices centrales de transmission. Elle réouvre l'imaginaire politique à des formes multiples de pouvoir, de mémoire et de résistance incarnées.

Ainsi, *Imaginer le féminisme haïtien* constitue une invitation à déplacer les lieux de légitimation du savoir et à réintroduire l'impensé au cœur du débat. Ce livre m'a permis d'enrichir les grammaires de la résistance et des luttes, à l'intersection des théories et des pratiques. Il ne cherche pas à clore. Il trace des lignes de continuité, relie les récits disjoints, donne forme aux fragments et fait résonner les silences.

Il propose une autre manière de faire recherche : engagée, située, spéculative et relationnelle. Une manière de produire de l'archive là où il n'y avait que l'oubli, de faire mémoire autrement, et de reprendre possession du discours sur soi. À partir de cette posture, de nouvelles perspectives d'écriture du réel deviennent accessibles aux femmes issues de sociétés esclavagistes et coloniales, ainsi qu'aux populations marquées par cette expérience historique.

C'est dans cet esprit que s'inscrit la proposition de penser le réel à partir du *lento* comme lieu symbolique. Penser en termes de *lento*, c'est dépasser le seuil du sensible pour entrer dans l'espace du franchissement. C'est refuser les catégories imposées de l'extérieur et ancrer la pensée dans les territoires intérieurs. C'est reprendre la parole là où elle avait été confisquée. C'est traverser, non pour fuir, mais pour produire d'autres géographies de sens, capables de réorienter les récits qui façonnent le futur. La pensée du franchissement, en ce sens, porte une visée réparatrice.

Bibliographie

Agamben, G. (1996). *Homo sacer : Le pouvoir souverain et la vie nue*. Seuil.

Agamben, G. (2002). *Moyens sans fins ? Notes sur la politique*. Rivages.

Agnant, M.-C. (2011). *Un alligator nommé Rosa*. Éditions Vents d'Ailleurs.

Agnant, M.-C. (2015). *Femmes au temps des carnassiers*. Les éditions du remue-ménage.

Ajari, N. (2021). En conversation avec la mort. Tommy J. Curry et les discours philosophiques de la masculinité noire. *Itinéraires, 2021*(3). https://doi.org/10.4000/itineraires.11430

Alexis, D. (2022). *Les femmes dans l'enseignement supérieur et la recherche* [Vidéo]. YouTube. https://www.youtube.com/watch?v=mQKhq2YVtWY

Alexis, E. (2015). Mwen pas connait as resistance: Haitians' silence against a violent state. *Journal of Haitian Studies, 21*(2), 269-288. https://doi.org/10.1353/jhs.2016.0007

Alexis, E. (2021). *Haiti fights back: The life and legacy of Charlemagne Péralte*. Rutgers University Press.

Ali, Z. (2023). *Intifada et imagination féministe*. Dans *Gagner le monde : Sur quelques héritages féministes*. La Fabrique.

Alleau, T. (2020). Amélie Bescont, Lucile Richard (dir.), « Judith Butler : une politique du sensible », *Raisons politiques* (revue de théorie politique), n° 76, novembre 2019. *Lectures*. https://journals.openedition.org/lectures/44863

Alterpresse. (2018, 20 février). Des féministes d'Haïti condamnent sans réserve les abus sexuels qui éclaboussent l'ONG Oxfam. *Alterpresse.org*. http://www.alterpresse.org/spip.php?article22729#.XH3kxVNKh2Y

Altidor, R. (2019). *Haiti and the American military occupation (1915-1934)*. Educa Vision.

Alvarez, S. E., Costa, C. de L., Feliu, V., Hester, R., Klahn, N., & Thayer, M. (dir.). (2014). *Translocalities/Translocalidades: Feminist Politics of Translation in the Latin/a Américas*. Duke University Press. https://doi.org/10.1215/9780822376828

Anderson, L., & Snow, D. A. (2001). L'exclusion sociale et le soi : Une perspective d'interactionnisme symbolique. *Sociologie et sociétés, 33*(2), 13-27. https://doi.org/10.7202/008309ar

Arendt, H. (1995). *Qu'est-ce que la politique ?* Seuil.

Atouriste, A. (2012). L'enseignement supérieur en Haïti : Une évaluation post-sismique/perspectives de reconstruction et de réforme. *Journal of Haitian Studies, 18*(1), 151-162.

Bachetta, P. (2009). Co-formations : Des spatialités de résistance décoloniales chez les lesbiennes « of color » en France. *Genre, sexualité & société, (1)*. https://doi.org/10.4000/gss.810

Bajeux, J. C. (2005). La chute. Dans B. Diederich, *Le prix du sang : la résistance du peuple haïtien à la tyrannie* [Prologue]. Editions Antillia.

Balch, E. G. (dir.). (1927). *Occupied Haiti: Being the report of a committee of six disinterested*

Americans representing organizations exclusively American, who, having personally studied conditions in Haiti in 1926, favor the restoration of the independence of the Negro republic. The Writers Publishing Company.

Balibar, É. (2010). *La proposition de l'égaliberté.* Presses universitaires de France.

Balibar, E. (2012). Droit de cité et citoyenneté dans le contexte de l'Europe et de la mondialisation. *Le sujet dans la cité, 2*(3), 69-79. https://doi.org/10.3917/lsdlc.003.0069

Balthazard-Accou, K., Bien-Aimé, G., César, J., Cadet, J.-J., Cadet, R. L., Benjamin, F., & Paul, B. (2023). Les crises, les femmes et la production scientifique en Haïti : Une exploration. *Études Caribéennes, 56.* https://doi.org/10.4000/etudescaribeennes.29284

Barrera Téllez, A., & Mestanza, R. M. (2022). Notre mémoire regorge d'insurrection : Un féminisme noir afrocolombien. *Les Cahiers du CEDREF, 25.* https://doi.org/10.4000/cedref.1866

Bateson, G., Jackson, D. D., & Haley, J. (1956). Toward a theory of schizophrenia. *Behavioral Science, 1*(4), 251-264. https://doi.org/10.1002/bs.3830010402

Becker, H. (2009). *Comment parler de la société : Artistes, écrivains, chercheurs et représentations sociales.* La Découverte.

Becker, H. (2020). *Outsiders : Études de sociologie de la déviance.* Métailié. (Œuvre originale publiée en 1963)

Behanzin, Y. (2003). Femmes esclaves dans les Amériques (XVIe-XIXe siècle) : Infériorité imposée, résistance assumée. *Cahiers des Anneaux de la mémoire, (5),* 33-53.

Belga News. (2015, 10 janvier). Haïti : cinq ans après le séisme, les besoins restent gigantesques. *RTBF.info.* www.rtbf.be/info/monde/detail_haiti-cinq-ans-apres-le-seisme-les-besoins-restent-gigantesques?id=8746972

Bello, A.-C. (2016). Charlotte Delbo et les tombeaux d'Antigone. *MuseMedusa, 4.* http://musemedusa.com/dossier_4/anne-claire-bello

Benoit, J. (1979). *Les racines historiques du sous-développement en Haïti.* Henri Deschamps.

Berger, P., & Luckmann, T. (2018). *La construction sociale de la réalité.* Armand Colin.

Bessin, M., & Gaudart, C. (2009). Les temps sexués de l'activité : La temporalité au principe du genre ? *Temporalités, (9).* https://doi.org/10.4000/temporalites.979

Bessonne, M. (2020). « Ignorance blanche », clairvoyance noire ? W. E. B. Du Bois et la justice épistémique. *Raisons politiques, 2*(78), 15-28.

Bilge, S. (2015). Le blanchiment de l'intersectionnalité. *Recherches féministes, 28*(2), 9-32.

Blin, F. (2006). Donner une place aux fantômes de la guerre : le rôle d'Antigone dans le théâtre espagnol entre 1939 et 1989. *MuseMedusa, 4.* http://musemedusa.com/dossier_4/fanny-blin/

Bourdier, K. (2011). Les conditions sanitaires sur les habitations sucrières de Saint-Domingue à la fin du siècle. *Dix-huitième siècle, 43*(1), 349-368. https://doi.org/10.3917/dhs.043.0349

Bourdieu, P. (1979). *La distinction : Critique sociale du jugement.* Les Éditions de Minuit.

Bourdieu, P. (1980). Le capital social. *Actes de la recherche en sciences sociales, 31,* 2-3.

Bourdieu, P. (1997). L'épistémocentrisme scolastique. Dans *Méditations pascaliennes.* Seuil.

Braziel, J. E. (2005). Re-membering Défilée: Dédée Bazile as Revolutionary Lieu de Mémoire. *Small Axe, 9*(2), 57-85.

Butler, J. (2004). *Le pouvoir des mots : Politique du performatif*. Éditions Amsterdam.

Butler, J. (2006). *Défaire le genre*. Amsterdam.

Butler, J. (2014). *Qu'est-ce qu'une vie bonne ?* Payot.

Byrd, B. R. (2015). "To start something to help these people": African American women and the occupation of Haiti, 1915-1934. *Journal of Haitian Studies, 21*(2), 154-180.

Cantacuzène, R. (2013). Modèles d'éducation, virilité ostentatoire et déficit d'expression de l'intime dans la construction sociale de la masculinité en Martinique. *Service social, 59*(1), 129-144. https://doi.org/10.7202/1017484ar

Casey, M. (2015). "Haitian Habits" or Occupation Policies? Harris Lifschitz and the Unevenness of State Building in Haiti, 1898-1921. *Journal of Haitian Studies, 21*(2), 121-151.

Casey, M. (2019). Domestic workers and foreign occupation: Haitian servants, US Marines, and conflicts over labor and empire in Haiti 1915-1934. *International Labor and Working-Class History, 96*, 145-167. https://doi.org/10.1017/S0147547919000218

Casimir, J. (2008). Haïti et ses élites : L'interminable dialogue de sourds. *Words and Knowledges Otherwise*.

Castel, R. (2009). *La montée des incertitudes : Travail, protection et statut de l'individu*. Seuil.

Castel, R. (2010, 26 mars). L'autonomie, aspiration ou condition ? *La Vie des idées*. https://laviedesidees.fr/L-autonomie-aspiration-ou

Castor, S. (1988). *L'occupation américaine d'Haïti*. CRESFED.

Castor, S. (1989). *L'occupation américaine d'Haïti*. Éditions Henri Deschamps.

Castor, S. (1994). *Les femmes haïtiennes aux élections de 1990*. Éditions Imprimeur II.

Castor, S., Brisson, M., & McLeod, M. (1987). *Femme : société et législation*. Centre de recherche et de formation économique et sociale pour le développement (CRESFED).

Castoriadis, C. (1975). *L'institution imaginaire de la société*. Seuil.

Cédras, R. (2015). *Le cyclone Hazel : Inventaire d'un passé présent*. C3 Éditions.

Célestine, A. (2019). Contre et tout contre l'archive. Dans S. Hartman, *Vies rebelles, histoires intimes des filles noires en révolte de radicales queers et de femmes dangereuses*. Éditions du Seuil.

Célius, C. A. (2024). Ethnographie et histoire : Suzanne Comhaire-Sylvain à Kenscoff. *Archipélies, (17)*. https://doi.org/10.4000/12wka

Cervera-Marzal, M. (2012). Le courage comme vertu cardinale du sujet politique. *Variations, 17*. https://doi.org/10.4000/variations.364

Cervulle, M. (2013). *Dans le blanc des yeux : Diversité, racisme et médias*. Éditions Amsterdam.

Chamayou, G. (2014). *Les corps vils : Expérimenter sur les êtres humains aux XVIIIe et XIXe siècles*. La Découverte.

Chancy, M. (1997). *Framing Silence: Revolutionary Novels by Haitian Women*. Rutgers University Press.

Charles, C. (1995). Gender and politics in contemporary Haiti: The Duvalierist State, transnationalism, and the emergence of a new feminism (1980-1990). *Feminist Studies, 21*(1), 135-164.

Charles, K. (2019). Représentation des femmes dans le corps professoral universitaire haïtien et les instances de décision. *Haïti Perspectives*, 7(1), 30-35.

Charlier, G. (1989). *Mémoire d'une affranchie*. Méridien.

Charpenel, M. (2014). « Le privé est politique ! » Sociologie des mémoires féministes en France [Thèse de doctorat, Institut d'études politiques de Paris]. HAL. https://shs.hal.science/tel-02079855/file/CHARPENELTHESECOMPLETE.pdf

Chéry, F.-G. (2005). *Société, économie et politique en Haïti. La crise permanente*. Henri Deschamps.

Chivallon, C. (2014). Revisiter l'ancestralité aux Antilles. *Civilisations*, 63, 101-122. https://doi.org/10.4000/civilisations.3698

Chung, R. (2018). Les études féministes pour résister aux injustices épistémiques genrées. Dans S. Lamour, D. Côté, & D. Alexis (dir.), *Déjouer le silence : Contre-discours sur les femmes haïtiennes* (pp. 25-34). Éditions du remue-ménage/Mémoire d'encrier/PressUniQ.

Claude-Narcisse, J. (1993). *Germaine ou chercher la vie*. UNICEF.

Claude-Narcisse, J., & Narcisse, P. R. (1997). *Mémoire de femmes*. UNICEF-Haïti.

Cleuziou, Y. (2010). James C. Scott, La domination et les arts de la résistance. Fragments du discours subalterne [Recension]. *Études rurales*, (186). https://doi.org/10.4000/etudesrurales.9330

Clorméus, L. A. (2015). Des leaders protestants haïtiens dans la vague anticléricale et nationaliste (1927-1929). *Journal of Haitian Studies*, 21(2), 88-120.

Clorméus, L. A. (2022). État et religions en Haïti au cours de la seconde moitié du XIXe siècle (1860-1900). *Perspectiva*, 2, 13-39. https://creda.cnrs.fr/wp-content/uploads/2023/11/Perspectiva_n2.pdf

Coicou, M. (1906). *L'empereur Dessalines : drame en deux actes, en vers*. Imprimerie Chenet.

Colimon-Hall, M.-T. (1974). *Fils de misère*. Éditions Caraïbes.

Collins, P. H. (1991). *Black feminist thought: Knowledge, consciousness, and the politics of empowerment*. Routledge.

Collins, P. H. (2016). *La pensée féministe noire*. Les éditions du Remue-ménage.

Combahee River Collective. (2008). Déclaration du Combahee River Collective. Dans E. Dorlin (Dir.), *Black feminism : Anthologie du féminisme africain-américain, 1975-2000* (J. Falquet, Trad.). L'Harmattan. (Œuvre originale publiée en 1977)

Comhaire-Sylvain, S. (1936). *Le créole haïtien : Morphologie et syntaxe*. De Meester.

Comhaire-Sylvain, S. (1937). *Les contes haïtiens. 1ère partie, Maman d'leau : Origine immédiate et extension en Amérique, Afrique et Europe occidentale ; 2e partie, Conjoint animal ou démon déguisé*. Imprimerie De Meester.

Comhaire-Sylvain, S. (1938). La femme dans le proverbe créole. *La Voix des femmes*, 3, 7-9.

Comhaire-Sylvain, S. (1939a). Les proverbes haïtiens. *Bulletin du Bureau d'Ethnologie*.

Comhaire-Sylvain, S. (1939b). Notre paysanne : Adelsia. *Études Haïtiennes*, 1-6.

Comhaire-Sylvain, S. (1940a). Ce que font nos fillettes en dehors des heures de classe : Enquête parmi les élèves des écoles nationales de Port-au-Prince. *La Voix des femmes*, 5.

Comhaire-Sylvain, S. (1940b). *Le roman de Bouqui*. Imprimerie du Collège Vertières.

Comhaire-Sylvain, S. (1951). La chanson haïtienne. *Présence Africaine, 3*(12), 61-87.

Comhaire-Sylvain, S. (1955). Survivances africaines dans le vocabulaire religieux d'Haïti. [avec J. Comhaire]. *Études Dahoméennes*.

Comhaire-Sylvain, S. (1958). Les noms des personnes à Kenscoff. *Revue de la Faculté d'Ethnologie, (1)*, 207-236.

Comhaire-Sylvain, S. (1959). La vie à Kenscoff. *Bulletin du Bureau d'Ethnologie*.

Comhaire-Sylvain, S. (1961). Le travail des femmes à Kenscoff. *Bulletin du Bureau d'Ethnologie, (3)*, 185-223.

Comhaire-Sylvain, S. (1968). *Femmes de Kinshasa hier et aujourd'hui*. Mouton.

Comhaire-Sylvain, S. (1973). *Le roman de Bouqui*. Léméac. (Ouvrage original publié en 1940)

Comhaire-Sylvain, S. (1975). Vieillir à Port-au-Prince (1ère partie). *L'Ethnographie, 116*(70).

Comhaire-Sylvain, S. (1982). *Femmes de Lomé*. CEEBA Publications.

Comhaire-Sylvain, S., & Comhaire, J. (1938). Loisirs et divertissements dans la région de Kenscoff, Haïti. *Bulletin du Bureau d'Ethnologie, 18*(2), 301-341.

Comhaire, J. (1981). *Le Nigeria et ses populations*. Éditions Complexe.

Comhaire, J. (2002). Hommage à ma femme (K. Gyssels, éd.). Île en île. https://ile-en-ile. org/jean-comhaire-hommage-a-ma-femme (Article original publié en 1984)

Connell, R. (2014). *Masculinités : Enjeux sociaux de l'hégémonie*. Éditions Amsterdam.

Coordination nationale de plaidoyer pour les droits des femmes. (2008). *Pour la cause des femmes avançons !* CONAP.

Corvington, G. (2007). *Port-au-Prince au cours des ans (Tomes III & IV). La capitale sous l'occupation 1915-1934 et 1934-1950 : Les rayons et les ombres*. CIDIHCA.

Côté, D. (2018). Défense des droits des femmes en Haïti : Les effets déstructurants de l'aide humanitaire. Dans S. Lamour, D. Côté & D. Alexis (dir.), *Déjouer le silence : Contre-discours sur les femmes haïtiennes* (pp. 251-262). Éditions du remue-ménage/Mémoire d'encrier/PressUniQ.

Coupé Cloué. (1986). *Madan Masèl* [Vidéo]. YouTube. https://www.youtube.com/watch? v=dFiPIL3vxvw

Crenshaw, K. (1991). Mapping the margins: Intersectionality, identity politics, and violence against women of color. *Stanford Law Review, 43*(6), 1241-1299.

Crevier Goulet, S.-A. (2016). « Pleurer les sans deuil ». Antigone, la vulnérabilité, la résistance. *MuseMedusa, 4*. http://musemedusa.com/dossier_4/sarah-anais-crevier-goulet

Cruse, R. (2014). *Pour une géographie populaire de la Caraïbe*. Mémoire d'encrier.

Cukier, A. (2011). *Les paradoxes de l'empathie*. CNRS Éditions.

Curiel, O. (2007). Critique postcoloniale et pratique féministe antiraciste. *Mouvements, 51*(3), 119-129.

Curiel, O. (2021). Le féminisme décolonial en Abya Yala. *Multitudes, 84*, 93-101.

Daniel-Genc, S. (2015). Femmes au combat cessent-elles d'être une catégorie vulnérable. *Cahiers du Genre, 58*(1), 93-112.

Darmon, M. (2006). *La socialisation*. Armand Colin.

de Castro, S. (2022). La condescendance : Une stratégie pater-coloniale de pouvoir. Dans *Pensée féministe décoloniale* (pp. 81-97). Anacaona.

Deïta. (1993). *La légende des loa vodou haïtien*. Bibliothèque Nationale d'Haïti.

Delvaux, M. (2019). *Le Boys club*. Remue-ménage.

Deren, M. (2004). *Divine horsemen: The living gods of Haiti*. McPherson & Company. (Œuvre originale publiée en 1953)

Derrida, J. (1998). *De l'hospitalité*. Calmann-Lévy.

Desroy, A. (1934). *Le joug*. Imprimerie Modèle.

Dieng, S.-R. (2023). Bien sûr que la parole est une arme. Dans Z. Ali, R. S. Dieng, S. Federici, V. Gago, L. Olufemi, D. Ribeiro, S. Valencia, & F. Vergès, *Gagner le monde : Sur quelques héritages féministes* (pp. 161-181). La Fabrique.

Dorismond, E. (2020). *Le problème haïtien : Essai sur les racines de la colonialité de l'État haïtien*. Édition Polaire.

Dorlin, E. (Dir.). (2008). *Black feminism : Anthologie du féminisme africain-américain, 1975-2000*. L'Harmattan.

Dosse, F. (2015). La fabrique de l'événement historique moderne. *Hermès, la Revue, 1*(71), 58-66. https://www.cairn.info/revue-hermes-la-revue-2015-1-page-58.htm

Dougé-Prosper, M. (2016). Coicou-Madiou, Léonie (1891-1974). Dans *Dictionary of Caribbean and Afro-Latin American Biography*. Oxford University Press. https://doi.org/10.1093/acref/9780195301731.013.73668

Doura, F. (2001). *Économie d'Haïti : Dépendance, crises et développement* (Vol. 1). Éditions Dami.

Droz, Y. (2009). La morale de l'interdiction de la clitoridectomie en pays kikuyu. *Anthropologie et Sociétés, 33*(3), 118-137.

DSNCRP. (2008). *Document de Stratégie Nationale pour la Croissance et la Réduction de la Pauvreté (2008-2010)*. Ministère de la Planification et de la Coopération Externe.

Duret, P. (1999). *Les jeunes et l'identité masculine*. PUF.

Durkheim, É. (2013). *De la division du travail social*. PUF. (Ouvrage original publié en 1893)

Duvivier, S. (2008). "My body my piece of land" Female sexuality, family, and capital in Caribbean texts. *Callaloo, 31*(4), 1104-1121.

Eisenstein, Z. (dir.). (1978). *Capitalist patriarchy and the case for socialist feminism*. Monthly Review Press.

Enloe, C. (2019). *Armées, bananes, confection... une analyse féministe de la politique internationale* (C. Sordia, Trans.). Solanhets.

Étienne, S. P. (2007). *L'énigme haïtienne : Échec de l'État moderne en Haïti*. Presses de l'Université de Montréal.

Ezékiel, J. (2005). Katrina à la Nouvelle-Orléans : Réflexions sur le genre de la catastrophe. *L'homme et la société, 158*(4), 189-199. https://doi.org/10.3917/lhs.158.0189.

Farge, A. (2002). Penser et définir l'événement en histoire : Approche des situations et des acteurs sociaux. *Terrain, 38*, 69-78. https://doi.org/10.4000/terrain.1929

Farge, A. (2006). L'existence méconnue des plus faibles : L'histoire au secours du présent. *Études, 404*(1), 35-47. https://doi.org/10.3917/etu.041.0035

Farmer, P. (2003). *Pathologies of power: Health, human rights, and the new war on the poor.* University of California Press.

Fassin, D. (2009). Les économies morales revisitées. *Annales. Histoire, Sciences Sociales, 64*(6), 1237-1266. https://doi.org/10.1017/S0395264900028374

Felices-Luna, M. (2008). Déviance et politique : la carrière des femmes au sein de groupes armés contestataires. *Déviance et Société, 32*(2), 163-185. https://doi.org/10.3917/ds.322.0163

Foucault, M. (2004). *Sécurité, territoire, population.* Seuil.

Fouchard, J. (2017). *Histoire d'Haïti, t. II : « 1804-1990 ».* Éditions Henri Deschamps.

Fraser, N. (2005). *Qu'est-ce que la justice sociale ? Reconnaissance et redistribution.* La Découverte.

Fricker, M. (2007). *Epistemic injustice: Power and the ethics of knowing.* Oxford University Press.

Frostin, C. (1975). *Les révoltes blanches à Saint-Domingue aux XVIIe et XVIIIe siècles.* Éditions de l'École.

Gago, V. (2023). Sur le désir de théorie du mouvement féministe. Dans Z. Ali, R. S. Dieng, S. Federici, V. Gago, L. Olufemi, D. Ribeiro, S. Valencia, & F. Vergès, *Gagner le monde : Sur quelques héritages féministes* (pp. 11-34). La Fabrique.

Gaillard, R. (1983). *Les blancs débarquent 1919-1934 : La guérilla de Batraville.* Imprimerie Le Natal.

Gallot, F., & Jacquemart, A. (2023). Quelles pratiques féministes de la non-mixité ? *Travail, genre et sociétés, 49*(1), 161-164. https://doi.org/10.3917/tgs.049.0161

Gaspard, F. (2011). Du patriarcat au fratriarcat. La parité comme nouvel horizon du féminisme. *Cahiers du Genre, HS n° 2(3),* 135-155. https://doi.org/10.3917/cdge.hs02.0135

Gautier, A. (2010). *Les sœurs de Solitude : La condition féminine dans l'esclavage aux Antilles du XVIIe au XIXe siècle.* Éditions Caribéennes. (Œuvre originale publiée en 1985)

Gebrekidan, S., Apuzzo, M., Porter, C., & Méheut, C. (2022, 20 mai). *Envahissez Haïti, exhorte Wall Street. Les États-Unis s'exécutent.* The New York Times. https://www.nytimes.com/fr/2022/05/20/world/haiti-etats-unis-occupation.html

Gilbert, M. (2001). *Luttes des femmes et luttes sociales en Haïti.* Éditions Areytos.

Gilbert, M. (2008). La privation intentionnelle des rites funéraires, un mal radical. *Stress et trauma, 8*(2), 114 122.

Gilbert, M. (2010). Haïti-mémoire : Non à la réhabilitation des criminels. *AlterPresse.* https://www.alterpresse.org/spip.php?article9912

Ginzburg, C. (1989). Traces : Racines d'un paradigme indiciaire. Dans *Mythes, emblèmes, traces* (pp. 139-180). Verdier.

Goerg, O. (2019). Histoire des femmes et perspective de genre en Afrique : Essai de synthèse. Dans E. Asquer, A. Bellavitis, & I. Chabot (Eds.), *Vingt-cinq ans après : Les femmes au rendez-vous de l'histoire* (pp. 105-125). Publications de l'École française de Rome.

González, R., Derby, L. H., & Roorda, E. P. (2014). *The Dominican Republic reader: History, culture, politics.* Duke University Press. https://muse.jhu.edu/book/70189

Gordien, A. (2024). Guadeloupéennes avant d'être femmes. *Esclavages & Post-esclavages,* *9*. https://doi.org/10.4000/slaveries.10228

Görög-Karady, V. (1969). Suzanne Comhaire-Sylvain. Femmes de Kinshasa hier et aujourd'hui [Review]. *Annales, 24*(3), 659.

Gracchus, F. (1980). *Les lieux de la mère dans les sociétés afro-américaines.* Éditions Caribéennes.

Graeber, D. (2006). *Pour une anthropologie anarchiste.* Lux.

Guillaume, B. (1987). *Ras, klas moun-n* [Chanson]. Sur *Ras, Klas Moun-n* [Album vinyle]. Capeh.

Gustinvil, W. (2022). *La révolution servile haïtienne et l'énigme du retour.* Les Presses de l'Université d'État d'Haïti.

Hache, É. (2007). La responsabilité, une technique de gouvernementalité néolibérale ? *Raisons politiques, 4*(28), 49-65. https://doi.org/10.3917/rai.028.0049

Hall, S. (2007). *Identités et cultures : Politiques des cultural studies.* Éditions Amsterdam.

Harper, E. (2012). Regards sur l'intersectionnalité. CRI-VIFF.

Hartman, S. (2019). *Vies rebelles, histoires intimes des filles noires en révolte de radicales queers et de femmes dangereuses* (S. Degachi & M. Shelledy, Trans.). Éditions du Seuil.

Hayes, I., & Yon, K. (2018). Ressorts et limites d'une prise de conscience féministe dans les conflits du travail (Roubaix, années 1970). *Le Mouvement social, 265*(4), 71-93.

Héas, S., Bodin, D., Robène, L., Blumrodt, T., & Soulé, B. (2009). Violences sexistes et sexuelles dans les sports: Exemples de l'humour et de l'insulte. *Genre, Sexualité & Société,* (1). https://doi.org/10.4000/gss.287

Hector, M. (2006). *Crises et mouvements populaires en Haïti.* Presses Nationales d'Haïti.

Hedjerassi, N. (2016). bell hooks, ou la fabrique d'une intellectuelle féministe noire : Parcours, perspectives et contributions d'une figure "oppositionnelle". https://journals.openedition.org/grm/839

Henri, S. R. (2015, 17 juillet). *Haïti/1915-100 ans : La paysannerie, l'une des premières victimes de l'occupation américaine* [Multimédia]. AlterPresse. https://www.alterpresse.org/spip.php?article18500

Hermogène, F. (2019a, 19 mars). L'histoire du mouvement féministe haïtien (Première partie). *AyiboPost.* https://ayibopost.com/lhistoire-du-mouvement-feministe-haitien-premiere-partie/

Hermogène, F. (2019b, 23 avril). L'histoire du mouvement féministe haïtien (Deuxième partie). *AyiboPost.* https://ayibopost.com/lhistoire-du-mouvement-feministe-haitien-deuxieme-partie/

Highmore, B. (2022). Les structures de sentiment et la critique de la vie quotidienne. *Revue des sciences humaines, 345.* https://doi.org/10.4000/rsh.611

Hill Collins, P. (2015). Toujours courageuses [brave] ? Le féminisme noir en tant que projet de justice sociale. *Les cahiers du CEDREF, 20.* https://journals.openedition.org/cedref/771

Hochschild, A. R. (2017). *Le prix des sentiments : Au cœur du travail émotionnel.* La Découverte.

hooks, b. (2017). *De la marge au centre, théorie féministe.* Cambourakis.

hooks, b. (2020). *Apprendre à transgresser : L'éducation comme pratique de la liberté.* Syllepse.

Hurbon, L. (1975). Suzanne Comhaire-Sylvain († 1975). *Journal des Africanistes,* 45(1-2), 200-201.

Hurbon, L. (1987). *Comprendre Haïti : Essai sur l'État, la nation et la culture.* Karthala.

Hurbon, L. (1988). *Le barbare imaginaire.* Les Éditions du Cerf.

Institut haïtien de statistique et d'informatique (IHSI). (2010). *Enquête sur l'emploi et l'économie informelle (EEEI) en Haïti.* http://www.ihsi.ht/pdf/eeei.pdf

Ismé, C., & Lamour, S. (2023). Réflexions géopolitiques sur le sens des viols collectifs et les féminicides en Ayiti : Le genre de la guerre contre les Ayitiens. *FALMAG (France, Amérique Latine Magazine),* 153.

James, C. L. R. (2008). *Les Jacobins noirs : Toussaint Louverture et la révolution de Saint-Domingue.* Éditions Amsterdam.

Janvier, L.-J. (1884). *Haïti aux Haïtiens.* Imprimerie A. Davy.

Jean-Charles, R. M. (2022). *Looking for other worlds: Black feminism and Haitian fiction.* University of Virginia Press.

Joachim, M.-F. (2012, 16 février). Haïti-Féminisme : Quand fleurissent les lilas. *AlterPresse.* https://www.alterpresse.org/spip.php?article13878#.Xc67LjNKjIU

Johnson, J. W. (1920). Self-determining Haiti. *The Nation,* 5.

Joseph-Gabriel, A. K. (2023). *Imaginer la libération : Des femmes noires face à l'empire* (J.-B. Naudy, Trans.). Éditions Rot-Bo-Krik.

Jouan, M. (2017). Politique du deuil entre reconnaissance et invisibilisation. Réfléchir avec Judith Butler sur le deuil public après les attentats du 13 novembre 2015. *Raison publique,* 1(21), 113-152.

Jurney, F. R. (2005). Entretien avec Marie-Célie Agnant. *The French Review,* 79(2), 384-394. https://www.jstor.org/stable/25480209

Justinvil, F. (2021). *Sociétés secrètes en Haïti, de l'imaginaire au réel : Une analyse du rôle des sociétés secrètes dans l'indépendance et la vie socio-politique contemporaine en Haïti* [Édition Kindle].

Kabile, J. (2021). *Masculinités martiniquaises : Une approche relationnelle* [Doctoral dissertation, Université des Antilles].

Kabile, J. (2022). La quête de reconnaissance dans la socialisation de garçons et d'adolescents martiniquais. *Amnis, (4).* https://doi.org/10.4000/amnis.7775

Kabile, J. (2023, 23 février). À la recherche des masculinités antillaises. Dans *Les couilles sur la table* (Épisode 84) [Podcast audio]. Binge Audio. https://www.binge.audio/podcast/les-couilles-sur-la-table/a-la-recherche-des-masculinites-antillaises

Kadya Tall, F. (2014). L'ancestralité revisitée. *Civilisations, 63,* 19-24. https://doi.org/10.4000/civilisations.3637

Kastrup, V. (2015). La cartographie comme méthode : pistes pour la pratique d'une recherche-intervention. *Bulletin de psychologie, 536*(2), 133-142. https://doi.org/10.3917/bupsy.536.0133

La compatriote Sylvain a été distinguée à Washington. (s.d.). [Le Matin?]. Suzanne Comhaire-Sylvain Papers, Stanford University Libraries, Department of Special

Collections and University Archives. https://searchworks.stanford.edu/view/qw295ct1706

La Phalange. (1945, 5 octobre). Mlle Suzanne Sylvain. Erudite haïtienne. *Suzanne Comhaire-Sylvain Papers*, Stanford University Libraries, Department of Special Collections and University Archives. https://searchworks.stanford.edu/view/fc894mv3450

La Voix des femmes. (1937). Vol. 2.

La Voix des femmes. (1940, octobre-novembre).

La Voix des Femmes. (1943, décembre). Avec le maïs & 3 recettes de maïs (pp. 1, 20).

La Voix des Femmes. (1943, décembre). Baptême du foyer ouvrier (pp. 2, 16).

Labelle, M. (1976). *Idéologies de couleur et classes sociales en Haïti.* Presses de l'Université de Montréal.

Lahens, Y. (1997-1998). L'apport de quatre romancières au roman moderne haïtien. *Journal of Haitian Studies, 3/4,* 87-95.

Lahens, Y. (2018-2019). *Trois décennies d'exception. Habiter Haïti autrement* [Enregistrement vidéo]. Chaire Mondes francophones, Collège de France. https://www.college-de-france.fr/fr/agenda/cours/haiti-autrement/trois-decennies-exception-1

Lahire, B. (2013). La fabrication sociale des individus : Cadres, modalités, temps et effets de socialisation. Dans B. Lahire (dir.), *Dans les plis singuliers du social : Individus, institutions, socialisations* (pp. 115-132). La Découverte.

Lamaute-Brisson, N. (2012). Enquêtes auprès des ménages en Haïti et perspective de genre (1999-2005) (Série Mujer y desarrollo n° 113, LC/L.3442). Commission économique pour l'Amérique latine et les Caraïbes (CEPALC).

Lamaute-Brisson, N. (2015). Entrepreneures dans l'économie haïtienne : Des marchés aux politiques publiques. *Les Cahiers du PNUD.*

Lambert, L. R. (2020). *Sister comrade: Caribbean feminist revisions of the Grenada revolution.* University of Virginia Press.

Lamour, S. (2009). *Les reconfigurations de la matrifocalité dans les migrations des femmes haïtiennes en France* [Master's thesis, Université Paris 7 Diderot].

Lamour, S. (2015, May 18-22). *Entre viol et avilissement des femmes: Lire le courage politique des Haïtiennes contre l'occupation de 1915* [Paper presentation]. Regards croisés sur la première occupation américaine d'Haiti (1915-1934), Port-au-Prince, Haiti.

Lamour, S. (2016a). Les Fiyèt-Lalo : Un impensé de la mémoire de la pensée de la dictature duvaliériste. Dans B. Cénatus, S. Douailler, M. Duvivier Pierre-Louis & E. Tassin (dir.), *Haïti : De la dictature à la démocratie ?* (pp. 169-188). Mémoire d'encrier.

Lamour, S. (2016b). *Poto-mitan et idéal sacrificiel* [Communication]. CRPLC, Martinique. https://www.manioc.org/fichiers/V16327

Lamour, S. (2017). *Entre imaginaire et histoire : Une approche matérialiste du poto-mitan en Haïti* [Thèse de doctorat non publiée]. Université Paris 8-Saint-Denis.

Lamour, S. (2018). Partir pour mieux s'enraciner ou retour sur la fabrique du poto mitan en Haïti. Dans S. Lamour, D. Côté, & D. Alexis (dir.), *Déjouer le silence : Contre-discours sur les femmes haïtiennes* (pp. 96-105). Éditions du remue-ménage/Mémoire d'encrier/PressUniQ.

Lamour, S. (2019a). Entre intersectionnalité et colonialité : Relire la question du poto-mitan en Haïti. *Chemins critiques, 6*(2).

Lamour, S. (2019b). L'irresponsabilité, une compétence de dominant. *Revue internationale des études du développement, 239,* 7-29. https://doi.org/10.3917/ried.239.0007

Lamour, S. (2020). Haïti : Comment les femmes secouent le monde politique. *CETRI.* https://www.cetri.be/Haiti-comment-les-femmes-secouent

Lamour, S. (2021a). The toxic masculinity of the "legal bandit". *NACLA Report on the Americas, 53*(1), 88-93. https://doi.org/10.1080/10714839.2021.1891649

Lamour, S. (2021b). *Les femmes dans l'enseignement supérieur et la recherche* [Vidéo]. Alliance française de la francophonie. https://www.facebook.com/watch/live/?ref=watch_permalink&v=570795414047221

Lamour, S. (2022). Le 3 avril 1986 : Expression d'une mésentente politique en Haïti. Retour sur un élément de la mémoire indocile du mouvement féministe haïtien. *Recherches féministes, 35*(1-2), 57-76. https://doi.org/10.7202/1099911ar

Lamour, S. (2023). Représentations conservatrices des femmes haïtiennes : L'exemple du compas. *Mouka.* https://mouka.ht/dossier-thematique/212/realite-des-femmes-haitiennes-demographie-economie-et-

Lamour, S. (2024). Haitian feminists' struggle for the right to self-determination. *Palimpsest, 13*(1), 93-100. https://dx.doi.org/10.1353/pal.2024.a930527

Lamour, S. (2025a). Faire de la vieillesse une question sociale : Relecture critique de l'essai de Suzanne Comhaire-Sylvain, *Vieillir à Port-au-Prince (1975). Gazette Universitaire,* 8 mars 2025. https://www.gazetteuniv.com/vieillir-a-port-au-prince-faire-de-la-vieillesse-une-question-sociale-2/

Lamour, S. (2025b). Imperialism and prostitution in Haiti (1915-1934). *Journal of Haitian Studies, 30*(1-2), 32-61.

Lamour, S. (2025c). *Depi nan ginen fanm te renmen fanm : Les pratiques sororales en Haïti* [Communication]. Colloque international de CHARESSO : Savoir et expertise face à la crise.

Larsen, N. (1929). *Passing.* Alfred A. Knopf.

Lascoumes, P. (2004). La gouvernementalité : De la critique de l'État aux technologies du pouvoir. *Le Portique, (13-14).* http://journals.openedition.org/leportique/625

Laugier, S., & Paperman, P. (Eds.). (2006). *Le souci des autres. Éthique et politique du groupe.* Éditions EHESS.

Lavabre, M.-C. (2007). Paradigmes de la mémoire. *Transcontinentales,* (5), Article 9. http://transcontinentales.revues.org/756

Lazzarato, M. (2011). *La fabrique de l'homme endetté : Essai sur la condition néolibérale.* Amsterdam.

Le Pape, M. (2013). Viol d'hommes, masculinités et conflits armés. *Cahiers d'études africaines, 209-210,* 201-215. https://doi.org/10.4000/etudesafricaines.17290

Le Tourneur d'Ison, C., & Bonnemazou, V. (s.d.). *Femmes Lumières. Un webdoc sur les femmes et l'épargne villageoise* [Webdocumentaire]. Belafilms et Philéas Doc. http://femmeslumiere.tv5monde.com/#/fr/video/view/5/haiti-micheline-exantus-hilaire-rencontre

Lefaucheur, N. (2018). La femme poto-mitan : Réalités et représentations sociales à la

Martinique. Dans S. Lamour, D. Côté, & D. Alexis (dir.), *Déjouer le silence : Contre-discours sur les femmes haïtiennes* (pp. 85-95). Éditions du remue-ménage/Mémoire d'encrier/PressUniQ.

Lefaucheur, N., & Mulot, S. (2012). La construction et les coûts de l'injonction à la viri-lité en Martinique. Dans C. Dulong, C. Guionnet, & É. Neveu (dir.), *Boys don't cry ! Les coûts de la domination masculine*. Presses universitaires de Rennes. https://doi.org/10.4000/books.pur.67140

Lemoine, P. (1996). *Fort-Dimanche, Fort-la-Mort*. CIDIHCA.

Lévy, P. (1998). *Cyberculture : Rapport au Conseil de l'Europe*. Odile Jacob.

LFAS. (1946). *La femme haïtienne répond aux attaques formulées contre elle à l'Assemblée constituante*. Société d'Éditions et de Librairie.

Ligue Féminine d'Action Sociale. (1954). *Femmes Haïtiennes*. Imprimerie Henri Deschamps. Collection du Tricentenaire de l'Indépendance d'Haïti.

Lorde, A. (2003). *Sister outsider, essais et propos d'Audre Lorde sur la poésie, l'érotisme, le racisme le sexisme*. Mamamélis et Trois.

Lowy, I. (2006). *L'emprise du genre. Masculinité, féminité et inégalité*. La Dispute.

Lucien, G. E. (2013). *Une modernisation manquée : Port-au-Prince (1915-1956). Vol. 1, Moder-nisation et centralisation*. Éditions de l'Université d'État d'Haïti.

Lucien, G. E. (2014). *Une modernisation manquée — Port-au-Prince (1915-1956), volume 2 : centralisation et dysfonctionnements*. Port-au-Prince : Éditions de l'Université d'État d'Haïti.

Luste Boulbina, S. (2015). *L'Afrique et ses fantômes : écrire l'après*. Presses africaines.

Magloire, D. (2003). La recherche féministe pour l'action sociale. *Nouvelles Questions Féministes, 22*, 31-47. https://doi.org/10.3917/nqf.221.0031

Magloire, D. (2004). La violence faite aux femmes : Une violation constante des droits de la personne. *Chemins critiques, 5*(2), 66-113.

Magloire, D. (2024, 27 avril). Intervention dans le cadre du séminaire *Haitian Femi-nism(s): Theoretical contours and practices* [Vidéo]. Brown University. https://www.youtube.com/watch?v=3VjBRvHiiRQ

Magloire, D. (s. d.). *Luttes féministes en Haïti : Repères chronologiques (1915-2005)*. s. éd.

Magloire, D., & Merlet, M. (1996). *Face à l'opinion : Danièle Magloire ak Myriam Merlet sou Dwa Fanm dix ans après 3 avril 1986* [Enregistrement audio]. Duke Digital Reposi-tory. https://repository.duke.edu/dc/radiohaiti/RL10059-CS-0273_01

Mahmood, S. (2009). *Politique de la piété : Le féminisme à l'épreuve du renouveau islamique* (N. Marzouki, Trans.). La Découverte. (Ouvrage original publié en 2005)

Manigat, M. (2002). *Être femme en Haïti hier et aujourd'hui : Le regard des constitutions, des lois et de la société*. Université Quisqueya.

Manigat, S. (2001). Les femmes au cours de la période révolutionnaire (1790-1804) : Le regard de quelques historiens. *Revue de la Société haïtienne d'histoire et de géographie*, (210), 13-18.

Marie, A. (2002). Une anthropologique communautaire à l'épreuve de la mondialisation. *Cahiers d'études africaines*, (166), 207-255. https://doi.org/10.4000/etudesafricaines.137

Mars, K. (2010). *Saisons sauvages*. Mercure de France.

Martelly, S. (2016). *Les jeux du dissemblable. Folie, marge et féminin en littérature haïtienne contemporaine.* Nota Bene.

Mathelier, M. D., & Montoya, T. (2023). *Gendered implementation of the Global Fragility Act: A case for Haiti.* Women in International Security. https://wiisglobal.org/wp-content/uploads/GenderedImplementationoftheGlobalFragilityAct_A-CaseforHaiti.pdf

Maurel, C. (2022). Les sœurs Sylvain, quatre femmes haïtiennes pionnières au XXe siècle. *Africultures.* https://hal.science/hal-03973299/document

Maximilien, L. (1945). *Le vodou haïtien : Rites radas-canzo.* Pressmax S.A.

Mbembe, A. (2006). Nécropolitique. *Raisons politiques, 1*(21), 20-60. https://doi.org/10.3917/rai.021.0029

Mbembe, A. (2010). *Sortir de la grande nuit.* La Découverte.

Mbembe, A. (2018). *Politique de l'inimitié.* La Découverte.

Mbembe, A. (2020). *Le brutalisme.* La Découverte.

McPherson, A. (2010). Personal occupations: Women's responses to U.S. military occupations in Latin America. *Journal of Haitian Studies, 72*(3), 568-598.

Medina, J. (2013). *The epistemology of resistance: Gender and racial oppression, epistemic injustice, and resistant imaginations.* Oxford University Press.

Meillassoux, Q. (2006). Deuil à venir, Dieu à venir. *Critique, 704-705,* 105-115.

Ménard, N. (2002). *The occupied novel: The representation of foreigners in Haitian novels written during the occupation 1915-1934* [Doctoral dissertation, University of Pennsylvania].

Ménard, N. (2011). Private occupations: Interracial love triangles in Haitian novels. *Contemporary French and Francophone Studies, 15*(1), 57-65. https://doi.org/10.1080/17409292.2011.535264

Ménard, N. (2023). Femmes écrivains et histoire littéraire : Silence réel ou la construction d'une absence. *Conjonction, (229),* 78-84.

Ménard, N. (2024). Ain't I a /Haitian woman/scholar? *Palimpsest, 13*(1), 101-109. https://doi.org/10.1353/pal.2024.a930528

Mennesson, C., Joannin, A., et al. (2014). Apprentissage de l'usage de la violence et formation des garçons dans les sports collectifs de combats. *International Review on Sport and Violence, (8),* 6-19.

Merlet, M. (1983). Cinéma en Haïti : Regard du côté des femmes ou la force de l'image. *Chemins critiques, 5*(2), 314-324.

Merlet, M. (2002). *La participation politique des femmes en Haïti : Quelques éléments d'analyse.* Éditions Fanm Yo La.

Métraux, A. (1958). *Le vaudou haïtien.* Gallimard.

Meyer, M., & Molyneux-Hodgson, S. (2011). Communautés épistémiques : Une notion utile pour théoriser les collectifs en sciences ? *Terrains et travaux, 18*(1), 141-154. https://doi.org/10.3917/tt.018.0141

Miano, L. (2016). *Crépuscule du tourment.* Grasset.

Michel, C. (2003). Le pouvoir moral et spirituel des femmes dans le vaudou haïtien : La voix de Mama Lola et de Karen McCarthy Brown. *Numen, 50*(1), 71-107.

Mihaely, G. (2005). L'effacement de la cantinière ou la virilisation de l'armée française au XIXe siècle. *Revue d'Histoire du XIXe Siècle*, (30). https://doi.org/10.4000/rh19.1008

Milo, R. (1953). *La tradition voudoo et le voudoo haïtien (son temple, ses mystères, sa magie)*. Niclaus.

Ministère de la Santé publique et de la Population (MSPP). (2018). *Enquête mortalité morbidité et utilisation des services (EMMUS-VI 2016-2017)*. https://www.dhsprogram.com/pubs/pdf/FR326/FR326.pdf

Mohanty, C. T. (2003). *Feminism without borders: Decolonizing theory, practicing solidarity*. Duke University Press.

Moïse, C. (2009). *Constitutions et luttes de pouvoir en Haïti* (Tomes 1-2). Éditions de l'Université d'État d'Haïti.

Molinier, P. (2022). Être autorisée par des femmes. Dans I. Clair & E. Dorlin (dir.), *Photo de famille. Penser des vies intellectuelles d'un point de vue féministe*. Éditions de l'EHESS.

Morin, S., Savoie, K., Pelland, M., & Grandisson, S. (2019). Agir selon son genre : Influence de la socialisation sexuelle hétéronormative sur la compréhension du consentement et de la violence à caractère sexuel des étudiantes et des étudiants en Acadie du Nouveau-Brunswick. *Revue de l'Université de Moncton, 50*(1-2), 11-46. https://doi.org/10.7202/1084309ar

Mormin-Chauvac, L. (2024). *Les sœurs Nardal à l'avant-garde de la cause noire*. Autrement.

MPCE. (2005). *Éducation et pauvreté*. Ministère de la Planification et de la Coopération Externe. https://www.ijdh.org/wp-content/uploads/2010/02/MPCE-Education-et-Pauvrete-en-Haiti-2005.pdf

Mudimbe, V. Y. (2021). *L'invention de l'Afrique : Gnose, philosophie et ordre de la connaissance*. Présence africaine. (Œuvre originale publiée en 1988).

Mulot, S. (2000). *Je suis la mère, je suis le père ! L'énigme matrifocale : Relations familiales et rapports de sexes en Guadeloupe* [Doctoral dissertation, École des Hautes Études en Sciences Sociales].

Mulot, S. (2021). Peut-on être guadeloupéenne, potomitan et féministe ? *Recherches féministes, 34*(2), 123-148. https://doi.org/10.7202/1092234ar

Nahoum-Grappe, V. (1997). La purification ethnique et les viols systématiques : Ex-Yougoslavie 1991-1995. *Clio. Femmes, Genre, Histoire, 5*, 163-175. https://doi.org/10.4000/clio.416

Nayrou, F. (2011). L'échec du travail de culture dans l'anomie de la déliaison sociale. *Revue française de psychanalyse, 75*(4), 979-993. https://doi.org/10.3917/rfp.754.0979

Ndiaye, L. (2012). Rites et condition humaine, leçons sur les leçons des pères. *African Sociological Review, 16*(1), 41-59.

Neptune-Anglade, M. (1986). *L'autre moitié du développement : À propos du travail des femmes en Haïti*. Éditions des Alizés et ERCE.

Nora, P. (dir.). (1997). *Les lieux de mémoire*. Gallimard. (Collection Quarto)

Nordman, A. M. (2021). *"False promises": The U.S. occupation of Haiti (1915-1934) and the Dominican Republic (1916-24)* [Bachelor's thesis, University of Victoria].

Palmiste, C. (2009). Des sociétés féminines de secours mutuels aux premières organisations féminines politisées en Guadeloupe et en Martinique au début du XXe siècle.

Bulletin de la Société d'histoire de la Guadeloupe, *154*, 79-92. https://doi.org/10.7202/1036849ar

Palmiste, C. (2021). Le Rassemblement féminin (1945-1951) : À la croisée des différents réseaux de Paulette Nardal. *Flamme*, *1*. https://doi.org/10.25965/flamme.100

Parkin Daniels, J. P. (2018, 23 mars). In Haiti, no one is surprised by the Oxfam scandal. *Devex.com*. https://www.devex.com/news/in-haiti-no-one-is-surprised-by-the-oxfam-scandal-92342

Peck, R. (Réalisateur). (2013). *Assistance mortelle* [Film]. Arte France/Velvet Films.

Perez, J. (1949). *L'héroïsme de Sanite Belair : drame historique en trois tableaux*. La Semeuse.

Petit, O. (1932). Défilée-la-Folle. *Revue de la Société d'histoire et de géographie d'Haïti*, *3*(8), 1-21.

Peytavin, L. (2021). *Le coût de la virilité : Ce que la France économiserait si les hommes se comportaient comme les femmes*. Éditions Anne Carrière.

Pfefferkorn, R. (2017). L'entrée des femmes dans les universités européennes : France, Suisse, Allemagne. *Raison Présente*, *201*(1), 117-127.

Pheterson, G. (2001). *Le prisme de la prostitution*. L'Harmattan.

Pierre-Louis, O. (2016). De la dictature à l'installation des institutions de sauvetage en Haïti : Entre ratage transitionnel démocratique et pérennisation de l'aide dans la République des ONG ? Dans B. Cénatus, S. Douailler, M. Duvivier Pierre-Louis, & É. Tassin (dir.), *Haïti : De la dictature à la démocratie ?* (p. 145-176). Mémoire d'encrier.

Pierre-Louis, P. (2009). Le système coutumier haïtien. Dans M. Hector & L. Hurbon (Eds.), *Genèse de l'État haïtien (1804-1859)* (pp. 207-224). Maison des sciences de l'homme.

Pinçon, M., & Pinçon-Charlot, M. (2000). *Sociologie de la bourgeoisie*. La Découverte.

Poujol-Oriol, P. (1996). *Passage*. Imprimerie Le Natal.

Poujol-Oriol, P. (1997). La femme haïtienne dans la littérature : problèmes de l'écrivain. *Journal of Haitian Studies*, *3/4*, 80-86.

Preciado, B. (2005). Savoirs_Vampires@War. *Multitudes*, *20*(1), 147. https://doi.org/10.3917/mult.020.0147

Price-Mars, J. (1919). *La vocation de l'élite*. Imprimerie E. Chenet.

Price-Mars, J. (1928). *Ainsi parla l'Oncle. Essais d'ethnographie*. Parapsychology Foundation Inc.

Programme des Nations Unies pour le développement (PNUD). (2012, décembre). *Haïti en avant. Paroles de femmes*. http://www.ht.undp.org/content/dam/haiti/docs/resultats/Rapport_PNUD_HAITI_2012-FR.pdf

Prophète, J. M. (1999). Les habitations rurales dans l'optique de la décentralisation et de l'aménagement spatial. *Cybergéo, document 113*. https://doi.org/10.4000/cybergeo.1853

Pruvost, G. (2008). Le cas de la féminisation de la Police nationale. *Idées Économiques et Sociales*, (153), 9-19. https://doi.org/10.3917/idee.153.0009

Pruvost, G., & Cardi, C. (Eds.). (2012). *Penser la violence des femmes*. La Découverte.

Quijano, A. (1992). Colonialidad y modernidad/racionalidad. *Perú Indígena*, *13*(29). http://www.decolonialtranslation.com/francais/colonialite-du-pouvoir-eurocentrisme-et-amerique-latine.html

Quijano, A. (2007). Race et colonialité du pouvoir. *Mouvements*, (51), 111-118.

Rabatel, A., & Koren, R. (2008). La responsabilité collective dans la presse. *Questions de communication, (13)*. http://questionsdecommunication.revues.org/1587

Rancière, J. (1983). *Le philosophe et ses pauvres*. Fayard.

Rancière, J. (1995). *La mésentente : Politique et philosophie*. Galilée.

Rancière, J. (2000). *Le partage du sensible : Esthétique et politique*. La Fabrique Éditions.

Renda, M. A. (2001). *Taking Haiti: Military occupation and the culture of U.S. imperialism, 1915-1940*. University of North Carolina Press.

René, J. A. (2019). *Haïti après l'esclavage. L'espérance d'une vie nouvelle de liberté et d'égalité (1804-1846)*. s. é.

Réseau national de défense des droits humains (RNDDH). (2018, December 1). *Les événements survenus à La Saline : de la lutte hégémonique entre gangs armés au massacre d'État*. http://web.rnddh.org/wp-content/uploads/2018/12/10-Rap-La-Saline-1Dec2018.pdf

Robertson, C. C. (2003). Femmes esclaves et femmes libres de l'Afrique et l'Europe à l'Amérique : Travail et identité. *Cahiers des Anneaux de la mémoire, (5)*.

Rogers, R., & Molinier, P. (Eds.). (2016). *Les femmes dans le monde académique : Perspectives comparatives*. Presses universitaires de Rennes.

Romulus, C. (2018). Le potentiel d'une recherche féministe décoloniale pour déconstruire le récit de l'État fragile haïtien. Dans S. Lamour, D. Côté, & D. Alexis (dir.), *Déjouer le silence : Contre-discours sur les femmes haïtiennes* (pp. 35-51). Éditions du remue-ménage/Mémoire d'encrier/PressUniQ.

Roumain, J. (1944). *Gouverneurs de la rosée*. Imprimerie de l'État.

Rousselot, P. (2018). Le viol de guerre, la guerre du viol. *Inflexions, 38*, 23-35. https://doi.org/10.3917/infle.038.0023

Saint-Fort, H. (2016). L'Impact de l'occupation américaine d'Haïti (1915–1934) sur le créole haïtien (kreyòl) : Enrichissement lexical et nouveaux besoins matériels. *Journal of Haitian Studies, 21*(2), 290-306. https://dx.doi.org/10.1353/jhs.2016.0011

Saint-Louis, V. (1999). *Système colonial et problèmes d'alimentation : Saint-Domingue au XVIIIe siècle*. CIDIHCA.

Saint-Louis, V. (2001). Femmes et familles dans la société esclavagiste de Saint-Domingue. *Revue de la Société haïtienne d'histoire et de géographie, 76*(210), 2-12.

Saint-Louis, V. (2006). *Aux origines du drame d'Haïti : Droit et commerce maritime (1794-1806)*. L'Imprimeur II.

Saint-Louis, V. (2015). L'assassinat de Dessalines et le culte de sa mémoire. *Revista Brasileira do Caribe, 16*(31), 95-124. https://periodicoseletronicos.ufma.br/index.php/rbras caribe/article/view/4501

Sala-Molins, L. (1987). *Le Code Noir ou le calvaire de Canaan*. PUF.

Sanders Johnson, G. (2013). *La Voix des femmes: Haitian women's rights, national politics and black activism, Port-au-Prince and Montreal 1934-1986* [Doctoral dissertation]. University of Michigan.

Sanders Johnson, G. (2017). Occupied thoroughfares: Haitian women, public space, and the United States occupation, 1915-1924. Dans S. Puri & L. Putnam (Eds.), *Caribbean military encounters* (pp. 87-106). Palgrave Macmillan. https://doi.org/10.1057/978-1-137-58014-6_5

Sanders Johnson, G. L. (2018). Burial rites, women's rights: Death and feminism in Haiti, 1925-1938. *Caribbean Review of Gender Studies, 12*, 121-142.

Sanders Johnson, G. L. (2023). *White gloves, black nation: Women, citizenship, and political wayfaring in Haiti*. University of North Carolina Press.

Santos, B. S. (2011). Épistémologies du Sud. *Études rurales, 187*(1), 21-49. https://doi.org/10.4000/etudesrurales.9351

Savage, B. D. (2024). *Merze Tate: The Global Odyssey of a Black Woman Scholar*. Yale University Press.

Schiess, C. (2005). *La construction sociale du masculin : On ne naît pas homme, on le devient* [Diplôme romand d'études approfondies en sociologie]. Université de Genève.

Schutz, A. (2007). *Essais sur le monde ordinaire* (T. Blin, Trans.). Le Félin poche.

Schwartz, O. (1990). *Le monde privé des ouvriers : Hommes et femmes du Nord*. PUF.

Scott, J. C. (2009). *La domination et les arts de la résistance : Fragments du discours subalterne*. Éditions Amsterdam.

Scott, J. W. (1988). Genre : Une catégorie utile d'analyse historique (É. Varikas, Trans.). *Les Cahiers du GRIF, 37-38*, 125-153. https://doi.org/10.3406/grif.1988.1759

Segato, R. (2022). *La guerre aux femmes*. Payot.

Sheller, M. (2012). *Citizenship from below: Erotic agency and Caribbean freedom*. Duke University Press.

Sidi, A. (2004). À propos de État d'exception, Homo sacer de Giorgio Agamben. *L'en-je Lacanien, 1*(2), 193-205. https://doi.org/10.3917/enje.002.0193

Skeggs, B. (2015). *Des femmes respectables. Classe et genre en milieu populaire* (M.-P. Pouly, Trans.). Agone. (Ouvrage original publié en 1997)

Solidarité Fanm Aysiyèn. (2021). *Note collective 3 avril 2021*. SOFA.

Spivak, G. C. (1988). Can the subaltern speak? Dans C. Nelson & L. Grossberg (Eds.), *Marxism and the interpretation of culture* (pp. 271-313). University of Illinois Press.

Sullivan, S., & Tuana, N. (Eds.). (2007). *Race and epistemologies of ignorance*. State University of New York Press.

Sylvain-Bouchereau, M. (1944a). *La famille Renaud* (2e éd.). Henri Deschamps.

Sylvain-Bouchereau, M. (1944b). *Éducation des femmes en Haïti*. Imprimerie de l'État.

Sylvain-Bouchereau, M. (1946). Les droits des femmes et la nouvelle constitution. Dans *La femme haïtienne répond aux attaques formulées contre elle à l'assemblée constituante* (pp. 3-12). Société d'éditions et de librairie.

Sylvain-Bouchereau, M. (1947). Les femmes dans l'économie haïtienne. *La Voix des Femmes, 2*.

Sylvain-Bouchereau, M. (1953). La Ligue féminine d'action sociale et les conquêtes à réaliser par les femmes haïtiennes. *International Women News, 47*(7), 77.

Sylvain-Bouchereau, M. (1957). *Haïti et ses femmes : Une étude d'évolution culturelle*. Les Éditions Fardin.

Sylvain-Bouchereau, M. (1958, June 27). *To Suzanne Comhaire-Sylvain* [Letter]. Suzanne Comhaire-Sylvain Papers, Stanford University Libraries, Department of Special Collections and University Archives. https://searchworks.stanford.edu/view/cm943fq8376

Sylvain, J. (1943). Le servage enfantin et la famille. *La Voix des femmes* (décembre), 12-14.

Sylvain, J. (1945, October 25). *To Suzanne Comhaire-Sylvain* [Letter]. Suzanne Comhaire-Sylvain Papers, Stanford University Libraries, Department of Special Collections and University Archives. https://searchworks.stanford.edu/view/gh953sn0743

Sylvain, J. (1951). L'enfance paysanne en Haïti. *Présence Africaine, (12)*, 88-111.

Tabet, P. (1998). Fertilité naturelle, reproduction forcée. Dans *La construction sociale de l'inégalité des sexes*. L'Harmattan.

Thiers-Vidal, L. (2010). *De l'ennemi principal aux ennemis principaux : Position vécue, subjectivité et conscience masculines de domination*. L'Harmattan.

Thoby, P. (1926, 22 septembre). *[Lettre à W.E.B. Du Bois]*. W.E.B. Du Bois Papers (mums312-b036-i079), Special Collections and University Archives, University of Massachusetts Amherst. https://credo.library.umass.edu/view/pageturn/mums312-b036-i079/#page/1/mode/1up

Thomas, L. V. (1972). Vie et mort en Afrique : introduction à l'ethnothanatologie. *Ethno-psychologie, 27(1)*, 103-123.

Thompson, E. P. (1988). *La formation de la classe ouvrière anglaise*. Seuil. (Œuvre originale publiée en 1963)

Tissot, S. (2014). Entre soi et les autres. *Actes de la recherche en sciences sociales, (204)*, 4-9.

Tronto, J. (2012). *Le risque ou le care ?* Presses universitaires de France.

Tronto, J. (2013). *Caring democracy: Markets, equality and justice*. New York University Press. https://doi.org/10.18574/nyu/9780814770450.001.0001

Tronto, J. C. (1993). *Moral boundaries: A political argument for an ethic of care*. Routledge.

Trouillot, É. (2001). Si l'esclavage m'était conté. *Revue de la Société haïtienne d'histoire et de géographie, (210)*, 19-27.

Trouillot, É. (2010). *La mémoire aux abois*. Éditions Atelier Jeudi soir.

Trouillot, É. (2013). L'éducation en Haïti : Inégalités économiques et sociales et question de genre. *Haïti Perspectives, 2*(3), 60-65. https://mouka.ht/document/leducation-en-haiti-inegalites-economiques-et-sociales-et-question-de-genre-la-femme-dans

Trouillot, L. (2021). La bande à Bodeau, un indice pour revoir la socialisation. *Le Nouvelliste*. https://lenouvelliste.com/article/206725/la-bande-a-bodeau-un-indice-pour-revoir-la-socialisation

Trouillot, M.-R. (1986). *Les racines historiques de l'État duvaliérien*. Henri Deschamps.

Trouillot, M.-R. (1995). *Silencing the past: Power and the production of history*. Beacon Press.

Ulysse, G. A. (2007). *Downtown Ladies: Informal Commercial Importers, a Haitian Anthropologist, and Self-Making in Jamaica*. University of Chicago Press.

Ulysse, G. A. (2015a). *Why Haiti needs new narratives: A post-quake chronicle*. Wesleyan University Press.

Ulysse, G. A. (2015b). Introduction. *Caribbean Rasanblaj, 12*(1-2). https://hemisphericinstitute.org/en/emisferica-121-caribbeanrasanblaj/121-introduction

Valcin, C. V. (2007). *Blanche Négresse*. Les Presses Nationales d'Haïti. (Œuvre originale publiée en 1934)

Valcin, V. (1929). *Cruelle destinée*. Jouve et Cie.

Valcin, V. (1934). *La Blanche Négresse*. Virgile Valcin.

Vastey, P.-V. (2018). *Le système colonial dévoilé*. Forgotten Books. (Œuvre originale publiée en 1814)

Vergès, F. (2019). *Un féminisme décolonial*. La Fabrique.

Vermersch, P. (2005). Éléments pour une méthode de « dessin de vécu » en psycho-phénoménologie. *Expliciter, 62*. https://www.expliciter.org/wp-content/uploads/2022/05/elements_pour_methode_de_dessin_de_vec_pierre-vermersch.pdf

Verna, C. F. (2011). The Ligue Feminine d'Action Sociale: An interview with Paulette Poujol Oriol. *Journal of Haitian Studies, 17*(1), 246-257. https://www.jstor.org/stable/41711919

Vété-Congolo, H., & Berthelot-Raffart, A. (Eds.). (2021). Penser le sujet femme noire francophone. *Recherches Féministes, 34*(2), 1-13.

Vieux-Chauvet, M. (1986). *Les rapaces*. Henri Deschamps.

Vieux-Chauvet, M. (2021). *Amour, colère et folie*. Zulma. (Œuvre originale publiée en 1968)

Visvanathan, S. (2016). La quête de justice cognitive (F. Piron, Trad.). Dans F. Piron, S. Regulus, et al. (dir.), Justice cognitive, libre accès et savoirs locaux : Pour une science ouverte juste, au service du développement local durable. Éditions Science et bien commun. https://scienceetbiencommun.pressbooks.pub/justicecognitive1 (Article original publié en 2009)

Vitiello, J. (2019). Le bruit des femmes haïtiennes : écrivaines et militantes. *Women In French Studies Special Conference Issue*. http://purl.flvc.org/fsu/fd/FSU_libsubv1_scholarship_submission_1578592322_3fe0675d

Viveros Vigoya, M. (2018). *Les couleurs de la masculinité : Expériences intersectionnelles et pratiques de pouvoir en Amérique latine*. La Découverte.

Volokhine, Y. (2008). La tristesse rituelle et lamentations funéraires en Égypte ancienne. *Revue de l'histoire des religions*, 2. https://doi.org/10.4000/rhr.6043

Wallerstein, I. (2006). *European universalism: The rhetoric of power*. The New Press.

Warren, J.-P. (2018). Préface – L'histoire en partage. Ou comment Steven High révolutionne l'histoire (québécoise). Dans S. High (dir.), *L'histoire de vie de réfugiés montréalais : Une rencontre* (pp. XIII-XXIII). Presses de l'Université Laval.

Woodson, C. G. (1937). Review of Le Créole haïtien and Les Contes haïtiens by S. Comhaire-Sylvain. *Journal of Negro History, 22*(3), 369-372. https://www.journals.uchicago.edu/doi/epdf/10.2307/2714523

Worms, J.-P. (2017). Militance et militantisme en mutation. *I2D - Information, données & documents, 54*(4), 24-25. https://doi.org/10.3917/i2d.174.0024

Yinda, Y., & Marie, A. (2006). Mémoires indociles de Louverture à Basquiat. *Tumultes*, 2(27), 69-88.

Young, C. J. (2020). Plus ça change… A historical survey of western interference in Haiti [Mémoire de maîtrise]. Université Concordia.

Zavitz, E. (2019). Commémorations révolutionnaires : Jean-Jacques Dessalines et le jour de l'indépendance haïtienne, 1804-1904. *Revue haïtienne d'histoire, 1*, 369-397.

À propros de l'autrice

Sabine Lamour, Ph.D., est sociologue et professeure à l'Université d'État d'Haïti. Spécialiste des féminismes haïtiens et caribéens francophones, ses recherches portent sur les rapports de genre, les dynamiques politiques haïtiennes, la mémoire de l'esclavage et les migrations féminines, dans une perspective décoloniale et transdisciplinaire. Ancienne coordonnatrice générale de Solidarite Fanm Ayisyèn (SOFA), elle a été professeure invitée à Brown University et a publié de nombreux articles dans des revues scientifiques internationales telles que *Recherches Féministes*, *Journal of Haitian Studies*, *Women, Gender, and Families of Color*, *Palimpsest* et *Ethnologies*. Conférencière reconnue, elle contribue activement à l'articulation entre production académique et luttes sociales, en Haïti comme à l'échelle internationale. L'auteure occupe actuellement le poste de professeure invitée à l'Université d'Ottawa et est rattachée à l'Institut d'études féministes et de genre.

www.ingramcontent.com/pod-product-compliance
Lightning Source LLC
Chambersburg PA
CBHW071015280326

41935CB00011B/1361